华章图书

一本打开的书,一扇开启的门,
通向科学殿堂的阶梯,托起一流人才的基石。

www.hzbook.com

E-commerce Traffic Data Operation

# 电商流量数据化运营

宋天龙 ◎著

机械工业出版社
China Machine Press

图书在版编目（CIP）数据

电商流量数据化运营 / 宋天龙著 . -- 北京：机械工业出版社，2021.8
（数据分析与决策技术丛书）
ISBN 978-7-111-69023-8

I. ①电… Ⅱ. ①宋… Ⅲ. ①电子商务 – 运营管理 Ⅳ. ①F713.365.1

中国版本图书馆CIP数据核字（2021）第176455号

## 电商流量数据化运营

| 出版发行：机械工业出版社（北京市西城区百万庄大街22号　邮政编码：100037） | |
|---|---|
| 责任编辑：杨绣国　李 艺 | 责任校对：殷 虹 |
| 印　　刷：大厂回族自治县益利印刷有限公司 | 版　次：2021年9月第1版第1次印刷 |
| 开　　本：186mm×240mm　1/16 | 印　张：20.5 |
| 书　　号：ISBN 978-7-111-69023-8 | 定　价：99.00元 |
| 客服电话：（010）88361066　88379833　68326294 | 投稿热线：（010）88379604 |
| 华章网站：www.hzbook.com | 读者信箱：hzjsj@hzbook.com |

版权所有 · 侵权必究
封底无防伪标均为盗版
本书法律顾问：北京大成律师事务所　韩光 / 邹晓东

# Foreword 序

整本书稿读完，我的脑海里迅速浮现出我的德州扑克教练说过的一句话：**"大多数牌手不能变强的原因是他们不肯慢慢变强。"** 而这本书的作者，则是一位谈不上快速变强，却可以在理论体系和实战经验上一直变强的实干家。说实话，在今天这个碎片化知识大行其道，"三天精通电商运营""人人都是分析师"的速成学习环境里，这样的作者并不多见。

粗读本书，其实并没有什么惊艳的感觉。既没有高深莫测的理论模型，也没有繁复难解的知识体系，甚至连当下各种热门的名词，例如 CDP、MARTECH、数据中台，都很少看到，反倒是老老实实给出了上百页的代码范例（还有可供下载的电子文件）。

天龙的每一本书都给我一种"要么不写，写就写绝"的感受，每次读完他的书稿都担心他以后还能写什么。上桌就是一个大肘子，餐后甜点还是一个大肘子，吃完再带走两个（他居然为读者准备了微信群，回答问题就够他累的了）。所以亲爱的读者，读这本书前你要有思想准备，读一遍恐怕是不够的。

下面简单说说我认为这本书应该如何读，才可以使阅读价值最大化。

首先，这本书里有大量的代码实例片段和软件工具操作步骤截图，建议你照着做一遍，这和读一遍完全不是一回事儿。这本书并不是教你如何使用工具，书中每一个实例和软件操作步骤都是从解决现实问题的角度出发，如果可以一边实践一边理解业务场景，并转化为自己的实际工作方法论，那么一定会有更多的收获。

其次，你会发现本书有大量的数据表示例。在我看来这些数据表格都如同金子般宝贵。每一个数据表都由多个数据指标项和至少一个数据维度组成。这些指标和维度是企业数据资产的最小单元。这些数据表体现了一位高级分析师对电商运营业务的深入理解和分析成果的输出思路，可以拿来即用。

最后，这本书就像一个巨大的知识网络。对于电商运营过程中与流量数字化、业务数字化相关的内容，本书或多或少都有涉猎。你可以把它当作一本指导手册，根据自己的实际需要，对某些内容进行纵深研究。

文如其人，这本书很像天龙本人，踏实研究、严谨实践、真诚分享；也很像他所在的团队——触脉咨询，九年如一日为客户耐心输出数据价值。我为有天龙这样的合伙人一路同行而感到由衷的快乐。

王晓东，触脉咨询创始人

## 乘风破浪，扬帆起航

流量数据化运营是我一直在做的事情，在这个领域内我已经工作了 10 余年。早在 Google Analytics 出现之前（Urchin 时期），我就已经开始学习和了解如何通过数据解决流量运营问题。

从业期间，无论是作为甲方还是作为乙方（包括外企以及现在的触脉咨询），我都在思考数据在流量运营中的价值到底如何。

令人欣慰的是，人们对数据产出的价值的重视程度越来越高，因此，数据工作的价值也就越来越高。数据化运营的高端人才更是炙手可热、千金难求。

但是，在传统意义上，流量运营（这里主要指流量引入的过程，包括付费采买和免费运营）对于数据的期待仍然集中在效果评估上，数据真正的价值则主要体现在具有程序化、自动化、智能化投放的媒介上。数据仍然没有像期待的那样，形成从媒体策划、媒体执行、效果评估到测试和优化的闭环，甚至在很多流量运营工作中，数据成了可有可无的点缀以及工作效果的"装饰"。

流量数据的价值，不是靠一份报告、一个专题研究就能得到结论，而是靠长久以来建立的数据文化、工作机制、决策思维以及驱动准则来实现。归根到底，数据到底"做了什么"才是数据价值反馈的根本，那些只反映在业务人员和分析师脑海中的洞察、见解或规律根本不是价值。

因此，数据的价值实际体现在数据有什么用、能用在哪、用完之后能得到什么样的提升或改善。

在成为触脉合伙人之前，我的思维主要集中在分析，因此之前写的书对于分析思维的总结比较多；加入触脉之后，我发现"有什么用"才是甲方客户真正关注也是愿意为之买单的核心。客户只为价值买单！

在撰写本书过程中，我将大量在触脉工作中的心得体会融入其中；同时，由于触脉是谷歌、百度、Adobe 等世界级流量解决方案的核心服务提供商，为国内外很多世界500 强企业提供服务，因此，我更多是站在巨人的肩膀上来进一步审视和观察这个领域。

希望以后有更多的机会与大家分享我以及触脉的数据知识、经验和工作项目，大家一起学习、总结和成长！

# Preface 前言

## 为什么要写这本书

在互联网时代,流量运营是企业的核心运营内容之一,包括流量获取和流量转化两个环节。前者负责把外部流量引入企业内部,后者负责转化流量并达成企业目标。本书内容侧重于前者,通过数据帮助企业实现低成本、大批量、高质量的流量引入。

本书内容涵盖基于数据的渠道策略与计划管理、媒体投放与执行管理、渠道投放效果评估与完整营销流程复盘,知识构建上以场景应用为核心,重点介绍在什么场景下应该选择什么样的解决方案、最后交付什么样的数据结论或内容,并通过具体案例介绍完整实施过程。

本书80%的实践内容基于Excel完成,剩余20%基于Python完成。因此,即使读者没有任何Python基础,也能完成本书绝大部分案例实践。

这不是一本讲数据分析原理的书,所有的理论知识都融合在应用场景中;这也不是一本介绍Excel或Python的工具书,Excel或Python都只是辅助工具而已;这更不是一本侧重于介绍渠道拓展、商务合作、媒介执行、营销工具使用等纯业务知识和经验的书,我相信很多读者在这方面比我更专业。这是一本拿来用(而不是拿来学)的书,可以作为案头工具书或参考书,其价值在于教会读者如何在营销全流程中发挥数据的辅助决策甚至数据驱动的最大作用,实现业务+数据相互补充和促进,真正达到1+1>2的效果。

## 读者对象

本书对读者的知识背景和能力没有特定要求,适合以下流量运营相关人员和对流量运营工作感兴趣的读者阅读。

- ❏ 数据运营人员、数据营销人员。这是本书的核心目标人群,基于数据的运营和营销方式能辅助他们优化营销业务。

- 营销和市场推广人员。本书的运营对象是流量，围绕流量获取展开相关工作的业务部门都可以通过阅读本书来提升数据化运营能力。
- 数据分析师、网站分析师、商业分析师。他们能通过本书获得相对完整的数据决策支持与应用的概念、思路和方法，这对于后续职业发展和成长规划具有重要意义。
- 高等院校的毕业生、职场新人、计划转行到数据运营岗的在职人士。本书没有深奥的理论，没有复杂的工具操作说明，以"用"为导向，使得读者能很快理解业务场景以及数据应用模式，进而快速投入流量数据化运营的相关工作中。

## 如何阅读本书

本书共包含 8 章，按照数据化运营的工作脉络依次展开。

- 第 1 章对全书内容进行了提纲挈领的介绍，包括流量运营的相关概念、基本步骤、职能岗位和数据来源。
- 第 2 章盘点了企业中常见的 10 类流量渠道，包括直接输入流量渠道、SEO 渠道、SEM 渠道、硬广告渠道、信息流广告渠道、社群渠道、MCN 渠道、会员营销渠道、CPS 渠道以及其他流量渠道。
- 第 3 章介绍了数据在渠道策略与计划管理阶段的应用，包括设计企业级流量渠道策略、基于多指标综合决策的渠道选择、发掘流量爆发力强的渠道、预测付费渠道效果并进行 KPI 管理、预测直接输入与 SEO 效果并设置合理预期、基于多因素限制的目标最大化的预算分配、基于用户行为模式的渠道组合管理。
- 第 4 章介绍了数据在媒体投放与执行管理阶段的应用，包括基于 Lookalike 的投放人群管理、基于用户喜好的投放内容管理、基于效果的广告触达媒介优选、广告投放的排期要素管理、着陆页测试与优化、渠道测试性投放，以及渠道补量、扣量和余量。
- 第 5 章介绍了数据在执行常见问题的排查与解决阶段的应用，包括渠道执行问题排查常用维度、排查实时流量骤降的原因并做好预防、排查实时流量骤增的原因并解除异常、排查流量下滑渠道并找到优化点、排查 ROI 下降的原因并找到问题点。
- 第 6 章介绍了数据在营销渠道的效果评估与基本分析阶段的应用，包括如何评估渠道效果的好坏、如何通过归因合理分配渠道转化贡献、如何分析渠道效果的边际效应、如何找到渠道转化短板并提升转化效果、如何分析渠道留存效果、如何分析渠道的时间特征、如何对流量渠道做分组分析、如何分析着陆页数据。
- 第 7 章介绍了数据在渠道效果专题性研究阶段的应用，包括流量渠道的效果标杆研究、渠道效果影响因素研究、转化路径的媒体组合规律研究、渠道相似度研究、虚假流量辨别与研究。

❏ 第 8 章介绍了数据在流量运营的监控与效果复盘阶段的应用，包括流量日常监控、流量复盘、撰写分析报告。

除了以上内容外，以下是本书中涉及的特定内容的解释和说明。

❏ **提示**：重要提示和应用技巧，每条提示信息内容量较少，一般都是经验类的总结。

❏ **注意**：需要引起注意的知识，能帮助读者在应用时避免踩坑。

❏ **关于案例数据源文件和代码文件**：本书除了第 1 章、第 2 章和第 8 章外，其他章都有对应的源数据和完整代码，可以在**华章网站**（www.hzbook.com）或者**数据常青藤博客**（www.dataivy.cn）下载相关资源。

## 勘误和支持

由于笔者水平有限，加之撰稿时间仓促，书中难免会出现一些错误或者不准确的地方，恳请读者批评指正。读者可通过以下途径联系并反馈建议或意见。

❏ **微信沟通**：本书已经建立讨论群，读者可先添加笔者个人微信（TonySong2013），再进入讨论群。

❏ **网站讨论区**：在笔者的数据常青藤博客的书籍讨论区留言。

❏ **电子邮件**：517699029@qq.com。

## 致谢

在本书的撰写过程中，笔者得到了来自多方的指导、帮助和支持。

首先，感谢王晓东先生和柳辉先生。王晓东先生是我多年好友，是他力邀我来触脉咨询担任重要职位并给予我极大的信任；柳辉先生带领触脉在业务增长、公司布局、全球化等方面所取得的成绩让我备受鼓舞，也为我的成长提供了坚实的基础。

其次，感谢机械工业出版社华章公司的老师们。杨福川老师用他专业的经验、广阔的视野、前瞻的意识帮助我打开了写作思路。这本书不是"心血来潮"之作，而是在撰写《Python 数据分析与数据化运营》时就已经敲定的系列主题。另外，感谢参与审校、排版、印刷、发行等环节的老师们，他们的辛勤付出保证了本书的顺利面世。

再次，感谢在我从业各个阶段支持与帮助过我的领导、朋友以及合作伙伴，尤其是田学锋先生，他是我的良师益友，也是开启我流量视野的领路人；其他一起工作的小伙伴（排名不分先后）包括庞程程、徐子东、赵光娟、王成、吕兆星、郑传峰、杨晓鹏、张默宇、张璐、张伟松、白迪、许嫚等。

最后，感谢我的父母、家人，尤其是我的夫人姜丽女士，她在我写书的这段时间把家里的一切料理得井井有条，才让我得以有精力完成本书。

谨以此书献给热爱数据工作并为之奋斗的朋友们！

# 目录

序
乘风破浪，扬帆起航
前言

## 第1章 全面认识流量数据化运营 ………… 1
### 1.1 流量运营的3个核心概念 ………… 1
1.1.1 什么是流量 ………… 1
1.1.2 流量的来源 ………… 1
1.1.3 流量的数据化运营 ………… 2
### 1.2 流量运营的4个基本步骤 ………… 3
1.2.1 营销目标确定 ………… 3
1.2.2 渠道策略与计划管理 ………… 5
1.2.3 媒体投放与执行管理 ………… 6
1.2.4 渠道投放效果评估与复盘 ………… 7
### 1.3 流量运营的职能岗位 ………… 9
1.3.1 部门划分 ………… 9
1.3.2 技能要求 ………… 10
### 1.4 流量运营的4类数据来源 ………… 11
1.4.1 通过广告投放工具获得的外部投放数据 ………… 11
1.4.2 通过流量分析工具采集的自有流量数据 ………… 13
1.4.3 通过大数据工具采集的自有数据 ………… 14

1.4.4 通过第三方来源获得的行业和竞品数据 ………… 15
### 1.5 本章小结 ………… 15

## 第2章 常见流量渠道全面盘点 ………… 17
### 2.1 直接输入流量渠道 ………… 17
2.1.1 什么是直接输入流量 ………… 17
2.1.2 直接输入流量的3个特征 ………… 18
2.1.3 知识拓展：直接输入流量4类业务抓手 ………… 20
### 2.2 SEO渠道 ………… 21
2.2.1 什么是SEO流量 ………… 21
2.2.2 SEO流量在企业前、中、后期的角色 ………… 21
2.2.3 国内SEO市场的两大阵营 ………… 22
2.2.4 数据如何应用到SEO渠道运营 ………… 22
2.2.5 知识拓展：SEO渠道的价值局限性 ………… 23
### 2.3 SEM渠道 ………… 24
2.3.1 什么是SEM ………… 24
2.3.2 SEM更多的价值在于"临门一脚" ………… 25
2.3.3 SEO与SEM的相互促进和掣肘 ………… 26

2.3.4 SEM 渠道适用的营销场景 …… 27
2.3.5 数据如何应用到 SEM 渠道运营 …… 28
2.3.6 知识拓展：SEM 渠道的流量天花板 …… 29
2.4 硬广告渠道 …… 29
　2.4.1 什么是硬广告 …… 30
　2.4.2 为什么硬广告不精准，我们依然要投 …… 30
　2.4.3 如何评估线下硬广告的实际效果 …… 30
　2.4.4 硬广告渠道适用的营销场景 …… 32
　2.4.5 数据如何应用到硬广告渠道运营 …… 33
　2.4.6 知识拓展：流量作弊，硬广告之殇 …… 33
2.5 信息流广告渠道 …… 33
　2.5.1 什么是信息流广告 …… 34
　2.5.2 信息流广告的精准体现在哪里 …… 34
　2.5.3 场景化思维下的信息流广告运营 …… 35
　2.5.4 信息流广告适用的营销场景 …… 35
　2.5.5 数据如何应用到信息流广告运营 …… 36
　2.5.6 知识拓展：如何消除"老板看不见广告"的焦虑 …… 36
2.6 社群渠道 …… 37
　2.6.1 什么是社群渠道 …… 37
　2.6.2 社群中的圈层管理 …… 37
　2.6.3 挖掘社群渠道裂变模式、节点与传播路径 …… 38
　2.6.4 社群渠道适用的营销场景 …… 40

2.6.5 数据如何应用到社群渠道运营 …… 41
2.6.6 知识拓展：证明社群运营的价值 …… 41
2.7 MCN 渠道 …… 42
　2.7.1 什么是 MCN …… 42
　2.7.2 MCN 直播带货模式的"危"与"机" …… 42
　2.7.3 企业与 MCN 的供应链合作 …… 43
　2.7.4 MCN 渠道适用的营销场景 …… 43
　2.7.5 数据如何应用到 MCN 渠道运营 …… 44
　2.7.6 知识拓展：MCN 渠道直播带货选品的考虑要素 …… 46
2.8 会员营销渠道 …… 47
　2.8.1 什么是会员营销渠道 …… 47
　2.8.2 会员营销的精准优势来源于哪里 …… 47
　2.8.3 会员营销需要平衡用户体验与企业目标 …… 48
　2.8.4 会员营销渠道适用的营销场景 …… 48
　2.8.5 数据如何应用到会员营销运营 …… 49
　2.8.6 知识拓展：不做会员营销的异类电商企业 …… 49
2.9 CPS 渠道 …… 50
　2.9.1 什么是 CPS 渠道 …… 50
　2.9.2 第三方 CPS 渠道都是"劫道"的 …… 50
　2.9.3 CPS 对消费者的决策驱动力体现在哪里 …… 51
　2.9.4 与其他渠道相比，CPS 渠道的性价比如何 …… 51

2.9.5 CPS 渠道适用的营销场景 ⋯⋯ 53
2.9.6 数据如何应用到 CPS 渠道运营 ⋯⋯ 54
2.9.7 知识拓展：CPS 渠道作弊与刷量 ⋯⋯ 54
2.10 其他流量渠道 ⋯⋯ 55
  2.10.1 小程序 ⋯⋯ 55
  2.10.2 快应用 ⋯⋯ 55
  2.10.3 App 流量渠道 ⋯⋯ 55
  2.10.4 公关传播 ⋯⋯ 56
  2.10.5 LBS 渠道 ⋯⋯ 56
  2.10.6 线下实体网点 ⋯⋯ 56
  2.10.7 BD 合作渠道 ⋯⋯ 56
2.11 本章小结 ⋯⋯ 56

# 第 3 章 渠道策略与计划管理 ⋯⋯ 58

3.1 设计企业级流量渠道策略 ⋯⋯ 58
  3.1.1 企业级流量渠道策略概述 ⋯⋯ 58
  3.1.2 流量渠道策略的应用场景 ⋯⋯ 59
  3.1.3 健康的流量结构的特征 ⋯⋯ 59
  3.1.4 基于不同营销目标的渠道贡献度 ⋯⋯ 60
  3.1.5 知识拓展：流量运营与整合营销传播的关系 ⋯⋯ 64
3.2 基于多指标综合决策的渠道选择 ⋯⋯ 65
  3.2.1 基于多指标的综合决策概述 ⋯⋯ 65
  3.2.2 如何选择多个决策指标 ⋯⋯ 66
  3.2.3 如何设置多个指标的权重 ⋯⋯ 67
  3.2.4 结合层次评分综合评估渠道排名 ⋯⋯ 67
  3.2.5 知识拓展：解决统一标准下不同渠道价值评估的公平问题 ⋯⋯ 71
3.3 发掘流量爆发力强的渠道 ⋯⋯ 72
  3.3.1 流量爆发力概述 ⋯⋯ 72
  3.3.2 流量爆发力强的两个特征 ⋯⋯ 73
  3.3.3 哪些渠道流量爆发力更强 ⋯⋯ 73
  3.3.4 通过数据分析爆发力强的渠道 ⋯⋯ 74
  3.3.5 知识拓展：如何评估未投放渠道的流量爆发力 ⋯⋯ 79
3.4 预测付费渠道效果并进行 KPI 管理 ⋯⋯ 79
  3.4.1 付费渠道效果预测概述 ⋯⋯ 79
  3.4.2 不同付费渠道预测的差异点 ⋯⋯ 80
  3.4.3 通过回归方法预测流量效果 ⋯⋯ 80
  3.4.4 预测模式的可解释性与限制性 ⋯⋯ 82
  3.4.5 知识拓展：如何基于预测结果制定 KPI ⋯⋯ 83
3.5 预测直接输入与 SEO 效果并设置合理预期 ⋯⋯ 84
  3.5.1 直接输入与 SEO 效果预测概述 ⋯⋯ 84
  3.5.2 通过加权移动平均方法预测未来流量 ⋯⋯ 84
  3.5.3 知识拓展：自动 ARIMA 在预测中的应用 ⋯⋯ 86
3.6 基于多因素限制的目标最大化的预算分配 ⋯⋯ 87

3.6.1 预算分配概述 …………… 87
3.6.2 预算分配时的主要限制性
因素 …………… 87
3.6.3 通过规划求解实现多因素
约束下的目标最大化 …… 87
3.6.4 应用目标最大化规划求解的
限制性条件 …………… 93
3.6.5 知识拓展：规划求解的其他
应用场景 …………… 93
3.7 基于用户行为模式的渠道组合
管理 …………… 94
    3.7.1 用户访问行为的渠道
概述 …………… 94
    3.7.2 如何识别用户访问的来源
渠道 …………… 94
    3.7.3 通过序列关联模式挖掘渠道
组合策略 …………… 95
    3.7.4 基于用户访问行为的渠道
组合策略的限制条件 …… 100
    3.7.5 知识拓展：将渠道组合策略
扩展到跨设备领域 ……… 101
3.8 数据使用注意 …………… 101
    3.8.1 数据反映了过去，但不能
100%说明未来 …………… 102
    3.8.2 滥用数据还不如不用 …… 102
    3.8.3 业务方也要懂数据 …… 102
3.9 本章小结 …………… 103

## 第4章 媒体投放与执行管理 …… 105

4.1 基于 Lookalike 的投放人群
管理 …………… 105
    4.1.1 渠道投放人群概述 …… 105
    4.1.2 基于 Lookalike 的 ID 列表
实现投放人群管理 ……… 106
    4.1.3 基于 Lookalike 的人群规则
实现投放人群管理 ……… 112

4.1.4 知识拓展：在精准与规模
之间寻找平衡点 ………… 118
4.2 基于用户喜好的投放内容
管理 …………… 118
    4.2.1 投放内容管理概述 …… 119
    4.2.2 基于不同动作倾向的
商品喜好 …………… 119
    4.2.3 基于目标商品提炼的
共性标签 …………… 123
    4.2.4 知识拓展：广告内容个性化
与动态素材管理 ………… 127
4.3 基于效果的广告触达媒介
优选 …………… 127
    4.3.1 广告触达媒介优选概述 … 127
    4.3.2 使用方差分析确定媒介
效果的差异性 …………… 127
    4.3.3 基于方差对比判断媒介的
稳定性 …………… 132
    4.3.4 知识拓展：假设检验在业务
场景中的应用 …………… 133
4.4 广告投放的排期要素管理 …… 133
    4.4.1 广告投放的排期要素管理
概述 …………… 134
    4.4.2 不同日期维度下的影响
分析 …………… 134
    4.4.3 通过日历标记管理日期性
要素 …………… 138
    4.4.4 知识拓展：基于组合媒体的
排期管理 …………… 140
4.5 着陆页测试与优化 …………… 141
    4.5.1 着陆页优化概述 ……… 141
    4.5.2 着陆页测试的3种类型 … 142
    4.5.3 着陆页测试的8类主要
对象 …………… 143
    4.5.4 着陆页测试的4个实施
要素 …………… 145

4.5.5 着陆页测试的贝叶斯评估
方法 …………………… 146
4.5.6 知识拓展：着陆页个性化
设计策略 ………………… 150
4.6 渠道测试性投放 ……………… 150
4.6.1 渠道测试性投放概述 …… 151
4.6.2 测试性投放中的噪声
控制 ……………………… 151
4.6.3 测试性投放的效果一致性
验证 ……………………… 151
4.6.4 知识拓展：基于渠道相似性的
策略应用 ………………… 154
4.7 渠道补量、扣量和余量 ……… 154
4.7.1 渠道补量、扣量和余量
概述 ……………………… 154
4.7.2 补量的两种操作方式 …… 155
4.7.3 广告主扣量的优化价值 … 156
4.7.4 余量的数据反馈及成因 … 156
4.7.5 知识拓展：数据度量标准与
数据差异性原因 ………… 158
4.8 数据使用注意 ………………… 158
4.8.1 多个数据系统的数据
误差 ……………………… 159
4.8.2 小样本数据 ……………… 160
4.9 本章小结 ……………………… 160

## 第5章 执行常见问题的排查
与解决 ……………………… 162

5.1 渠道执行问题排查常用维度 … 162
5.1.1 渠道执行问题概述 ……… 162
5.1.2 渠道执行问题排查的
常用维度 ………………… 162
5.1.3 渠道执行问题排查的
先后逻辑 ………………… 164
5.1.4 知识拓展：排查问题时的
5种思维模式 …………… 165

5.2 排查实时流量骤降的原因并
做好预防 ……………………… 165
5.2.1 流量骤降概述 …………… 165
5.2.2 如何获得实时流量数据 … 166
5.2.3 排查流量骤降的4个
步骤 ……………………… 167
5.2.4 预防流量数据丢失的4个
步骤 ……………………… 169
5.2.5 知识拓展：采集端数据丢失
产生的影响 ……………… 171
5.3 排查实时流量骤增的原因并
解除异常 ……………………… 172
5.3.1 流量骤增概述 …………… 172
5.3.2 排查流量骤增的4个
步骤 ……………………… 172
5.3.3 案例：某次大型促销活动
流量骤增100倍 ………… 173
5.3.4 知识拓展：消除流量骤增对
后续流量运营的影响 …… 176
5.4 排查流量下滑渠道并找到
优化点 ………………………… 177
5.4.1 流量下滑概述 …………… 177
5.4.2 细分并找到主要下滑
渠道 ……………………… 177
5.4.3 找到与下滑趋势相反的
异常渠道 ………………… 179
5.4.4 知识拓展：构建完整的
渠道跟踪结构 …………… 180
5.5 排查ROI下降的原因并
找到问题点 …………………… 181
5.5.1 ROI下降概述 …………… 181
5.5.2 通过缩小ROI下滑渠道的
范围确定问题渠道 ……… 181
5.5.3 通过计算收入和费用因子得分
找到问题渠道 …………… 183
5.5.4 知识拓展：将因子得分排查法
拓展到更多场景 ………… 184

5.6 数据使用注意 …………… 185
　5.6.1 流量运营也要对ROI负责 ………… 185
　5.6.2 不要到活动结束后才开始问题排查 ………… 185
　5.6.3 复杂的统计分析结果不是必要保证 ………… 186
5.7 本章小结 ………………… 186

## 第6章 营销渠道的效果评估与基本分析 …………… 187

6.1 如何评估渠道效果的好坏 …… 187
　6.1.1 渠道效果评估概述 ……… 187
　6.1.2 判断数据好坏的4种方法 ………………… 188
　6.1.3 判断数据好坏程度的2种方法 ………………… 189
　6.1.4 知识拓展：渠道的数据重复计算问题 …………… 191
6.2 如何通过归因合理分配渠道转化贡献 …………… 191
　6.2.1 归因模型概述 …………… 191
　6.2.2 归因能解决的2类业务问题 ………………… 192
　6.2.3 5类常见的归因模型 …… 193
　6.2.4 针对不同场景选择适合的归因模型 ……………… 195
　6.2.5 知识拓展：基于完整数据的自定义归因 ………… 196
6.3 如何分析渠道效果的边际效应 …………………… 197
　6.3.1 渠道效果边际变化规律概述 ………………… 197
　6.3.2 分析渠道回报效率的边际递减效应 ……………… 197
　6.3.3 分析渠道单位成本的边际递增效应 ……………… 202
　6.3.4 知识拓展：数据分组 …… 204
6.4 如何找到渠道转化短板并提升转化效果 ………… 205
　6.4.1 漏斗分析概述 …………… 205
　6.4.2 漏斗分析的主要业务场景 ………………… 205
　6.4.3 漏斗分析的额外数据跟踪 ………………… 206
　6.4.4 漏斗分析的主要维度和方法 ………………… 206
　6.4.5 案例：预约表单的漏斗分析与应用 …………… 208
　6.4.6 知识拓展：跨行为类型的漏斗跟踪 …………… 210
6.5 如何分析渠道留存效果 …… 210
　6.5.1 渠道留存概述 …………… 210
　6.5.2 如何分析留存衰减趋势 … 211
　6.5.3 如何分析留存稳定期 …… 213
　6.5.4 如何分析运营活动对留存的影响 ………………… 213
　6.5.5 如何分析新用户规模与留存率的关系 ………… 214
　6.5.6 知识拓展：通过留存发现的作弊问题 ………… 215
6.6 如何分析渠道的时间特征 …… 216
　6.6.1 时间特征概述 …………… 216
　6.6.2 分析渠道的长期趋势、年度特征 ………………… 216
　6.6.3 分析渠道的中期趋势、季度特征 ………………… 219
　6.6.4 分析渠道的短期趋势、月度特征 ………………… 221
　6.6.5 知识拓展：分析渠道的时间交叉特征 ………… 222

6.7 如何对流量渠道做分组分析 ··· 223
 6.7.1 渠道分组分析概述 ········ 223
 6.7.2 按照渠道属性的分组分析 ········ 223
 6.7.3 按照渠道效果的分组分析 ········ 226
 6.7.4 知识拓展：分组的目标是确定优化方向，而非分组本身 ········ 231
6.8 如何分析着陆页数据 ········ 231
 6.8.1 分析着陆页是否真的有问题 ········ 231
 6.8.2 分析注意力随位置的变化规律 ········ 232
 6.8.3 分析页面加载时间对转化的影响 ········ 235
 6.8.4 知识拓展：着陆页上的异常数据 ········ 237
6.9 数据使用注意 ········ 239
 6.9.1 数据评估结果不是念数据 ········ 239
 6.9.2 看似正确实际却错误的建议 ········ 239
 6.9.3 正确但没用的建议 ········ 240
 6.9.4 基于片面数据归纳的偏颇结论 ········ 240
6.10 本章小结 ········ 241

# 第7章 渠道效果专题性研究 ········ 242

7.1 流量渠道的效果标杆研究 ········ 242
 7.1.1 渠道效果标杆概述 ········ 242
 7.1.2 渠道效果标杆设立的3个原则 ········ 243
 7.1.3 渠道效果标杆定义的3类方法 ········ 243
 7.1.4 知识拓展："集中程度"还是"最佳实践" ········ 245

7.2 渠道效果影响因素研究 ········ 245
 7.2.1 渠道效果影响因素概述 ········ 246
 7.2.2 分析特征对转化目标的正负向影响 ········ 246
 7.2.3 分析特征如何影响单个样本的预测结果 ········ 250
 7.2.4 知识拓展：渠道效果影响因素的落地应用 ········ 251
7.3 转化路径的媒体组合规律研究 ········ 252
 7.3.1 转化路径的媒体组合概述 ········ 252
 7.3.2 单一渠道重复次数对效果的影响分析 ········ 256
 7.3.3 组合渠道首末次触点对效果的影响分析 ········ 260
 7.3.4 增加新的渠道对原有投放组合的影响分析 ········ 262
 7.3.5 知识拓展：基于转化路径链接关系的规律分析 ········ 266
7.4 渠道相似度研究 ········ 266
 7.4.1 渠道相似度概述 ········ 267
 7.4.2 基于渠道效果的最近邻分析 ········ 269
 7.4.3 基于渠道效果的聚类分析 ········ 271
 7.4.4 知识拓展：基于访问协同过滤的相似度分析 ········ 273
7.5 虚假流量辨别与研究 ········ 277
 7.5.1 虚假流量概述 ········ 277
 7.5.2 通过流量属性分布辨别虚假流量 ········ 278
 7.5.3 通过流量在线行为指标辨别虚假流量 ········ 279

7.5.4 通过用户离线行为指标辨别虚假流量 ………… 279
7.5.5 通过用户行为流序列关系辨别虚假流量 ………… 280
7.5.6 通过业务投放与实际数据差异辨别虚假流量 …… 281
7.5.7 通过数据的质量辨别虚假流量 ………………… 281
7.5.8 通过页面热力图辨别虚假流量 ………………… 282
7.5.9 通过长期价值指标辨别虚假流量 ……………… 282
7.5.10 知识拓展：通过机器学习方法辨别虚假流量 …… 282
7.6 数据使用注意 …………… 283
7.6.1 模型准确度并非高于一切，不能忽略业务落地性 … 283
7.6.2 不能通过一次专题分析解决所有问题 …………… 284
7.6.3 专题分析并非是一次性的 ……………… 284
7.6.4 重视数据过程，也要重视数据校验 …………… 285
7.6.5 模型并非万能 ………… 285
7.7 本章小结 ………………… 285

# 第8章 流量运营的监控与效果复盘 …………………………… 287

8.1 流量日常监控 …………… 287
8.1.1 流量日常监控概述 …… 287
8.1.2 如何实现自动化监控 … 288
8.1.3 监控结果的信息告警 … 288
8.1.4 知识拓展：流量的外部竞争监控 ……………… 290
8.2 流量复盘 ………………… 291
8.2.1 流量复盘概述 ………… 291
8.2.2 流量复盘的参与部门 … 291
8.2.3 流量复盘的基本流程 … 292
8.2.4 流量复盘的主要内容 … 293
8.2.5 知识拓展：有效复盘的重要支撑——执行过程的数字化 ……………… 294
8.3 撰写分析报告 …………… 295
8.3.1 分析报告概述 ………… 295
8.3.2 不同报告对象的内容侧重点 ………………… 295
8.3.3 不同类型报告的内容侧重点 ………………… 296
8.3.4 影响分析报告满意度的因素 ………………… 297
8.3.5 知识拓展：分析报告的立场问题 ……………… 298
8.4 数据使用注意 …………… 299
8.4.1 数据分析师并非只是写报告 ………………… 299
8.4.2 不能使用"我觉得"代替数据论证 ……………… 299
8.4.3 数据分析不能过分依赖数据工具 ……………… 299
8.4.4 数据分析不能速成 …… 300
8.5 本章小结 ………………… 300

**附录A 电商流量运营数据参考** … 301
**附录B Python 安装和部署** ……… 302

第 1 章

# 全面认识流量数据化运营

流量是电商企业的核心业务单元，企业前端流量的质量、规模、性质直接影响着后端的业务模式和运营策略；同时，由于流量采买是主要成本模块之一，各企业都非常关注流量运营环节。本章将主要介绍流量运营的核心概念、基本步骤、职能岗位以及数据来源等内容。

## 1.1 流量运营的 3 个核心概念

流量、流量的来源和流量的数据化运营是流量运营的 3 个核心概念。

### 1.1.1 什么是流量

本书的流量是指在一定时间周期内，人们通过不同的数字设备（例如手机、电脑、智能产品等）访问网络服务时所产生的数据交换量。一般意义上，流量的行为主体是人，但在某些场景下，程序（例如爬虫、作弊程序等）也能产生流量。

当人们访问网络服务时，可以使用多种指标来度量流量情况，例如访问量、网页浏览量等，这些被称为流量指标。借助于不同的流量指标，我们可以评估或分析广告渠道的效果、用户行为模式、网站内部不同商品或服务的转化情况、网站用户体验或功能等。

### 1.1.2 流量的来源

一般而言，流量可按照是否付费分为免费流量与付费流量。

免费流量是无须任何广告费就可以产生的流量，例如用户在浏览器中直接输入企业网址、用户在搜索引擎中搜索特定关键字后通过自然排名找到企业网站等都属于这类流量范畴。

付费流量是通过资源经营、广告费用、资源互换等不同方式获得的流量，这种流量也被称为采买流量。例如在新浪网站首页、微信朋友圈、今日头条投放广告，广告曝光或用户点击后到达网站的流量就属于这类流量范畴。

当企业的免费流量经营到一定程度之后，可优化的空间就变得非常有限。流量采买会成为企业流量来源的主要途径的主要原因有两点。

- 可控性。流量采买主要受制于预算，即只要有充足的预算保障，便可以按需采购流量，因此可控性非常强，能最大程度保障在需要流量的时刻点顺利完成流量目标。
- 规模性。在超大型促销活动中，企业往往需要海量的流量支撑。流量采买可以通过多种渠道、策略和投放组合带来巨大流量，这种规模性流量支撑是电商企业运作大型促销活动（例如双11、618活动等）的前提和基础。

除了传统意义上在线上数字媒体投放广告以带来流量外，很多企业有更多获得流量的途径。例如线下渠道、商务合作、线上和线下结合、巨型应用生态内的流量支撑等，这些运营业务或动作的初衷往往不是流量采买，而是有其他营销目标，例如企业内部O2O生态的建立、跨界合作的试水、销售渠道的搭建、消费者触点的完善、品牌性曝光与投资者信心维护、新品推广和下线等。但客观上，这些"无心插柳"的动作都会在一定程度上利于企业线上数字媒体的流量增长。

### 1.1.3 流量的数据化运营

从广义上讲，任何能带来流量的企业经营活动都被称为流量运营，但在本书中，核心的流量运营范畴会限定在以付费流量为主的线上数字媒体的运营上。这是一个相对狭义的范畴，具体要素如下。

- 付费流量。这意味着企业需要投入广告预算才能产生流量。
- 数字载体。即企业的网站、App、移动站点、小程序、Minisite站点、快应用等自有或直接可控的载体。
- 运营目标。运营的核心是流量获取，且流量需要落地到企业数字载体上。

为什么需要重点关注付费流量？除了在1.1.2节中提到的可控性和规模性特征外，付费流量还有两个让它成为企业重点关注领域的核心特征。

- 巨大的成本支出。在电商企业中，日常经营性成本支出的主要项目往往包括库存、物流和广告费用。在流量越来越贵的背景下，巨额的广告费用使得付费流量成为所有企业必须关注的核心业务之一。(企业必须要知道钱是怎么花的,花在哪些地方了。)
- 更大的优化空间。除了上述提到的三个主要支出项目外,企业也可能存在其他巨额成本支出项目,例如IT硬件费用、技术人员薪酬等。相比而言,付费流量具有更大的优化和压缩空间,能在保证企业正常经营的前提下实现提效率、降成本的核心目标。

## 1.2 流量运营的4个基本步骤

本节将介绍流量运营的基本步骤,包括营销目标确定、渠道策略和计划管理、媒体投放与执行管理、渠道投放效果评估与复盘。如图1-1所示。

图1-1 流量运营的基本步骤

### 1.2.1 营销目标确定

营销目标确定是流量运营的第一步,也是整个数据辅助决策与数据驱动的出发点。在流量运营之初,需要针对企业总体营销目标以及各阶段、各活动的营销目标做梳理和分解。

在营销目标制定阶段,可能同时存在一个或多个目标;当设计多个目标时,更需要综合考虑不同渠道对于目标达成的组合实施情况。在流量运营范畴内,常见的营销目标包括如下内容。
- 市场占有率提升。市场占有率提升可以以销售额或用户量的提升为核心目标。
- 销售流水提升。销售流水提升几乎是每次大型促销活动的核心目标,根据企业平台性质的不同,可分为销售额和商品交易总额(Gross Merchandise Volume,GMV)两类。前者用于评估自营类企业的销售规模,后者用于评估平台类企业的流水规模。
- 利润提升。当销售流水提升时,利润不一定会提升。甚至在大型让利的促销活动中,很多商品是微利甚至亏本销售。

> **提示** 企业唯一准确的利润数据需要从财务口径获取，但财务口径统计复杂且滞后，因此大多数情况下会以业务口径作为日常中心或部门级别的经营参考，而以财务口径作为季度、年度企业级别的经营参考。就业务口径而言，利润主要来源于商品或服务的进销差价，但很多电商企业也会获得其他经营性利润，例如厂商或品牌商补贴、根据商品销售规模的梯度返点、内部流量二次售卖、商务合作资源置换变相冲抵成本、促销活动参与厂商的成本分摊和各种活动费用摊派等。因此，表面看商品或服务是"亏本销售"，但最终核算经营性利润时却可能是盈利的。

- 清库存。销售型企业对于过季、即将过期、高龄甚至超龄库存商品等实行的清库存的活动，这是很多企业（尤其是衣服鞋帽和食品类）都会定期开展的活动。

> **提示** 清库存时通常都会有较大折扣，但折扣并不是唯一手段。例如，库存商品可以参与平台团购、抢购、促销活动时限购、内部福利性销售、外部资源置换等活动，这些活动中往往不需要较大折扣或仅提供特定折扣便能最大程度保障动销与利润的平衡。

- 新用户留存。针对新用户的留存活动，刺激新用户转换为活跃用户或忠诚客户。这是很多处于高速发展阶段的企业，甚至品牌类企业经常开展的活动。
- 盘活沉默用户、提升老客户复购率。将企业的沉默用户盘活，通过营销活动唤醒这些用户，或者通过大量针对老客户的回馈活动等提升CLV（客户生命周期价值）。这是几乎每个以客户为导向的企业都会定期开展的活动。
- 新品上市。通常是单品上市或系列单品的批量上市，以新品的认知推广以及产品售卖为目标。这是品牌或厂商企业进行正常产品迭代时开展的活动。
- 竞品狙击。以自己的弱势品类的少量亏损去打竞争对手的优势品类，从而导致竞争对手大量优势品类的大量亏损；或者借助自身优势品类的高效率、低成本去打压竞争对手的劣势品类。这两种策略都是实现企业市场认知提升、新品类销售提升的重要方式。这是企业拓展新业务时会开展的活动。
- 品牌曝光兼顾微转化。品牌类企业以大量的品牌曝光为主，将流量引入站外的Minisite（活动网站）中，完成特定的目标活动，例如参与抽奖、礼品兑换、话题互动、小型游戏等。

## 1.2.2 渠道策略与计划管理

基于不同的营销目标，企业通常需要制定渠道策略和广告投放计划。主要完成如下内容：策略制定、目标制定、预算申请、排期策划、媒体采购。如图 1-2 所示。

图 1-2 渠道策略与计划管理内容

这 5 项内容没有严格的先后顺序，一般情况下，先进行策略制定、目标制定、预算申请、排期策划，然后才是媒体采购。例如：有的企业必须先有预算，然后再制定策略、目标和排期；有的企业则是先确定策略和目标，再反向推导所需的预算，待预算审批后再做排期策划和媒体采购。

### 1. 策略制定

根据不同的营销活动安排合理的媒体组合，既包括线上多种媒体的组合，例如硬广、SEM、EDM 各自的组合策略，又包括各个细分渠道类型的内部组合，例如信息流中的头条系、新浪系、百度系的渠道策略。某些企业的大型活动还可能涉及线上和线下的整合与互动（例如线上商城与线下实体门店）、线上不同生态内的流量组合（例如自营站点推广渠道、淘宝系生态内推广渠道、微信生态内推广渠道），此时的策略会更复杂。

### 2. 目标制定

基于渠道策略制定总体目标，并针对不同的渠道设计合理的子目标，辅助总体目标的达成。在流量渠道中，不同的渠道具有不同的价值属性。例如，广告类渠道在保流量数量方面占有绝对优势，SEM 在平衡流量数量和质量方面更好，CPS 在流量转化上效果明显，EDM 对于用户的维系和管理倾向度更高。如何将不同类型渠道的价值分析出来并分配其在总体目标和子目标上应该承担的"合理权重"是本阶段的重中之重。

### 3. 预算申请

当各级目标制定完成之后，需要撰写相应的市场材料或汇报材料，向企业高层申请预算。大多数企业的营销预算在企业年度任务和目标制定时已经确定，这属于企业总体成本和支出管控的基本范畴。而每次营销活动的大体预算范围也可能基本确定，因此，需要策划者提前将活动计划以及对应的预算申请到位。同时，要在既有的预算范围内"戴着镣铐跳舞"，通过合理的预算组合与分配实现目标最大化。

### 4. 排期策划

获得对应的预算之后,需要根据渠道总体策略,安排不同的媒体投放排期。强势媒体所代表的广告类的排期需要提前与媒体或广告平台沟通,例如门户类广告、导航类广告等以 CPT 为主要售卖方式的强势媒体,需要提前数月甚至数季度"预约采购",而企业直接控制类渠道(例如 SEM、信息流等以 CPC、CPM、CPA 为投放模式的媒体)则可以灵活安排。

### 5. 媒体采购

经过与媒体的沟通,整个投放计划大致已经明确。之后需要根据投放需求与媒体、广告代理商、4A 公司等签订合同,实现媒体采购。此时需要注意很多大型企业内部在合同审批时的流程时间较长,需要经过业务、法务、财务甚至监察等多部门审批。其中涉及的关键人员长期不在岗(例如休年假、病假等)可能会耽误整个审批流程,从而影响该渠道的正常合作与投放。

## 1.2.3 媒体投放与执行管理

媒体投放和执行管理阶段涉及的是如何将策略和目标落地的相关事项,主要包括如下几个方面:着陆页管理、广告投放管理、虚拟流量甄别与止损、渠道测试、补量。如图 1-3 所示。

图 1-3 媒体投放与执行管理内容

上述 5 个环节是媒体投放和执行管理的核心内容。根据营销渠道的不同,还可能包含其他内容,例如以 CPD 或 CPC 为采买模式的渠道可能需要大量的媒体谈判、沟通和协调,以程序化广告、实时竞价投放模式为主的渠道可能涉及大量的程序、内容与第三方平台的开发、协作和联调等。此类内容主要围绕业务主体,而本节的内容则主要是与数据化管理相关的,因此不过多涉及。

### 1. 着陆页管理

着陆页是流量入站后的第一个页面。着陆页质量直接影响流量的后续转化效果。着陆页管理包括着陆页策略制定、着陆页页面设计、着陆页 AB 测试与优化、着陆页素材上新、着陆页本身的整体更换等。

### 2. 广告投放管理

广告的正常投放管理会根据不同渠道的特性制定不同的管理内容。某些强势媒体或渠道（例如传统线下广告类、门户类、导航类、弹窗类、客户端类、商务合作类等）除了更换站外投放素材外几乎没有任何可"管理"空间，而企业自己可控的渠道（SEM 类、信息流类、重定向类、EDM 类、社交类等）则可以在人群定向、地域、预算分配、黑名单、上下线时间等方面灵活安排。这些工作构成了整个投放管理的核心内容。

**3. 虚假流量甄别与止损**

某些 CPC、CPM 类的广告渠道，主要以"流量曝光"或"流量点击"为主要计费方式。这类渠道流量作弊的现象较为集中，因此甄别虚假流量、保证流量质量非常必要。尤其当该渠道的广告预算较高时，该问题更应该重点关注。如果能在异常流量发生时就及时发现，就能及时与媒体沟通或暂停广告投放，通过获得媒体方的补偿、增加渠道投放时间、扩大媒体覆盖范围或按合同约束的其他方式赔偿等方式来最大限度地维护企业利益。

**4. 渠道测试**

很多新渠道的投放都有一定测试投放的过程，对企业而言，基本的过程是先进行小预算投放测试并评估与优化，再逐步扩大投放规模，经过再次评估与优化后再扩大到完整投放规模上去。如果测试效果不理想，那么可能会经过更多阶段的评估、测试与优化。当然，如果效果确实无法达到预期，企业也会直接放弃该渠道。

**5. 补量**

补量是针对有流量保底合同标定的合作渠道的特有操作。当实际产生的流量未达到企业与合作方签订的目标时，合作方需要通过其他方式增加流量的导入，例如增加投放时间、扩大合作方内部流量出口等。这是保障企业权益的必要方式。

> **提示** 并不是所有企业与合作方都能谈"保量"的合作模式，这里面涉及企业与合作方的博弈。企业与合作方的各自市场地位、竞争对手投放情况、双方不同合作阶段、双方互信情况、合作渠道深度、保量目标的确定、数据检测工具的选择等多个方面都会影响该合作模式的确立。

### 1.2.4 渠道投放效果评估与复盘

当营销活动完成后，需要对渠道投放活动进行效果评估以及运营复盘。该环节的目标是总结分析整个运营活动中的优劣得失，为下一次运营提供经验性参考；同时，根据实际数据结果与 KPI 的差异，对营销部门进行绩效考核，确定浮动型薪酬的发放（例如季度奖金）。

**提示** 渠道投放效果评估与复盘不是简单统计渠道效果数据,而是需要多方(业务方、数据方、IT方)参与讨论,共同反复探讨与研究数据,找到影响效果的关键因素,以应用到后续的业务操作中。

### 1. 数据层面

效果评估的开展不一定要等到整个营销活动完全结束之后才开始,某些简单的问题和分析通常会在数据表现异常时就进行,例如流量突然下降(实时发生且需要实时分析)、当日 ROI(投入产出比)下降(当日发生且需要当日分析)。而总体性的分析或者专题性的研究则需要积累较多的数据才能正式开展数据分析活动。

数据层面的分析工作主要包括渠道执行常见问题排查与解决、渠道效果的常规性统计与分析、渠道效果的专题性研究与管理、日常数据的监控、竞争分析与行业分析。

### 2. 业务层面

业务活动和数据结果是获得正确规律认知的两个必要条件。

数据反馈的仅仅是结果,即展示发生了什么,但该问题是如何发生的则直接受制于实际业务操作,如下所示。

- A 渠道晚上 10 点开始更换新的素材,直接导致站外广告的 CTR(广告点击率)下降,从而影响该渠道后续所有到站以及转化。
- 人群的投放标签的修改直接导入站流量的人群行为的变化。
- 广告投放的着陆页链接从 A 版本换到 B 版本,跳出率直线上升,所有渠道的转化效率都受到影响。

整体营销活动的复盘,需要将数据和业务结合起来。建议以业务活动为主线,以数据结果为依托,将每次业务运营的结果量化出来,这样更能保障数据和业务在同一个工作频道上,后续的可落地性也更强。

 **提示** 数据和业务在同一个工作频道到底指什么?企业中经常会出现数据工作者和业务人员虽然在"当面"讨论问题,但双方的工作思路、认识阶段甚至讨论话题并不在一个频道内的情况。例如,当数据工作者在谈用户、内容、渠道、转化的时候,业务人员很难对应到具体的运营活动中,如属于哪个部门、哪个环节,受什么影响。因此就会产生"各说各话""谁也听不懂谁"的问题。由于数据依托于业务而存在,因此为了最大限度地保障数据的可理解性、可落地性,需要从业务的视角来解释问题、看待问题、梳理问题、总结问题,才能使得二者在相同的认知区间内更好地协作。

## 1.3 流量运营的职能岗位

本节将介绍电商企业中流量运营的主要部门划分以及技能要求。

### 1.3.1 部门划分

流量运营按职能划分,属于市场或营销的范畴,因此在各个电商企业内基本属于品牌中心、营销中心或市场中心。

在该中心体系下,通常会按照不同的营销职能将流量运营拆分为不同的部门。

- 广告部门。主要负责以付费方式获得流量的硬广告类渠道,主要渠道合作模式包括 CPT、CMP、CPC、CPA,主要广告包括门户广告、垂直渠道、导航类广告、信息流广告、程序化广告、RTB 广告、物联网广告、OTT(Over The Top)等。
- SEM 部门。主要负责搜索引擎营销类的渠道,以付费的方式获得搜索流量。
- SEO 部门。主要负责搜索引擎优化,以免费的方式获得更多搜索渠道的流量。
- CPS 部门。主要负责按效果计费的渠道,这类渠道主要是返点、返利或导购类渠道。
- 会员营销部门。主要负责会员营销相关渠道,主要是 EDM(电子邮件)、SMS(短信)和 MMS(彩信)等类媒介。
- 社群营销部门。该部门以社会化媒介为载体,主要以粉丝、用户或客户的服务与营销为主,包括常见的新浪和腾讯的社群渠道、企业与 KOL(关键意见领袖)或网红在社会化媒体上的合作等。
- 商务合作部门。主要负责商务合作、异业合作、跨界合作、商务拓展、赞助、资源置换等方面的合作内容。
- 无线营销部门。围绕 App 业务的营销业务部门,主要包括 ASO(App Store Optimization)、应用市场合作、App 预装合作、刷机合作、换量合作、生态内植入甚至地推安装(例如安装 App 送鸡蛋、首次下单返现金等)等方面的业务。
- 品牌和公关部门。以品牌性活动为主的营销工作,例如会议营销,在线活动,公关软文,政府关系维护,传统的电视、报纸、杂志、广播、户外广告的品牌传播等。

 提示　某些以增长为落地目标的企业也会把流量运营的部门拆分到用户增长中心,并以不同增长目标为拆分依据,将增长团队拆分为增长小组。

## 1.3.2 技能要求

在流量数据化运营过程中，业务职能部门除了需要具备基本的业务能力之外，还需要具备数据化工作的能力。数据化工作能力具体包括基于数据驱动的决策思维以及基本的数据获取、统计分析能力。

### 1. 基于数据驱动的决策思维

大多数情况下的运营决策都应该基于数据驱动，即依靠数据的先验经验获得已知规律，然后应用到新的业务执行环境中。这种思维需要业务部门在日常工作中逐渐锻炼而成，它不是一蹴而就的。

 数据驱动的思维不等于完全基于数据进行决策的思维。数据驱动的本质是决策需要从数据规律出发，而不能仅凭"拍脑袋决策"。但是，显而易见的是数据在很多时候并不那么"万能"，甚至在某些数据文化、数据积累以及数据价值输出较差的企业中，数据的价值显现还不如"业务经验"。因此，在决策时需要综合考虑数据和经验的双重要素，单纯依靠数据或经验可能会导致认识偏颇。

### 2. 基本的数据获取、统计分析能力

很多企业中一般都有专门的数据部门，包括数据分析部门、数据挖掘部门、数据产品部门、数据库管理部门等，这些部门都根据自身在数据工作环节中的定位，仅开展与其职能定位相关的工作。在日常多部门协作中，很多由业务部门发起的数据需求，其实都能自主"动手"实现，举例如下。

- 拉取数据。这种操作只需要拥有权限并稍加培训就能实现，甚至可以让数据部门写好取数代码，业务部门只需要按需修改特定字段即可。
- 简单的统计。业务部门经常需要根据不同的时间粒度（例如月度、周度、季度）、地域、业务体系划分等维度进行统计汇总。这种基于几个维度的"分类汇总"其实并不复杂，无论是数据库（例如 MySQL、Oracle）还是特定程序（例如 Python、R）都几乎只需一行代码就能解决。
- 简单的分析。对数据分析而言，简单的分析方法在日常工作中更加实用。例如基于不同维度的对比分析、构成占比或成分分析、时间趋势分析、多维的数据透视表分析、多维的上卷下钻分析、条件分组分析、描述性分析等几乎占据日常"数据分析"80%以上的应用场景，这些方法虽然简单，但确实能解决相当多的实际问题。这些分析方法几乎没有"知识"和"技能"上的难度，仅仅需要获得数据之后再进行简单处理即可实现。

业务部门实现了上述需求后，其数据运营的效率和效果都会得到极大提升，主要原

因分析如下：
- 时间及时性的考虑。如果业务部门需要其他部门协作，那么需要多次沟通和排期，很可能数据部门产出的结果无法满足业务部门分析的及时性，毕竟任何部门都有自己的任务优先级。
- 任务排期冲突的考虑。如果在业务部门的需求时间内数据部门的资源已经被其他任务占用，那么就会导致任务排期冲突，因此将无法实现分析需求。
- 业务自主性的考虑。降低对其他部门的依赖，将更多的工作自主权掌握在业务部门手中。这样业务部门对任何工作的安排和统筹将更游刃有余。

 提示　业务部门完成部分数据部门的工作，并不是替数据部门做事，除了上述三个基于业务部门角度的"直接利我"考虑外，还有更长远的"间接利我"的考虑。其一，业务部门的职能越多，能掌握的资源就越多，部门的权利会更大，能得到的利益也更多。其二，数据部门可以专注于更多"高大上"的内容，例如数据挖掘和建模、综合性以及专题性，甚至跨项目、跨系统级别的大型分析工作，这将会打破以部门为界的"狭隘"数据视角，帮助项目中的各个部门提升综合认知和深度认知，这是任何一个单一业务部门都无法实现的深层价值产出。

## 1.4　流量运营的 4 类数据来源

本节将介绍流量运营的数据来源，包括通过广告投放工具获得的外部投放数据、通过流量分析工具采集的自有流量数据、通过大数据工具采集的自有数据以及通过第三方来源获得的行业和竞品数据。如图 1-4 所示。

图 1-4　流量运营的 4 类数据来源

### 1.4.1　通过广告投放工具获得的外部投放数据

在流量数据化运营过程中，在广告投放时会产生大量的数据，这些数据主要集中在曝光和点击两个阶段。不同的广告渠道所能获取的数据差异极大，根据详细程度的差异,这些数据大体可分为三类。

**1. 曝光和点击等汇总数据**

这类渠道以硬广告类为代表,其数据主要以曝光和点击数据为主。这类渠道主要通过合作伙伴或媒体直接投放,而合作伙伴或媒体一般都只能提供基于不同时间粒度的广告曝光和点击、CTR 的汇总数据,无法直接提供广告曝光和点击明细数据。

在大多数情况下,硬广告类的数据都是由媒体或广告投放平台自己提供,因此它们同时扮演了"裁判员"和"运动员"两种角色;另外,由于硬广告类媒体的强势及其他潜在的灰色原因(例如作弊流量、媒体刊例上的虚标用户规模等),它们也不允许插入第三方代码进行实际广告曝光和点击的监测。因此其提供的数据对于广告主来说,仅作为参考使用。

**2. 带有更多细分维度的分类汇总和统计分析数据**

这类渠道以 SEM、信息流、社交媒体、CPS、会员类等为代表,能提供更多维度。根据这些维度数据可以得到在广告投放时的人群定位、投放规则、地域、预算等具体投放细节的统计报告,从而帮助企业更好地分析不同维度下站外的广告投放效果。会员类渠道能借助运营服务商获得更多关于信息投递的到达、打开、点击等效果,在电子邮件中,甚至可以植入网站流量采集的代码,以采集会员在邮件中的互动行为。

这类渠道的效果能依托于站外广告投放的实际执行规则,覆盖统计每个规则下的实际广告效果,因此对于每个流量运营执行活动的效果评估以及优化具有重要的参考意义。

**3. 带有所有明细的广告数据**

通常而言,站外广告媒体都不会提供有明细的广告数据。这类明细数据包括两个粒度:一是基于用户(这里指的是 Cookie 级别的匿名用户,不是企业的用户)级别的明细数据,即用来评估站外每一个匿名 Cookie 机制下,在每个广告投放规则下的效果情况;二是基于每次曝光行为的明细,即当广告对用户曝光后用户是否点击的数据。

这两类数据,由于涉及每个用户的数据(第二类是每个用户的每次行为),因此对于数据的明细粒度要求非常高,但广告渠道一般不会直接向第三方提供此类原始粒度级别的数据。

不过,某些具有完整生态的广告平台却可以提供这类数据。例如,GMP(Google Marketing Platform)作为 Google 主要的广告营销平台,包含营销业务、数据分析业务、优化业务以及 Google 云服务相关业务。当广告主选择在 Google 平台(例如 Google Ads)

投放广告时,基于曝光和点击粒度的数据可以进入 Google ADH(Ads Data Hub)。此时 ADH 中的明细数据可供广告主自己灵活使用。举例如下:

- 广告主可以通过 Google 的机器学习业务实现广告行为分析,从而了解每个规则下的广告细分情况以及与转化目标的关系;
- 广告主可以对多次曝光的用户,统计每个用户站外的广告曝光的数据流;
- 广告主可以通过对用户曝光后的实际点击数据进行建模,预测特定用户在特定场景下是否会完成点击,以辅助后续的广告投放以及 Lookalike 客户特征的分析;
- 广告主可以与自己的 CRM(Customer Relationship Management,用户关系管理)打通,组建基于完整数据(企业内部数据+外部数据)覆盖的 SCRM(Social Customer Relationship Management,社会化用户关系管理),此时广告主对用户的认知将比之前基于企业私域范围内的数据的认识更加清晰。

 提示　什么是完整的数据生态?站外广告渠道在投放广告时,其每次曝光的用户信息一般都有数据记录。但是这些数据一般都只能供广告平台内部使用,作为平台为广告主提供额外增值服务(售卖服务)、额外数据分析产品(售卖产品)、优化广告投放平台的产品功能(功能的优化可以实现广告主和广告平台双向收益的提升)的数据资源。如果这些数据开放出来,就意味着广告平台会将资源共享给其他平台。谁也不想为他人做业务嫁衣。

## 1.4.2　通过流量分析工具采集的自有流量数据

企业内获得流量数据的主要途径是通过第三方流量分析工具采集。企业只需将特定的检测代码植入网站或 App 即可(网站端基于 JavaScript 实现、App 基于 SDK 实现)采集自有数据。如果存在特定的隐私或保密数据则可以通过 Server to Server 的方式,直接从企业内部的服务器发送到流量分析工具的服务器,而不用经过用户的客户端。

当前市场上已经具备一些功能强大、产品易用、数据安全的第三方流量分析工具。典型的代表包括国外的 Google Analytics、Adobe Analytics,国内的 Ptmind、神策、诸葛 IO 等。不同的工具具有不同的特征,这也是它们能够共存的前提。因此企业只需在特定的费用区间内选择能满足当前业务需求以及可预见阶段内具有一定应用拓展性的工具即可。

第三方流量分析工具能够采集到的数据已经非常完善,包含了从用户到达网站到用户离开网站的所有数据。举例如下。

- 页面信息:用户看了什么页面、停留了多长时间、看到第几屏幕后退出、从哪个页面进入、又进入了其他哪些页面。

- 渠道信息：用户从哪些渠道来，包含来源网站的域名、URL、自定义跟踪的参数信息（例如网站、媒介、位置、广告活动、关键字信息、内容信息）、搜索关键字等。
- 用户信息：用户的年龄、性别等社会属性（部分工具，例如 Google Analytics 提供），访问网站的间隔，属于哪类访客（新、老访客），用户不同时间粒度的留存情况，用户的设备、浏览器、系统等详细情况等。
- 转化信息：用户买了什么、花了多少钱、买了多少次、是否使用优惠券、是否有折扣信息等。

提示

大部分的第三方流量分析工具都只能提供基于不同细分维度的汇总报表，但类似于 Google Analytics 等工具则可以提供所有用户在网站上行为的明细数据，企业可以基于这些明细数据做更多深入分析、数据建模、二次功能开发以及系统协作等。例如分析购买了特定商品的用户在购买动作之前频繁地查看商品和购买商品的关系，挖掘从特定渠道到达网站后形成转化的客户特征，使用原始数据构建在线个性化推荐系统等。因此，明细级别用户数据，除了可以帮助企业获得快速的数据采集和分析能力之外，也是企业数据资产的重要组成部分。

### 1.4.3 通过大数据工具采集的自有数据

通过第三方流量分析工具采集数据适合大多数企业，但对于各个级别的头部企业来说，则更倾向于通过大数据工具自建一套系统来实现数据采集、统计和分析工作。

通过大数据工具采集自有数据的基本模式与第三方流量分析工具基本一致，也都需要经过网站或 App 埋码，完成前端的采集工作。数据采集到企业内部服务器或云平台后再进行离线计算，对于部分实时性要求高的数据还需要进行实时计算。数据计算完成之后的结果将进入数据库、数据仓库或数据平台内供后期的报表或应用查询。为了方便多系统间的数据调用，企业还可以开发数据 API 为后续的应用提供接口服务。

提示

单纯只从功能的实现性以及投入的资源（包括硬件、软件、人力资源开发）上来看，自建流量采集系统属于投入产出比低的选择，而且从功能的完整性、易用性、丰富性上来看它都远远不如第三方流量采集系统。因此，如果只为了开发一个系统用于流量统计分析使用，企业一般不会选择自建。但是，对于各个领域内的头部企业来说，数据定制化开发、对完整数据链路的掌控、内部业务生态的构建、基于流量数据的多分析和应用系统的开发、对数据安全与隐私的 100% 掌控等的重要性可能要大于一个标准化产品功能的完整性、易用性、丰富性，因此自建是更优方案。

### 1.4.4 通过第三方来源获得的行业和竞品数据

通过第三方来源获得的行业和竞品数据将作为流量运营的补充数据，这些数据主要涵盖行业信息和竞争信息两方面。

- 行业信息：包括行业的最新趋势和技术动态，客户属性、喜好、行为的演变，行业热度信息，新技术带来的营销方式、手段、触点、策略等的变化等，用于帮助流量运营从业者快速掌握行业最新信息。
- 竞争信息：包括竞争对手的广告投放的媒体渠道、排期、素材、广告卖点、策略监控、竞争厂商以及特定服务和商品的关键字热度、企业形象和口碑对比情况等，用于帮助流量运营从业者掌握竞争对手动态，做到"知己知彼"。

关于行业和竞争的数据获取，企业可以通过爬虫、付费购买、资源互换以及商务合作等方式获得部分数据，但在该领域内，更多企业会选择付费使用专业的服务公司或技术公司。

 提示　对企业来讲，竞争对手的公开数据可以很方便地获取（例如网站、商城、品牌官网、行业协会网站等），但某些数据是无法通过"正当"渠道合法合规获得的。如果选择通过第三方渠道获得这些数据，则可以通过数据规范、合作协议、合作框架、合同文本等"原则性"的合法合规的、具有法律效力的文件来"规避"这些潜在风险。

## 1.5 本章小结

**内容小结**：本章作为全书开篇，概述了流量的基本概念、流量运营的相关范畴等，为读者理解本书后续内容奠定基础。

**重点知识**：1.1.3节、1.2节、1.4节，这几节对本书后续内容起到"承上启下"的作用，需要读者重点关注。

**外部参考**：本章限于篇幅没有详细介绍但对读者日后开展流量数据化运营有重大帮助的内容如下。

- 第三方流量分析工具：目前全球范围内使用范围最广的工具（没有之一）是Google Analytics，它既有免费版本也有付费版本，供大家学习以及未来企业使用再适合不过。该工具官方文档完整、脉络清晰，每个知识点都讲解得很透彻，从技术端的代码实施、部署、检测到用户端的账户设置、报表搭建、数据分析、结果解读都有非常详细的在线文档。
- ❏ 站在流量运营的角度上，数据是用来辅助运营的。结合数据与业务经营较好的参考书应属《精益数据分析》。这不是一本讲数据分析的书，而是讲在不同业务场景下如何开展数据工作的书，内容贴合实际且落地性强，推荐想要精进数据分析与业务落地场景的读者阅读。

**认知实践**：每个职场中的人都能或多或少发现当前企业存在的问题，但那些能解决问题的人往往更受青睐。请读者结合本章内容，思考自己所在的企业流量运营步骤是怎样的，职能岗位的划分是否清晰完整，以及如果你是一个更高层的管理者或决策者，应该如何搭建或完善现有流量运营体系。

# 第 2 章

# 常见流量渠道全面盘点

流量是企业生存的基本条件,没有流量的企业也无法长久经营下去。本章将介绍企业级流量的主要渠道,包括直接输入流量、SEO 渠道、SEM 渠道、硬广告渠道、信息流渠道、社群渠道、MCN 渠道、会员营销渠道、CPS 渠道等,如图 2-1 所示。下面主要从数据运营的角度介绍各渠道的基本概念、特征、适用营销场景以及数据发挥作用的环节等内容。

图 2-1 常见流量渠道概览

## 2.1 直接输入流量渠道

直接输入流量是常见流量渠道。企业越成熟,直接输入流量的规模越大。

### 2.1.1 什么是直接输入流量

用户在浏览器中输入 URL 地址后直接到达企业站点,这种流量来源方式被称为直接输入流量。从数据归类的逻辑上看,它特指没有引荐来源信息的流量情况。

> **提示** 什么是引荐来源信息？
>
> 在每一次加载网站页面时，网站服务器都会记录该页面的流量是从"哪里"来的，例如站外的百度搜索词、内部的上一个页面等，这些信息被称为 Referral 信息，它们会被用作引荐来源的识别标志。我们在网站分析工具里面常见的"引荐来源"报表，就是基于这个原理生成的。

用户真的会直接输入网址到达网站，即使 URL 地址很长？其实未必。除了少数情况下，用户能记住 URL 信息并手动输入外，多数情况下用户是通过浏览器收藏夹收藏的网址、浏览器 URL 历史记录的下拉提示等方式"输入"网址。

如图 2-2 中的①显示了当前笔者浏览器中的书签，笔者可点击任意 URL 到达对应网站；②显示了当笔者输入 www 后，浏览器根据历史记录给出提示，此时笔者可直接选择对应的 URL 进入网站。

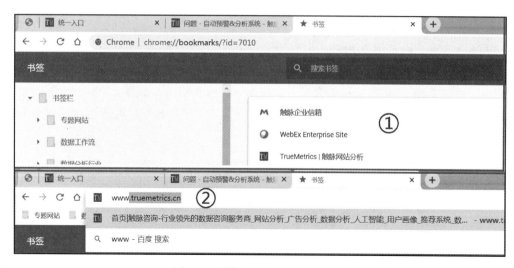

图 2-2 浏览器书签以及输入提示

### 2.1.2 直接输入流量的 3 个特征

直接输入流量主要有 3 个特征，具体分析如下。

**1. 直接输入流量是运营结果，而非运营对象**

直接输入流量非常重要，它对企业的重要意义表现为如下两方面。

- 用户价值更高。更多的用户直接输入流量意味着用户已经形成自主访问的主动性，企业的用户主要以老用户为主，且企业已经能够实现用户的自主回访、留存以及到站等。这是所有企业都孜孜追求的核心目标之一。

□ 资源投入更少。如果企业没有稳定的直接输入流量支撑，就需要投入更多的精力到 SEO、广告投放、社群运营等业务模块，各种运营资源、费用、人力、物力的投入必不可少。

因此，直接输入流量是各个企业免费流量的重要组成，而且越是成熟的企业，其直接输入流量的规模越大、质量越高且稳定性更高。但是，在达成规模化的直接输入流量的结果之前，企业需要在形象树立、品牌传播、市场覆盖、用户经营、商品和服务优化等多个领域投入大量的资源和精力。因此，直接输入流量的结果达成只是在这一切都具备的条件下，用户自然而然的行为结果。

### 2. 直接输入流量不一定是用户自然行为的结果

某些情况下，企业可能会选择投放没有特定"网站"作为载体的媒体，例如，在迅雷或暴风影音播放器上的广告、在系统弹窗中的广告、在腾讯 QQ 聊天窗口中的广告等。当普通用户点击这类媒体广告时，由于媒体不是"网站"，因此不具有网站的引荐属性信息，即引荐信息为空。

如图 2-3 所示，其中①为腾讯迷你新闻常见的广告形式，②为腾讯 QQ 客户端聊天窗口中的广告，③为系统弹窗的广告。当用户点击这类广告时，网站分析工具无法追踪到其引荐来源信息。

图 2-3 特定客户端类的广告投放媒体

正常情况下，对于任何站外广告投放，我们都会在投放的着陆页 URL 中使用额外的跟踪参数来实现对投放媒体信息的跟踪，而不依赖于广告媒体的引荐信息进行广告来源判断。

### 3. 直接输入流量无法直接运营

从直接输入流量产生的基本逻辑可知，当用户真正从浏览器端"直接"进入网站时，用户的触点是浏览器本身；而企业无法针对浏览器做任何行为引导。正因为缺少与用户的"触点"，企业也就无法直接运营直接输入流量。

### 2.1.3 知识拓展：直接输入流量4类业务抓手

直接输入流量虽然不能直接运营，但并不意味着没有任何抓手，我们仍然有很多方法可以对直接流量进行判断、分析，并解决特定问题。

> **提示** 抓手原指人手可以把持（抓握）的部位，在企业中泛指运营方可以实现特定运营目标的着力点。例如，通过对广告费用的增减实现对流量规模的控制、通过对素材文案的修改实现对广告点击率的影响等都属于有抓手的场景。

**方式一：通过额外的URL参数的跟踪，实现媒体投放信息的全覆盖**

数据可追踪和识别是实现后续数据化运营的前提条件。不同的网站分析工具有不同的检测方法，例如Google Analytics主要通过在着陆页URL中插入UTM标记的方式实现来源信息检测。

**方式二：通过对直接输入流量的着陆页的分析，确定特定媒体投放是否存在问题**

某些广告活动可能只投放在特定的着陆页内而没有其他入口，此时可通过特定入口比对外部投放情况，以更好地分析直接输入流量的来源情况。

**方式三：确认网站分析工具的配置是否影响直接输入流量的识别**

以Google Analytics为例，有一个名为"引荐排除列表"的功能项，其功能目标是为了防止会话的切分而排除掉特定第三方的来源信息。如果错误地配置了该功能项，那么在"来源/媒介"报告中显示的"（direct/none）"可能存在问题，导致真正的来源网站信息丢失。

**方式四：根据实际直接输入流量的行为判断到底是否是真的用户行为**

我们可以通过来源设备、访问地域、访问时间分布、操作系统、新老访客等维度去分析直接流量。一般情况下，如果是用户的真实访问，那么地理位置分布应该基本与全站总体类似，访问时间应该符合正常人的作息时间，且一般是老用户。而如果通过数据发现某些小众浏览器、边远省份以及凌晨访问的用户占比非常高，那么就要非常小心，因此这不符合正常用户分布规律。

通过上面几种方式，大概可以得到如下结论以辅助流量运营。

❑ 企业中是否存在作弊流量，以辅助判断整体流量效果。
❑ 特定媒体的投放效果到底如何，是否存在异常投放、无法检测甚至无法评估的状态。
❑ 网站数据分析工具是否配置正确，是否存在影响全局流量效果评估的关键因素。

## 2.2 SEO 渠道

SEO 渠道是各企业另一个重要的免费流量来源,是企业在流量运营的初始阶段的核心渠道,也是企业发展成熟之后的重要自然流量渠道,因此备受企业关注。

### 2.2.1 什么是 SEO 流量

SEO(Search Engine Optimization,搜索引擎优化)是企业最早的引流方式之一。SEO 渠道的有效性主要依赖于用户会通过搜索引擎获得特定信息和资源。当用户利用搜索引擎查找企业相关信息时,排名越靠前的企业获得的关注度以及流量越高。

因此,SEO 的核心目标是,让特定关键字出现在搜索引擎中相对靠前的排名中,并以此来获得用户的关注、点击,进而获取流量。

### 2.2.2 SEO 流量在企业前、中、后期的角色

SEO 流量在企业中扮演了两类角色。

**角色 1:前期的测试性流量角色**

在企业网站建立之初,第一步是做 SEO。企业前期可能没有广告预算,因此"不得不"先把免费流量做好;更重要的是,通过免费的 SEO 流量的引入,网站的功能、流程、架构以及商业逻辑可以得到更好的测试、优化与迭代,等到各个方面打磨得比较成熟时再投入更多的广告费用,实现逐步投入、降低风险的目的。

提示　每个网站在创建之初,无论产品或设计怎么完善,都会或多或少存在问题。这些问题本身很难被网站的设计者和开发者发现,只有通过真实场景下的用户反馈才能发现。除了企业可以邀请少量种子用户做"小范围"测试外,SEO 流量几乎是在真实场景下唯一低成本、数据客观、样本量足够的优化渠道。

**角色 2:中后期的持续性流量贡献角色**

在 SEO 优化过程中,与 IT 层面、内容层面以及 SEO 部门层面相关的产品化、流程化工作机制会逐渐形成,而且很多功能只需要一次开发,后续定期运维即可。因此,边际成本越来越低。

当 SEO 优化到一定程度之后,它对企业流量的贡献是稳定且持续的,并且 SEO 流量会随着企业线上相关信息的增多而"自然"增长,这种增长模式是任何付费类渠道都无法实现的。因此,边际效益会越来越高。

### 2.2.3　国内 SEO 市场的两大阵营

在中国互联网市场范围内，百度是毫无疑问的市场第一，目前的市场份额占比为 70%左右，其市场地位几乎在任何时期、面对任何竞争对手时都未曾发生变化。所以，百度独自为第一阵营。

除了百度之外，国内还有其他几个"跟随者"，分别是搜狗、360 搜索、神马搜索，它们各自在特定领域内具备一定的竞争力，虽然有市场份额差异，但并没有拉开差距，因此，共同组成第二阵营。

- 搜狗借助于腾讯（准确来说是微信）生态，使得用户可以直接搜索微信生态内的内容。在内容量级上的爆发性的增长，也直接带来用户覆盖率和使用场景的变化。因此，在短期内，只要微信生态的市场地位不变，搜狗的搜索市场地位也不会下降。
- 360 搜索在刚推出时，借助于 360 终端其他客户端软件的捆绑以及引导策略，一度占据市场近 20%的市场份额，虽然现在市场份额有所下降，但在 PC 领域的地位不容忽视。
- 神马搜索是 UC 和阿里巴巴联合推出的以移动端为主的搜索引擎，借助于 UC 浏览器的移动端市场装机量以及阿里巴巴的影响力，其也有一定的移动端市场份额。

整体来看，在移动端，搜索市场份额大体排名是百度>搜狗>神马；而在 PC 端，搜索市场份额大体排名则是百度>360>搜狗。除此以外的其他搜索引擎，例如必应、谷歌等在国内的市场份额太小，基本可以忽略；而头条搜索在笔者撰写此书时，市场份额尚小，只需关注未来成长即可。

> **提示** 除了上述通用搜索引擎外，很多领域也都有自己的垂直搜索引擎，例如头条内容的头条搜索、在线旅游的携程搜索、内容知识领域内的知乎搜索、京东天猫自身的搜索等。这些平台内部的搜索功能，一般都根植于业务场景，企业只有在特定领域内有需求时才会考虑。

### 2.2.4　数据如何应用到 SEO 渠道运营

SEO 的工作流程，整个逻辑都围绕着"如何让搜索引擎更好地识别、抓取、索引和排名"。数据在该过程中能发挥作用的场景主要体现在如下几个方面。

#### 1. 抓取信息分析

搜索引擎工作的第一步是抓取网站信息。企业在网站端的服务器日志中，通过

HTTP 中 User Agent 信息可以找到属于搜索引擎爬虫的标志（例如百度 PC 端的标志为 Baiduspider）；通过统计其抓取频率、周期、范围、入站时间点等，可以更好地了解 SEO 的抓取情况，并更合理地安排网站地图、网站内链、内容上架等方面的策略。

2. 索引信息分析

在搜索引擎上可以查询网站已经索引的网页信息，该信息可用于判断企业的总体网页被索引的情况。当发现大量网页（尤其是新网页）未被索引时，可通过内部站点结构设计、链接引导、搜索引擎提交等方式，增加索引内容量。

3. 外链信息

外链是 SEO 工作的核心内容之一，甚至在很大程度上决定了网站内容质量的好坏。通过在搜索引擎中查询外链信息，可以判断外链的有效性以及工作效果。

4. 排名信息分析

SEO 在运营之初会针对特定的关键字设定优化目标，尤其是品牌词、核心产品词、服务词等必须保证在一定的优势排名范围内。借助于搜索引擎工具，可以监控和查询特定关键字的排名信息，为 SEO 优化以及 KPI 的达成提供参照。

5. 辅助于内容生产

内容是 SEO 工作的核心之一。搜索引擎的工作目标也是将符合用户需求的更好的内容展示给用户。通过网站分析工具，可以分析通过不同的搜索关键字进入的用户在网站上的核心需求点，并将其加入内容创作、关键字梳理、关联内容发布、内部整合与发布等 SEO 环节中。

### 2.2.5 知识拓展：SEO 渠道的价值局限性

SEO 渠道本身存在一定的局限性，这些局限性严重影响了 SEO 在企业中的价值认可度。

1. SEO 需要根据搜索引擎的规则被动"做事"

搜索引擎是 SEO 规则的制定者，SEO 运营是否合理只取决于搜索引擎的"主观"判断。这会导致 SEO 工作会被搜索引擎的规则"牵着鼻子走"，甚至当搜索引擎的规则发生较大变化时，需要重新定义甚至推翻之前的 SEO 工作。更重要的是，搜索引擎的规则并不都是"直接且透明"的，这就使得 SEO 工作必须进行大量的"尝试"，而这种运营方式将直接增加 SEO 工作产生有效结果的风险，甚至会极大地消耗企业对 SEO 工作的耐心和信心。

2. 黑帽 SEO 带来的长期风险

黑帽 SEO 采用搜索引擎禁止的方式去优化网站，以不合理甚至缺乏公正性的手段去影响和干预搜索引擎对网站的排名。这种 SEO 方法可能在短期内获得立竿见影的效果，但是从长远看一定会受到搜索引擎的惩罚。如果企业对于 SEO 工作的价值评估局限于短期效果，或者 SEO 运营只重视眼前成果，那么可能会导致黑帽 SEO 的盛行。

**3. 缺乏短期爆发效果及控制力**

SEO 要想达成一定效果，往往需要持续的时间和资源的投入。但在 SEO 效果显现之前，企业无法通过其他"正常手段"干预 SEO 效果。当企业在特定时间内需要流量支持时，SEO 往往无能为力，SEO 自己的工作节奏无法与企业整体的流量节奏同步。

## 2.3 SEM 渠道

SEM 几乎是各个企业的必选渠道，因为它与企业规模、性质以及业务范围（少数特殊行业除外）无关；并且只要操作方法得当，整体 SEM 效果比较有保障。

### 2.3.1 什么是 SEM

SEM（Search Engine Marketing，搜索引擎营销）是付费广告的一种，依托于搜索营销进行营销，是通过定位用户的搜索属性、意图和行为主动为用户推送信息的一种方式。它与 SEO 类似，都依赖于搜索引擎产生流量。

SEM 渠道具有如下特点。

- 投放门槛低。与很多营销方式不同，SEM 渠道只需要很少的开户资金即可，这极大地降低了中国企业（尤其是中小企业）的广告进入门槛。
- 效果比较有保障。SEM 渠道根植于搜索，这相当于广告投放之前已经筛选出具有特定意向的用户群体，同时可以结合时间、地域、人群定向、出价、关键字等更多规则进行精准控制，因此总体效果更有保证。

除了上述两个特点外，对于大型企业来讲，SEM 还能更灵活地平衡流量与转化之间的关系。

- 可以通过放宽条件的方式扩大人群覆盖范围，以实现尽量多的引流的目标；
- 可以通过更多的约束条件，实现对人群的精准定位，提高转化率。

SEM 渠道这种可以在流量和转化之间灵活调整的渠道，使得企业能够有效控制 SEM 渠道的成本、流量以及转化，而这种可控性更让 SEM 渠道成为不可替代的"价值型"投放渠道。

## 2.3.2 SEM 更多的价值在于"临门一脚"

以笔者的数据工作经验看，SEM 的转化效果一般都比较好，但这种"好"的前提是我们采用了默认的转化归因方法，即将订单归因于用户访问路径的最后一个渠道。换句话说，当用户已经具有较高的购买意向时，他会"习惯性"地从搜索引擎进入网站并完成交易。

我们以图 2-4 中的一条转化路径为例。

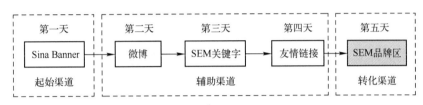

图 2-4 转化路径中的渠道

第一天，用户通过 Sina Banner 渠道进入网站；第二天、第三天、第四天分别通过微博、SEM 关键字和友情链接进入网站；第五天通过 SEM 品牌区进入网站并完成交易。

按照默认的网站分析工具的统计逻辑，该交易归功于 SEM 品牌区。但实际上，如果没有其他渠道的前期"铺垫"，那么 SEM 品牌区可能无法直接转化客户。例如，如果没有 Sina Banner 上的广告曝光，用户可能不会注意到企业的促销活动，也就不会有后续的访问和转化过程。

因此，虽然 SEM 渠道的投放效果好，但如果只投放 SEM 渠道，可能无法达到预期。当然，这里并没有否认 SEM 也可以在前期具有宣传和曝光作用，SEM 也可以投放新品、搞活动、做促销甚至进行单纯的品牌曝光。问题在于，发生这一切的前提是用户必须到达搜索引擎。在整个互联网应用内，除了搜索引擎，用户更多的注意力分布在其他媒体、平台或应用上。因此，SEM 无法独立覆盖所有场景，必须依赖于其他广告投放渠道的组合覆盖。

用户的这种转化行为模式是有证可循的。一是用户的 AISAS（Attention、Interest、Search、Action、Share）行为模式比较符合大多数人的实际行为习惯，具有普遍代表性（感性论据）；二是通过网站分析工具中的多渠道转化路径（或热门转化路径）报告，我们可以非常清晰地看到很多转化都是由多个渠道共同组合产生的（理性论据）。如图 2-5 所示，某出海电商客户通过 Google Analytics 的热门路径获取的报告就可以很好地证明这一点。

图 2-5　多渠道转化路径报告

### 2.3.3　SEO 与 SEM 的相互促进和掣肘

SEO 与 SEM 都能在用户搜索特定搜索词时展示企业信息，二者既能相互促进，也能相互掣肘。

#### 1. SEO 与 SEM 的相互促进

一方面，当企业的 SEO 还没有达到预期时，可以通过 SEM 来辅助实现特定关键字排名结果靠前的目的；另一方面，SEO 排名如果已经达到预期，那么可以代替 SEM 的投放以实现节省广告费用的目的，此时二者是相辅相成的。

#### 2. SEO 与 SEM 的相互掣肘

笔者发现，当用户搜索一个关键字时，如果 SEO 和 SEM 的结果同时靠前，而用户只想快速进入网站，那么用户一般只会选择点击其中的一个链接。

- 如果点击的是 SEO 链接，那么 SEM 的投放效果会变差。（因为没有发生点击，也就没有任何后续转化效果。）站在搜索引擎的角度，可能会认为该次 SEM 的投放质量不佳，导致整个 SEM 账户或该关键字被降权。
- 如果点击的是 SEM 链接，那么就"浪费"了这一次的广告点击费用，因为用户通过 SEO 就能进入网站。

以图 2-6 为例，如果不投放 SEM 广告，用户仍然可以点击②中 SEO 排名的链接；而同时投放了 SEM 之后，用户可能就会直接点击①中的 SEM 广告进入网站。

第 2 章 常见流量渠道全面盘点 27

图 2-6 SEM 中同时存在 SEO

> 提示　这里仅仅是从运营效果评估的角度衡量二者的关系，但企业可能存在其他考虑。例如当用户搜索核心品牌词时，即使可能存在额外广告费用的点击风险，也要保障用户"一定"被企业的入口完全覆盖。这种入口保护上的考量，会综合企业形象、用户、市场等多方面因素。假如为了一点成本的考虑而让用户被竞争对手"劫走"，可能会导致用户对企业形象认知的混乱，甚至导致用户成为竞争对手的客户的情况，此时企业损失的就不是这一次广告曝光或点击的费用了。如果综合考虑这些因素，"额外"花一点 SEM 费用便是比较具有"性价比"的落地方案了。

## 2.3.4　SEM 渠道适用的营销场景

SEM 渠道几乎适用于任何企业营销场景或目标，列举如下。

- 通过通用词、行业词、核心服务词、品牌词、商品词或宽泛的人群匹配，实现品牌传播与市场形象建立。
- 通过竞争对手品牌词、竞争商品、行业词等竞争对手的核心词的覆盖，达到覆盖竞争对手用户的目的，甚至还可以"截胡"竞争对手的用户。

- 围绕与目标商品、服务有关的品牌、卖点、商品名、厂商名、系列名的投放，实现商品或服务的交易、转化。
- 围绕与特定活动（例如双 11/618、店庆等）相关的活动名称、促销方式、促销类型或卖点的投放，实现活动宣传的目的。
- 通过再营销的方式，召回之前已经到访或完成特定目标的老用户。
- 通过不同的人群定位条件，将用户限定在一定范围内，以实现精准引流以及新用户导入。

虽然 SEM 适用的营销场景广泛，但最适合且效果最好的场景仍然是以"转化"为核心的营销场景。在任何企业诉求中，转化用户将是最重要的业务环节。这类转化可以定义为任何企业的核心目标，例如留资、注册、领礼品、下载白皮书、商品交易的达成等。

 提示　企业中离钱最近的部门通常都是优势利益部门，SEM 属于其中离"赚钱"环节比较近的部门。虽然属于成本中心（营销投放费用），但 SEM 具有极强的"利润中心"属性。

### 2.3.5　数据如何应用到 SEM 渠道运营

SEM 渠道内部已经预置了丰富的数据驱动的分析和优化方法，这里的数据应用主要指非 SEM 内置类功能或应用，主要场景包括如下几种。

#### 1. 预算申请与 KPI 制定

可以根据公司对 SEM 渠道下达的流量任务目标（例如会话数、独特访客数、订单量、销售额等）预测所需的营销预算，也可以基于审批的预算确定部门的 KPI 或预期流量产出值。这种基于费用与目标的应用是 SEM 的典型应用场景之一。

#### 2. 广告系列、广告组的预算分配

当需要将 SEM 整体预算拆分到广告系列或广告组等细分级别时，可以基于数据驱动的方法做预算分配。该过程与上述预算申请过程类似，只不过需要分别针对不同的广告系列或广告组建模，找到费用与 KPI 指标的关系，进而在分别控制各个变量的基础上，找到总体的最优分配方案。

#### 3. 基于机器学习的再营销的人群定向、圈选与投放

在 SEM 的再营销中，最核心的动作是"找对人"。传统操作方式下的定向策略包括如下几种。

- 基于条件的定向。例如以到达网站、到达特定页面（如产品详情页）作为条件等。

❏ 基于特定事件的定向。例如根据是否下载了某个白皮书、提交订单来圈定用户。
❏ 基于 SEM 工具中人群属性的定向。例如基于类型兴趣的方式圈定用户。

上面这些策略都是基于确定的人群要素进行人群定向，需要运营人员理解特定目标（例如回访、交易）与人群要素（属性、事件、条件等）之间的关系，但这种理解不一定科学、准确。

通过机器学习的方式，可直接基于目标建模预测模型，然后通过模型预测的方式将可能转化的用户圈定出来，这是一种更为智能且准确的人群定向方式。

#### 4. 基于网站流量的 SEM 效果评估与分析

通过网站分析工具，可以结合 SEM 的站外广告投放信息，总体评估 SEM 渠道效果的好坏，进而实现对渠道总体、广告系列、广告组、关键字、着陆页等详细运营要素的评估与优化。

### 2.3.6 知识拓展：SEM 渠道的流量天花板

SEM 渠道严重依赖于用户的搜索习惯，因此，SEM 的兴衰与搜索引擎的市场变化高度一致：当用户不再依赖于搜索时，SEM（包括 SEO）的重要性也将随之下降。在移动互联网时代，传统的以"网站"为载体的互联网服务的应用正在减少，更多的是以 App 为主要载体。这种应用方式的转变直接导致 SEM 依附的搜索的使用率大大降低，进而导致 SEM 的总体流量也越来越小，这也就是 SEM 的流量天花板。

据笔者的某位曾服务于包括京东在内的多个电商巨头的做 SEM 投放的朋友反馈，在双 11/618 等国内超级大促场景下，当这类顶级电商企业需要得到海量流量支持时，却面临 SEM 渠道费用"花不出去"的情况！也就是说，在 SEM 没有预算限制且最大化放宽投放条件的前提下，流量规模已经触顶！

提示　上面提到的情况，对于国内 99% 的企业来讲是不会遇到的，因为 99% 的企业的 SEM 预算都不会达到"不限预算"的程度，也就不会遇到 SEM 渠道的天花板。

## 2.4 硬广告渠道

硬广告是企业快速发展的必投渠道，尤其是在基本商品、服务和完整功能都完善之后，为了快速扩大知名度、提升用户认同感，企业一般都会选择投放硬广告。另外，由于硬广告需要大量的营销预算，是企业的核心成本渠道之一，因此每个企业都非常关注。

## 2.4.1 什么是硬广告

硬广告一般是指直接介绍企业品牌、商品、服务、内容的传统形式的广告，通过直接"灌输"的方式将信息广而告之。传统场景下，硬广告主要在电视、广播、报纸杂志、户外等媒体上投放；互联网场景下，硬广告主要在各类门户、导航站甚至App等媒体上投放。互联网硬广告的方式包括开屏广告、Banner广告、横幅广告、异形广告、贴片广告、植入式广告等。

本节侧重于没有人群定向或只根据几个比较粗粒度的条件进行投放的硬广告方式，且以CPT、CPM、CPC为主要计价方式的广告媒体。

## 2.4.2 为什么硬广告不精准，我们依然要投

在强调精准营销的时代背景下，目前硬广告渠道的市场费用仍然是所有营销渠道中占比最高的。硬广告本身不强调精准覆盖，为什么还有如此多的企业仍然固执地投放硬广告？很多企业选择投放硬广告的核心驱动力是硬广告的流量爆发力强，只有它可以满足企业在特殊场景下的流量刚需。

从投放数据来看，硬广告类渠道的CPC（以及每次会话成本、每UV成本）是最低的；同时，在每次大型活动中，流量占比又是最高的。图2-7为某电商企业在某次大型活动期间各渠道的实际投放效果，从结果数据可以看出，硬广告类的占比最高，且单次UV成本最低。由此可见，兼顾海量流量规模以及低流量成本，才是它不可被替代的核心原因。

| 渠道 | 访问 | | | 订单 | | | | 整体分析 | | |
|---|---|---|---|---|---|---|---|---|---|---|
| | UV成本 | 日均UV（万） | 流量占比 | 转化率 | 订单量 | 订单量占比 | 每单成本 | 花费（万） | 费用占比 | ROI |
| 硬广 | 0.35 | 191.3 | 56.7% | | | | | | | |
| BD | 0.47 | 78.0 | 23.1% | | | | | | | |
| SEM | 0.52 | 33.9 | 10.0% | | | | | | | |
| CPS | - | 32.7 | 9.7% | | | | | | | |
| EDM | 1.17 | 1.2 | 0.4% | | | | | | | |
| 新媒体 | 5.32 | 0.4 | 0.1% | | | | | | | |
| 汇总 | 0.37 | 337.2 | 100% | | | | | | | |

图2-7 某次大型活动渠道效果

## 2.4.3 如何评估线下硬广告的实际效果

在互联网出现之前就已经产生了大量的线下硬广告媒体，主要包括以电视、广播、报纸、杂志为代表的传统媒体以及以楼宇、电梯、路牌、地铁等为代表的户外媒体。这

些媒体在投放广告时,大多出于品牌传播、形象树立、消费信心建立等市场层面的考虑,但某些场景下也会考虑销售达成、活动宣传、新品发布等业务层面的因素。

由于线下硬广告类媒体无法像线上媒体一样,可以通过便捷的方法采集和跟踪数据,因此线下的广告传播的效果很难评估。这里提供一些笔者所服务的企业曾使用过的方法供大家参考。

### 1. 用户调研

用户调研既可以委托第三方专业公司向不特定人群发起,也可以由企业向特定用户群发起。通过调研问卷、用户访谈、小组座谈等方式,可以收集用户的第一手反馈并做效果评估。这种方式的好处在于获取的信息是第一手的,并且可以直接与用户进行沟通,目标性和针对性都非常强。但问题在于需要投入的资源多,数据收集和评估周期长。表 2-1 是用户调研中关于线下渠道的问题示例。

表 2-1 用户调研中关于线下渠道的问题示例

| 问题 | 答案选择项 | 说明 |
| --- | --- | --- |
| 1. 您是否看到过[企业品牌名]在[线下广告投放区域]投放的关于[广告主题]的广告?<br>例如:您是否看到过[某宁]在[地铁 4 号线中关村站]投放的关于[618 活动]的广告? | [单选]<br>①是 ②否 | 替换问题中的企业品牌名、线下广告投放区域和广告主题 |
| 2. 您对广告中印象最深的内容是什么? | [多选]<br>① 30 天保价<br>② iPhone X 5 折<br>③ 新用户 7 折 | 在问题 1 答案选择①时作答 |
| 3. 您看到广告后会考虑来[某宁]网站购买商品吗? | [单选]<br>①是 ②否 | |
| 4. 您会来[某宁]购买商品的原因是? | [多选]<br>① 保价<br>② 有喜欢的商品<br>③ 折扣<br>④ 大品牌有保障 | 当问题 3 答案选择①时作答 |
| 5. 您不会来[某宁]购买商品的原因是? | [多选]<br>① 商品不喜欢<br>② 价格高<br>③ 商品质量有问题<br>④ 没原因<br>⑤ 其他:_____ | 当问题 3 答案选择②时作答 |

### 2. 差异化的线索

当线下硬广告与线上广告传播的信息相同时,就会导致无法区分消费是从哪个渠道产生的。因此最直接的方式是,将线上和线下的传播信息区分开,通过差异化的广告诉求区分信息来源，例如如下几种方式。

- 单独的优惠券。通过线下单独的优惠券码、金额、应用品类等区分消费从哪里产生。
- 单独的商品。很多零售企业都会选择将线上和线下的商品做差异化区分，通过销售的差异化直接区分广告传播渠道。
- 二维码。通过二维码技术，可以在线下广告中插入特定标识符号，这样可以更方便地识别每次扫描的线下来源媒体。
- 引导式的搜索行为。通过引导用户在特定渠道中的搜索行为，来将线下的引导差异化。

在使用上述差异化线索时，只需要从数据库或网站分析工具的"来源"字段（或具有类似区分来源性质的其他字段）中单独将线下硬广告的识别标记筛选出来即可。例如下面几种方式。

- 在优惠券中，将优惠券ID为22012、12343、54325、32131的订单从进销存或销售系统中过滤出来，原因是这些ID是线下地铁投放广告中单独的识别码，是地铁宣传专用。
- 在单独的商品中，将SKU ID为8539、8540、8541的商品销售数据过滤出来，作为线下地铁投放的销售反馈，原因是这些SKU只在线下地铁中做过宣传。
- 在二维码中，将URL跳转时标记的名为dietie的渠道数据过滤出来，作为地铁来源的识别标志。
- 在引导式的搜索中，将到天猫搜索"苏宁超级折扣"标记的流量作为地铁投放的专属流量识别标志，原因是只有在线下地铁中有"苏宁超级折扣"宣传内容。

> 提示　要实现搜索行为的区分，除了线下媒体上的差异化引导外，还需要企业通过SEM（主要）或SEO（次要）实现搜索结果靠前露出，这是实现后续应用的基础。

### 3. 咨询或客户服务

很多时候，用户会选择通过呼叫中心、客户服务中心、在线客服等方式询问相关事宜。当涉及企业线下广告相关内容时，可直接询问用户从哪里获取到的信息，这也是一种常用方式。

### 2.4.4　硬广告渠道适用的营销场景

由于硬广告在传播的过程中较少考虑到广告受众个体的差异性，因此比较适合于"大众性"信息传播。典型的硬广告营销应用场景包括如下几种。

- 品牌曝光：这是企业树立企业形象、增加市场认知度的必要方式，在硬广告传播中必不可少。
- 活动与信息推送：在电商大型促销活动中，此类信息的不断曝光与宣传作用极其关键。
- 引流：广告在流量运营中可以作为引流渠道使用。在做电商大型活动时，几乎所有大型企业都会选择投放硬广告渠道。

### 2.4.5 数据如何应用到硬广告渠道运营

由于在硬广告类的运营中，运营方能够控制的要素主要集中在预算、排期、广告素材、着陆页等几个少量因子上，甚至在面对优势广告媒体时，硬广告部门会以"抢到广告位"为核心目标，因此，在硬广告类运营中，数据能发挥价值的场景也相对有限。

- 预算申请与 KPI 制定。通过数据建模的方式可以找到预算与 KPI 的关系，从而基于预算预测带来的流量目标或者基于流量目标反向推导需要的营销预算。
- 广告素材的优化与测试。大多数广告媒体在进行投放时都允许企业修改投放素材，包括文字，图片的大小、颜色、字体、字号，广告的表达、口号、内容等。运营方可以通过数据来评估每次修改后的效果是否有提升。
- 广告着陆页的 A/B 测试与优化。除了要依赖于外部媒体的特定 Minisite 外，广告着陆页设计基本由运营方完全掌控。运营方可以通过数据结合 A/B 测试的方法实现着陆页的优化。
- 广告效果评估。每次广告运营活动结束后，评估广告投放和执行效果，进行业务复盘。

### 2.4.6 知识拓展：流量作弊，硬广告之殇

在硬广告投放领域流量作弊很常见，并且无法被准确检测、识别或管理。当作弊情况较为严重时，整个渠道广告效果都会受影响。

对企业（广告主）而言，如何识别并发现作弊流量，如何识别渠道的质量，甚至如何识别以前表现不错但现在"被严重注水"的渠道，都是其在做硬广告投放时需要面临的问题。这里面需要做数据反馈，并深入分析数据，表层的简单统计分析基本没有效果。

## 2.5 信息流广告渠道

信息流广告可以划分到硬广告渠道中，但由于其具有更加精准的投放人群机制，因

此效果要显著强于硬广告。信息流与 SEM 都能根据用户的喜好和特征进行精准需求匹配，区别在于信息流是广告找人，SEM 是人找广告，即二者主要是在与用户的关系上呈现主动和被动的差异。

## 2.5.1 什么是信息流广告

信息流广告一般是指在特定媒体上将图片、图文、视频等内容融入信息场景中，结合算法、投放内容以及用户等多个要素进行广告投放。国内典型的信息流广告包括微信朋友圈广告、微博信息流广告、知乎的信息流广告等。

提示　　将广告形式与上下文内容"融为一体"进行穿插展示的模式不属于信息流广告，它仅仅是一种"换了样子"的硬广告而已。

## 2.5.2 信息流广告的精准体现在哪里

信息流广告的本质是在正确的场景下向正确的人展示正确的信息，因此它能较好地将人、广告和场景结合起来，是一种比其他渠道更为精准的投放渠道。

信息流广告的精准体现在标签化和场景化两个层次上。

- 第一层是基于人群更加丰富的标签化。用户的标签越多，说明可供细分和管理的角度越多，用户的覆盖越精准。但在该层次下，也仅仅是将原来硬广告中的 10 个标签细分为 100 或 1000 个标签而已。当确定对什么人展示什么内容后，无论任何场景，都将使用相同的投放策略。

- 第二层是基于投放用户个体的场景化。传统的基于人的定位，无论标签么详尽，基本思路都是人与内容的绑定投放。但对于同一个个体来说，在不同场景下，应该有不同的广告诉求；即使是同一个广告诉求，也应该有不同的创意方式、素材形式、内容传播方式等。这才是信息流投放的终极目标。

综合来看，普通基于人群定位或细分的广告，表面看媒体采购买的是媒体位置，但其实买的还是人；而信息流广告则在买人的基础上，对人进行更场景化的细分，这也是信息流广告能更有效的主要因素之一。例如，企业知道用户 A 喜欢 iPhone 手机，但在不同场景下，应该传播的关于 iPhone 的信息是不同的。

- 网络环境。当用户在 Wi-Fi 环境下时，可以推送任何形式的广告创意，尤其是富媒体、测评视频类的广告形式，这类形式的广告更富有说服力；而当用户在地铁中使用 3G 移动网络时，图文的方式则更能促使用户点击。环境的差异会严重影响用户的注意力和信息的接受方式。

- 需求环境。当确认用户会购买 iPhone 时，适时推送周边配件会更加符合企业利益，因为更可能促进关联销售的达成。

上面的示例仅仅是场景化的一瞥，投放中还有更多场景化因素，例如设备、时间和日期、季节性、促销活动、个人兴趣的演变等。信息流广告在投放时，需要做到从原来的"千人千面"到现在的"一人千面"。实现从一到千扩展的核心就是场景化。

### 2.5.3 场景化思维下的信息流广告运营

场景化思维下的信息流广告运营要求运营方从用户场景出发，进行广告策划、创意设计、人群投放以及到达着陆页之后的转化引导。

以电商企业为例，按照用户的转化生命周期阶段，大致可将人群划分为三个阶段。

- 尚未消费：尚未购买商品或服务，但可能会购买。此时他们处于消费决策的前半程，信息流广告投放的主要目的是加强用户对企业形象的认知、对商品的信息了解，而不是直接让用户"买它、买它、买它"。对应的信息流广告策略可能包括商品评测软文、第三方机构认证或评价、消费者口碑、节日气氛等。
- 首次消费：在用户已经经过了前半程的认知之后，接下来企业希望用户尽量完成首次购买，因此信息流广告的核心是如何降低首次下单阻力、提高下单信心。对应的信息流广告策略可能包括消费券宣传、新用户的优惠措施、免费退换货、商品价保等消费保障。
- 重复消费：当用户经历了首次购买后，企业希望促进用户的重复消费。此时信息流广告的核心是如何基于用户历史兴趣引发二次购买，包括关联销售或向上销售的兴趣。对应的信息流广告策略可能包括关联商品信息推介、老用户优惠、积分兑换或权益专享等。

### 2.5.4 信息流广告适用的营销场景

信息流广告几乎能达成任何企业营销场景或目标，例如：品牌曝光、企业形象树立、竞争对手的狙击、大型促销活动宣传、新用户导入、老用户召回、商品交易和转化，甚至引流等。但是，信息流广告的核心是精准投放，所以最适合综合考虑流量规模和转化效果的营销场景，尤其适合于新品发布、商品交易、大型促销活动转化等场景。

- 新品发布：通过对新品的分析，将新品精准推送到可能购买的目标人群。
- 商品交易：直接以商品交易为核心的人群定向，将广告曝光于用户出现的任何场景。
- 大型促销活动转化：以促销活动为目标的人群精准匹配，更能促进转化效果提升。

### 2.5.5 数据如何应用到信息流广告运营

信息流广告由于可控要素非常多，因此其数据应用场景非常广。除了2.4.5节中提到的内容可以完全适用外，还能深入用户分析场景，进而辅助人群精准定位和广告策略制定，具体包括如下几个方面。

#### 1. 用户基本属性分析

当用户到达企业站点后，我们可以获得更多关于用户的信息，包括访问设备、来源渠道、地域、移动设备、网络环境等信息。如果用户完成注册或订单转化，还可能获取到年龄、地域、行业、职位等自然社会属性。

#### 2. 用户转化阶段分析

通过分析找到用户处于个人宏观周期（个人生命周期）和微观生命周期（交易转化周期）的哪个阶段，以针对各个阶段制定相应的广告策略。

#### 3. 商品转化周期分析

通过分析不同商品的转化周期，为商品的信息流广告的排期、曝光频次等提供参考。

#### 4. 用户价值度分析

通过活跃度、忠诚度、消费能力、重复购买、会员等级等判断用户的价值度，并将高价值活跃的特征统一提取出来，用于信息流人群定向。

#### 5. 用户决策偏好分析

通过分析不同类型客户在购买决策时的主要因素，例如价格驱动、社交网络的圈子驱动、口碑驱动、理性购买等，为不同类型的用户在确定广告文案创意时提供关键卖点。

#### 6. 用户跨设备行为分析

打通用户在电脑、手机等多个设备间的数据，为跨设备或跨平台的广告投放以及内容间的承接、跨设备的效果评估提供参考。

#### 7. 用户商品喜好分析

分析用户在不同阶段对于商品的喜好，包括价格段、品牌、品类等标品属性，以及风格、款式、样式等非标品属性，为广告创意和策划提供参考。

#### 8. 用户购物偏好分析

通过分析购物用户的购买季节性、复购周期、访问设备、时间分布等，为转化类广告的排期策略、设备策略、时间分布等提供参考。

### 2.5.6 知识拓展：如何消除"老板看不见广告"的焦虑

基于个体精准投放的信息流广告的一个"弊端"是老板可能看不见广告。那么当该场景发生时，运营方要如何应对？这里提供 3 个思路供读者参考。

#### 1. 建立信任关系，这与具体业务无关

很多时候，"老板们"可能出于对人的不信任，对其做任何事情都不放心。因此，首先要做的事情是，建立个人与老板的信任关系。

#### 2. 展示广告策略与执行关键信息，增加信息透明度

当不存在信任关系时，老板们可能仍然焦虑。此时，尽量将整个广告投放的策略、过程和关键里程碑信息汇报给老板，以增加老板对整个运营过程的了解程度以及认可度。信息的公开透明是消除焦虑的一个好办法。

#### 3. 展示阶段性成果与绩效

在上述策略认同的基础上，如果老板们仍然焦虑，那就是对执行过程（也就是执行能力）存疑了。在该场景下，最好的解决方式就是"用数据说话"。在方案整体实施完成之前，可以将中间特定环节的"阶段性成果"汇报给老板，以此来消除焦虑。

## 2.6 社群渠道

构建社群渠道是企业适应社会化网络营销的必然趋势，也是企业与用户互动的主要渠道。

### 2.6.1 什么是社群渠道

社群渠道是指企业通过官方的社交媒介进行社群管理、社交营销、内容营销、事件营销或其他群体性传播、转化及运营的渠道。

它的典型特点是以企业官方主体为核心，将相关的供应商、合作伙伴、潜在消费者、粉丝等聚集起来，形成多（所有用户）对一（企业）的链接关系。国内主要的线上社群渠道包括微信、QQ、微博、抖音、快手、知乎等，线下社群渠道包括门店、展厅、社团活动等。

### 2.6.2 社群中的圈层管理

社群中的圈层包含两层含义：一是"圈"，即哪些人是一个圈子；二是"层"，即在不同圈子中所处的位置、等级或秩序。通过圈和层两个维度，可以将每个人在复杂社群中的角色细化并定位。

在外部社群渠道中，企业一般都会根据不同的产品或服务建立社群矩阵。以图 2-8 为例，集团是一级节点，下面根据不同的业务建立二级节点，再往下则根据不同的产品或服务拆分为三级节点，由此形成一个完整的社群矩阵。该矩阵已经针对不同的用户兴

趣进行了"圈子"划分。

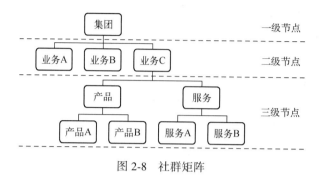

图 2-8 社群矩阵

在每一个底层节点上，企业都能根据不同的场景化目标，进行用户"层级"的细分。如何分层，则根据场景化目标而定。

- 通过对新老客户的分层，实现新老客户运营策略的差异化运营。此时的分层依据便是新老客户。
- 通过使用 RFE（Recency、Frequency、Engagement）模型在新近度、回访频率、互动度三个维度上将用户划分为多个群组，以针对各个群组内部的"弱项"制定有针对性的运营策略。例如针对低互动度的群组制定提升互动度的运营方案。
- 通过对用户的价值贡献度的分析，将用户划分为普通用户、低价值用户、高价值用户，然后分别针对三类群体做目标转化运营。例如将普通用户转化为低价值用户，实现用户价值提升。
- 通过对用户的传播价值的分析，将用户划分为种子用户、KOL 用户、普通用户三类，在裂变传播中以企业为中心节点，通过种子用户—KOL 用户—普通用户的三级裂变，实现指数级传播。

圈层管理的核心是根据场景化的营销目标，针对性地划分圈子和层级，从而制定差异化的营销策略并落地。可见，圈层管理的核心是如何运营和落地，而不是为了圈层而圈层。该逻辑在所有的用户细分、分层等场景下都适用。

### 2.6.3 挖掘社群渠道裂变模式、节点与传播路径

裂变传播是社群传播的一个重要特性，我们应该如何对其裂变模式、节点与传播路径进行分析？

- 裂变周期和衰减分析：分析从第一次裂变到最后一次裂变的时间周期长度，以及不同话题的裂变效率的衰减变化，为传播时间和周期的运营提供参考。
- 裂变深度和广度分析：分析从"中心点"（一般是企业）开始向外传播的层级，以及不同层级下节点的数量和规模，为传播裂变效果评估提供参考。

- 裂变关键节点分析：在每个裂变层级中找到关键传播节点，为后续传播提供"关键节点"背后的合作资源或运营建议。
- 裂变转化分析：对裂变实现的转化效果的评估和分析，以及对总体运营目标的达成、中间短板或问题的复盘。

下面以图2-9为例，简单说明该分析过程。

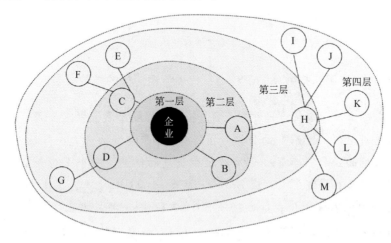

图2-9 裂变传播模式

本次传播共分为4层：第一层为企业节点，第二层有4个节点（A、B、C、D），第三层有4个节点（E、F、G、H），第四层有5个节点（I、J、K、L、M）。从传播数据看：

- H为关键传播节点，通过该节点能触发更多的裂变；
- 裂变深度为3（排除企业自身为三层传播），广度为13（一共覆盖了13个人），平均广度为13/3。

在裂变传播时，如果需要通过一个指标来评估裂变的效果，那么可以考虑使用"裂变指数"。由于我们希望实现指数级的传播模式，因此可以基于数据建立指数模型。

图2-10展示了不同数据情况下的指数传播情况，其中横轴代表不同层级，纵轴代表每个层级上的传播节点数。由于通过单独一份数据无法分析传播指数的差异性，这里额外提供了两份数据供读者对比参考。图2-10中显示了每个裂变效果下的指数拟合模型（例如 $y = e^{0.4456x}$）以及拟合程度（例如 $R^2 = 0.7086$）。

- 左侧的数据是原始数据的指数模式，指数项为0.4456；
- 中间的数据为当第三层和第四层的传播节点达到16和60时的指数模式，指数项为0.9156；
- 右侧的数据为当第三层和第四层的传播节点达到32和120时的指数模式，指数项为1.0773。

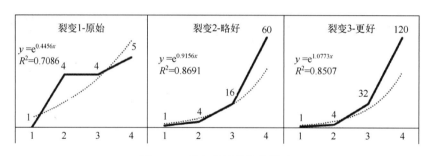

图 2-10 裂变传播的指数模式

从数据中可以看出，指数项的值越高，代表整个传播的指数级裂变效果越好。

> **注意** 从指数项上看，裂变 3 强于裂变 2；从拟合程度上看，裂变 3 弱于裂变 2。如何理解这对看似"矛盾"的数据？指数项表示裂变能力的大小，而 $R^2$ 则表示模型拟合程度的强弱，二者一个是对裂变程度的描述，一个是对裂变信心的描述。一般情况下，描述裂变程度需要在一定的信心基础之上，裂变 2 和裂变 3 虽然在 $R^2$ 上具有差异，但在信心程度上 0.87 和 0.85 并没有本质差异。假如裂变 3 的 $R^2$ 仅有 0.5，导致其模型拟合程度（信心程度）较低，那么即使指数项更高，也无法得到裂变 3 比裂变 2 更好的结论。

### 2.6.4 社群渠道适用的营销场景

社群渠道主要适用于围绕流量和用户的营销场景，以及与企业宏观目标相关的市场类营销场景，列举如下。

- 企业口碑运营。通过检测企业口碑及评价，及时调整企业在市场、投资者、消费者以及潜在用户中的形象。
- 事件或信息传播。通过社群渠道覆盖企业核心用户群，在大型活动促销、企业新品上市、企业形象树立、公关传播等方面非常有效。
- 事件营销和活动营销。通过裂变的方式引发线上、线下多渠道的综合性传播与互动。
- 用户运营。用于潜在用户向消费者的转化、用户黏性和留存提升、流失用户的召回、老客户的复购、新用户的引入等。

> **提示** 社群渠道也能用于其他场景，包括引流、商品销售和转化等，但就企业运营的社群渠道而言，相比其他渠道，社群渠道的引流效果的可控性差、流量规模及效果不稳定，在销售和转化上的贡献相对较弱。

## 2.6.5 数据如何应用到社群渠道运营

社群渠道中以付费方式进行广告投放的数据应用方式可参考 2.4.5 节和 2.5.5 节，这里仅介绍非广告端的数据应用场景。

### 1. 市场和消费者口碑的检测和分析

用于帮助市场团队建立及时预警机制，并通过数据分析用户口碑的转变，找到负面口碑的主要来源节点、负面内容等，辅助公关、企业内部服务或商品优化。

### 2. 官方活动的运营策略与效果评估

通过企业内外部数据，结合当前热点和用户注意力因素，辅助社群运营的活动策划（核心是选对人、选对主题、选对方式、选对激励方式、设计好活动主题页）、执行过程监控和活动效果评估。

### 3. 用户运营分析

将社交群体的外部社交数据与内部数据进行整合分析，除了可以实现 2.5.5 节提到的关于用户的分析外，还可以实现对优质内容的转发传播链路/裂变模式分析、用户社交互动关系的挖掘等，辅助社群渠道上社交传播的策略制定。

## 2.6.6 知识拓展：证明社群运营的价值

社群运营是企业与用户的核心纽带之一。社群运营的价值主要体现在企业的"外部"，因此侧重于使用粉丝数、活跃粉丝数、转发量、参与人数、目标转化率、互动度等指标来评估社群运营的效果，而不能直接使用对企业直接可见的短期评估指标，例如会话数、订单量、销售额或者利润等。

如果只从社群运营部门的角度看，这当然没有问题。但是，作为企业整体运营中的一个环节，所有运营部门（包括社群运营）都需要对企业核心目标（例如利润、用户量、市场覆盖度、销售额或流水）负责。

因此，社群运营部门需要解决两件事情：

❑ 如何证明自己部门所做的事情与企业核心目标相关；
❑ 如何证明社群运营的价值。

**角度一**：如果社群运营能够引导用户到站，那么可以使用流量来源评估其对企业核心指标的贡献，例如社群渠道的会话数占比或订单量占比。这种情况适合社群运营以到站（及其后续转化）为目标的场景。

**角度二**：通过不同模式的归因，合理分配社群运营的订单贡献。由于社群渠道不具有明显的"收口"渠道属性，因此，在转化路径中的贡献可能是"辅助性"的。此时可以通过多种归因模式，将辅助性贡献计算出来。

**角度三**：通过建立全特征模型的方法，将影响企业核心 KPI 的运营要素都作为模型特征，将 KPI 作为目标，以此来建立预测模型。通过模型中各个特征的重要性，可以计算出属于社群运营的特征在所有特征中总的贡献程度。这是一种更加科学和全面的量化方法。

## 2.7 MCN 渠道

MCN 并不是一个新出现的模式，很早就出现的微博、公众号等都具有 MCN 特征。但当以短视频为主的新型媒体出现后，MCN 才爆发出强大的社会影响力。当前，借助于 MCN 实现企业爆发式的销售增长，是非常火热的一种渠道形态。

### 2.7.1 什么是 MCN

MCN（Muti-Channel Network）即多渠道网络服务，它通过持续的内容输出来实现特定商业目标。在 MCN 机构出现之前，其实就已经出现 KOL、KOC、PGC、达人、IP、大 V 等概念和实体，MCN 的出现让这类资源实现了组织化、规模化和专业化，企业级的运作也更有效率，效果也更加显著。本节的 MCN 范畴包括集团、公司、工作室、个人等多种组织形式。

MCN 起源于网红经济运作模式，在后端通过签约网红将具有一定话语权或关注度的"人"聚集起来；中间通过专业的运营团队持续稳定地输出内容；后端通过与企业的合作实现商业变现，例如广告、品牌合伙人、直播等。

### 2.7.2 MCN 直播带货模式的"危"与"机"

MCN 可以为企业提供整合营销传播方案，也可以通过内容分发触达目标客户，这两种方式与本章之前提到的其他内容非常类似，尤其是 2.4 节、2.5 节、2.6 节的内容。此外，MCN 还可以通过直播带货的模式，直接为电商企业带来订单。

MCN 的直播带货模式，让企业发现了融合"渠道"与"销售"的新机会——直播电商。根据知瓜数据发布的 2020 年双 11 期间淘宝直播 Top 周榜，在 2020 年 10 月 19 日至 2020 年 10 月 25 日期间，预计薇娅带来的商品销量为 1799.1 万件，销售流水为 67 亿元。这直接反映了 MCN 在电商销售中强大的带货能力，直播带货已经成为电商以及零售企业的巨大机会。

"危"与"机"是并存的，在面对巨大机会的同时，企业也需要注意直播带货的潜在问题。

- 避免被 MCN 渠道绑架。出于分散经营风险以及对营销渠道的掌控权的考量，尽量将 MCN 渠道的用户分散到其他渠道甚至私域渠道，否则当用户形成行为习惯时就会导致企业从"一个坑"跳到"另一个坑"。例如线上销售（包括流量）渠道从天猫、京东、苏宁转移到 MCN 渠道。
- 注意高销售流水背后的高退款率和退货率。MCN 带来的转化仅仅是销售线索的引导或者初步订单完成，企业后期可能会面临高退款率和退货率问题。尤其是在冲动消费决策、好奇购买等问题场景下，该问题非常严重。
- 选对合作模式。目前企业与 MCN 渠道的合作模式有两种：服务费（或坑位费）加佣金和纯佣金。后者是 CPS（Cost Per Sale，按销售付费）模式，因此成本和收益相对可控；而如果是前者，则可能给企业带来较大的合作风险。国内已经出现企业花费巨资邀请某著名主持人在羽绒服、貂皮大衣直播带货时销售额几乎为 0，国内某知名演员卖保温杯销量为个位数的案例。
- 全民免疫期的到来。任何一个新营销模式在刚出现时都会给用户带来新鲜感，当直播带货进入稳定期后，其带货能力可能出现"滑铁卢"。
- MCN 主播现场的不可控性。在直播现场，企业无法 100% 掌握主播传播的信息，其中可能出现由于主播本身的言论或行为不当导致对企业形象和商品造成负面影响的情况，甚至可能有触犯法律的风险。

### 2.7.3　企业与 MCN 的供应链合作

企业借助于 MCN 实现整合营销传播或电商销售，属于整个供应链环节的下游，即商品生产出来后，由 MCN 辅助传播与销售。实际上，企业与 MCN 完全可以进一步深化供应链合作关系。

MCN 背后关联的是一群人（的需求）。通过 MCN 可以集中收集和反馈与企业的商品相关的信息和诉求，例如产品功能、特性、样式等，这些信息可用于生产型企业的商品策划、设计与开发，实现 C2B（Customer to Business）或 C2F（Customer to Factory）的反向推动。这种合作模式有利于实现供需平衡，对于降低库存风险、提升供应链效率、拓展与覆盖市场具有重要意义。

当然，在消费者反向推动生产的合作模式中，企业生产遵循边际成本随规模递减的规律，因此需要合理预估 MCN 背后的人群的需求规模。

### 2.7.4　MCN 渠道适用的营销场景

MCN 背后聚集的资源基于人与人的连接关系，这些连接关系可以反映到任何社群渠道上，因此对于营销渠道本身没有限制。一定程度上，对于 MCN 渠道，人即渠道，这是它与其他渠道最大的区别。MCN 渠道在营销应用时，主要的适用场景如下。

- 直播带货。这是目前 MCN 最适用的营销场景。

- 品牌传播。企业可以利用 MCN 在各个平台上的专业内容生产能力及粉丝影响力实现品牌曝光与传播的目的。
- 市场形象、口碑传播和维系。当企业面临较大的公共关系危机或需要树立品牌形象时，可以考虑利用 MCN 背后的 IP、KOL、KOC、网红和达人等来进行观念传播和舆论引导。

 提示　虽然 MCN 渠道有大量的粉丝，但这些粉丝在短期内很难直接转化为企业粉丝，因此企业需要降低粉丝转化预期。另外，MCN 渠道在运营过程中，如果涉及第三方平台上的电商销售模式，例如淘宝电商等，将无法直接对企业的自有站点进行引流，而"仅仅"能起到带货、品牌曝光的作用。

### 2.7.5　数据如何应用到 MCN 渠道运营

MCN 渠道在广告领域的传播方面的数据应用，可参考 2.4.5 节与 2.5.5 节。这里仅介绍非广告场景的数据应用场景。MCN 渠道本身的数据差异化应用场景包括如下几种。

#### 1. 甄别 MCN 渠道资源的真实影响力

在企业与 MCN 合作之初，需要对 MCN 的真实实力（例如粉丝规模、影响力、历史带货能力）进行评估，以确定合作意向、合作模式、预期产出等。

图 2-11 为某微博账号的粉丝与内容互动情况。图中显示了其粉丝为 38 万左右，但其发布的内容的收藏、转发、评论和点赞数基本都是个位数。这些互动数据与庞大的粉丝量严重不匹配，说明粉丝中的异常情况比较严重，例如虚假粉丝、沉积粉丝、无效粉丝、机器粉丝等。

图 2-11　某微博账号的粉丝与互动情况

## 2. MCN 直播带货的选品、物料、销售卖点、库存销售预测的准备

企业在选择直播带货时，需要从数据层面综合考虑 MCN 资源与企业商品的契合度，包括销售周期、价格、商品等选品环节；同时，商品信息提炼、销售卖点、场景化、消费用户画像等方面也需要通过数据深入挖掘并提供给 MCN 主播使用；最后，根据 MCN 资源的历史带货能力与企业的选品，预估商品销量，为后端库存准备、物流和配送等提供参考。

如表 2-2 所示，李佳琦和薇娅都是 MCN 的头部力量，二者之间的差异性非常大。李佳琦侧重于淘宝直播+抖音平台，品类以美妆为主；薇娅侧重于淘宝平台，全品类进军。企业在选择 MCN 机构合作时可以综合参考二者的品类、平台、运营特点等，与企业自身营销目标结合。

表 2-2 头部 MCN 差异性对比

|  | 李佳琦 | 薇娅 |
| --- | --- | --- |
| 模式概括 | 明星化 | 人肉聚划算 |
| 此前积累 | 彩妆 BA 主播化 | 线下服装店老板、演艺圈艺人、淘女郎、天猫店运营 |
| 主播人设 | 女生的男闺蜜 | 知心大姐姐 |
| 主要平台 | 淘宝直播+抖音 | 淘宝直播（卖货） |
| 吸粉利器 | 专业、CP 经营、金句 | 砍价 |
| 运营特点 | 主播明细化，但持续孵化主播 IP 是难点 | 北京明星直播基地；捆绑薇娅直播间与旗下主播坑位，以扶持更多 IP |
| 品类侧重 | 美妆垂直品类 | 全品类综合超市 |
| 供应链 | 未来有意退出个人美妆品类 | 广州供应链基地，打造超级供应链基地，20+供应商 |
| 粉丝规模 | 4000 万 | 2200 万 |
| GMV | 2019 年超过 100 亿 | 2019 年超过 300 亿 |

## 3. 渠道运营效果评估与真实性核算

MCN 渠道运营效果的评估涉及两个方面：一是根据运营情况做效果统计分析，二是根据实际结果数据核查数据的真实性。其中第二点主要核查数据中的"虚假订单"或"刷量问题"，通过数据分析设定合理的"正常订单"的状态（例如收货或收货后 14 天），排除订单中的异常记录，以最大程度规避企业风险。

例如，2019 年某创业者与微博 MCN 机构合作，选择粉丝高达 380 万的某微博博主进行营销，微博发布后 49 分钟，有 12.1 万的观看量，另有几百到几千不等的评论、点赞、转发，但后台系统数据表明店铺流量和成交量基本为 0。如图 2-12 所示，图中①是

在活动发布 49 分钟后产生的微博上与粉丝的互动数据，右侧的②和③显示了后台监测到的流量和支付金额的真实贡献。

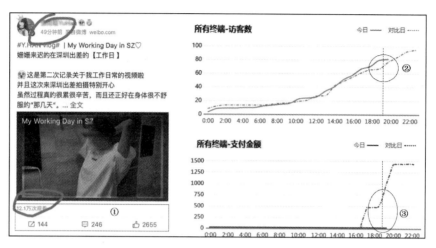

图 2-12　MCN 真实影响力判别

从图 2-12 所示的结果可以发现，该微博博主的粉丝几乎都是假的，并且互动时的"用户参与"也基本是靠刷流量得到的，因此本次合作毫无疑问是失败的。

### 2.7.6　知识拓展：MCN 渠道直播带货选品的考虑要素

MCN 渠道直播带货并不适合任何企业或企业的任何商品。选品时需要综合考虑 4 个要素。

- 商品与 MCN 资源的适配度。潜客与商品目标受众适配才能保证商品有机会卖出去。
- 商品毛利区间。商品毛利情况决定了直播带货的销售模式是否亏本。以淘宝直播的淘宝联盟规则为例，规定佣金比例区间为 20%~90%，就基本上将很多薄利的类目（例如大家电、3C 产品）过滤掉了。目前主要的直播带货品类集中在美妆、衣服鞋帽、母婴、食品等高利润类目。
- 低决策成本与短决策周期。直播带货主要依赖于 MCN 资源现场的销售能力，因此适合于冲动性购买、尝试性购买的低决策成本与短决策周期的购物类目；而大客单价、决策周期较长的类目不适合直播带货，例如保险、珠宝、黄金等。
- 无专业知识或低专业知识商品。过多的专业知识会给直播带货带来极大的销售阻力。因为 MCN 主播们很难在短时间内理解或掌握商品的专业性知识，即使勉强解释出来，其受众也未必能够理解，更不用提交易转化。汽车、古董、收藏品就属于这一领域。

## 2.8 会员营销渠道

会员是已经注册的用户，企业的正常发展离不开会员。会员营销起步较早，几乎是每个企业数据化运营和精准营销的必要渠道。会员的维护和管理具有重要意义，是企业最为重要的营销渠道之一。

### 2.8.1 什么是会员营销渠道

会员营销渠道是指企业能够直接一对一触达会员的渠道，包括 EDM（E-mail Direct Marketing，电子邮件营销）、SMS（Short Message Service，短消息服务）、微信通知、系统推送、站内消息等。会员营销的前提通常是用户已经成为企业会员，企业可以通过手机、邮件或第三方平台触达用户。

### 2.8.2 会员营销的精准优势来源于哪里

当谈论会员营销时，我们会在潜意识中为其加上"精准"两个字，形成"会员精准营销"的概念。当其他营销渠道以精准为目标时，精准已经是会员营销的一个基本要素。与其他营销渠道相比，会员营销的精准的独特优势到底来源于哪里？

**1. 数据基础**

每个企业都会有自己的会员数据库（甚至数据仓库、数据集市、CRM 等），因此，会员营销先天具有精准性的前提。与其他任何营销数据相比，会员数据的质量高、采集难度低、数据真实性强且完整度高，是被企业认可的第一手数据。

**2. 数据文化**

会员运营在互联网出现之前就已经形成，再结合互联网便于采集用户行为的特性，几乎任何一个互联网企业都对会员的数据化运营具备一定的认知，并且或多或少都形成了一定的数据运营方法论，为会员的精准营销提供了重要的成果保障。

**3. 站在前人的肩膀上**

基于数据驱动的会员营销在各个互联网企业内都是相对成熟的业务运作模式。整个行业以及企业内部都有相当多的"前人"为会员精准营销提供了众多思路与实践参考，这些实践成果都为"后来人"的"再精准"提供了重要支撑。因此，"后来人"通过学习更多优秀经验、减少错误的尝试等方法，取得更精准的结果是理所当然。

> **提示** 这三个方面是会员营销相对于其他渠道的独特优势。除此之外，工程和技术的发展、第三方服务公司的支持、整个行业的发展等都会促使会员精准化，但这些都不是只有会员营销受益，而是几乎全部营销体系都会受益。

## 2.8.3 会员营销需要平衡用户体验与企业目标

在笔者服务的大多数企业里,会员营销的费用基本都"上不封顶"。这意味着只要有营销需求,会员营销的费用几乎可以无限申请。在这种情况下,会员营销部门几乎可以实现任何营销目标,而不用跟其他渠道一样受制于营销预算。在一定周期内,企业大量的会员营销诉求,可能会导致用户承受过载信息。如果将所有诉求都通过会员营销渠道传播给用户,可能会给企业带来负面影响。

- 浅层影响:用户退订信息,或者将企业营销来源加入黑名单,此时企业会丧失与用户正常接触的机会。
- 中层影响:如果被加入黑名单的次数或人数过多,企业可能会被运营商加入发件人或发件来源的黑名单,从而导致企业无法给该服务商下的所有用户发送营销信息,这将对会员营销业务造成极大影响。
- 深层影响:过多的信息造成的用户体验下降,可能导致用户产生负面情绪,以及对企业的负面印象;严重的还将可能导致用户的流失,这是关乎企业全局的重大影响。

因此,企业在做会员营销时,需要综合考虑时间、频率、内容、场景化等多个方面以平衡用户体验与企业目标之间的关系。

## 2.8.4 会员营销渠道适用的营销场景

会员营销是企业营销的标配,它的主要营销场景是围绕精准会员个体产生的,列举如下。

- 活动营销。针对企业举行的各种活动,发布促销活动信息,让特定用户完成活动目标。
- 商品销售。针对特定单品来打造爆款,或者针对非特定商品的销售活动的会员营销。
- 会员管理。针对新会员的留存、促活,针对老会员的复购,流失会员的召回,沉默用户唤醒等,以延长用户生命周期,提升用户价值。

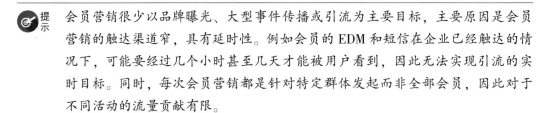

提示 会员营销很少以品牌曝光、大型事件传播或引流为主要目标,主要原因是会员营销的触达渠道窄,具有延时性。例如会员的EDM和短信在企业已经触达的情况下,可能要经过几个小时甚至几天才能被用户看到,因此无法实现引流的实时目标。同时,每次会员营销都是针对特定群体发起而非全部会员,因此对于不同活动的流量贡献有限。

## 2.8.5 数据如何应用到会员营销运营

数据在会员营销方面的应用，主要体现在精准化与个性化两个方面。

**1. 会员营销的精准化**

会员营销的精准化就是选对人，因此针对不同的会员运营目标，选择正确的人是第一步，这也是会员营销下数据能否发挥价值的核心场景。这种场景一般都是通过数据建模的方式，将符合特定转化目标的人群提取出来并（自动、半自动甚至手动）推送给会员营销系统。

**2. 会员营销的个性化**

会员营销的个性化就是通过数据分析找到不同的人，在不同的场景下进行有针对性的营销，具体包括 5 个方面。

- 时间：在什么时间触达用户最合适，工作日还是休息日，早晨还是晚上等。
- 内容：营销内容或主题是什么，分别在标题、内容正文或消息上如何展示；内容的形式是图文、文字还是其他方式；内容的长度是多少；内容涉及的信息、商品或服务是什么等。
- 着陆页：是否有特定着陆页承载营销目标，具体如何设计等。
- 卖点：根据用户喜好与企业营销目标，有哪些独特卖点可以提炼出来让用户"看一眼就知道该买"，折扣、满减、满返还是优惠券，具体优惠券杠杆、客单价、适用品类规则等。
- 通道：通过什么方式触达用户最合适，EDM、短信、微信服务还是其他，哪个效率高、效果好等。

## 2.8.6 知识拓展：不做会员营销的异类电商企业

传统印象中，电商企业都会关注用户，即使不以用户为导向，维系用户也是企业发展壮大的必要措施。但是，电商中却存在"从用户兜里赚钱"但不需要会员、更不需要会员营销的异类。

在笔者所服务的企业中，有一类是做衣服鞋帽类的电商企业。这类电商企业从表面看，都是将自己生产的商品售卖给普通大众消费者，但其中不乏一些"异类"。这些异类电商企业的特点是，其商品排产产量提前预估，且生产完成后，即使售罄也不再生产相同的商品。

在传统认知中，这类"限量版"商品一般为具有"少即是多"属性的高价值商品，例如珍藏版手表、纪念版跑车、限量版包包等；而面向普通大众的消费品，因为边际成本会随着生产规模增大而逐渐降低，企业应该会不断生产。

可见，这种异类电商企业经营模式的核心就是商品本身。这些商品都具有应季特性，例如都是当前最流行的款式、当下最急需的样板等。企业在这些款式、样板处于巨大需求期入口时进入市场，等需求过后则放弃该市场。换句话说，企业采用了一种典型的跟随市场需求变化而变化的生意模式。

由于在不同时间点，不同市场需求背后对应的人群具有极大的不确定性，因此该类企业无须关注会员，也不会做任何会员经营或营销。每次新的商品都重新设计、生产、曝光、引流和销售，整个过程与过去的用户无关。

## 2.9 CPS 渠道

CPS 渠道是企业销售转化的核心贡献渠道之一，是几乎每个电商企业的标配渠道。

### 2.9.1 什么是 CPS 渠道

CPS 渠道的典型特征是按实际销售转化返给特定平台佣金。这种基于绩效支付营销费用的方式对企业来讲具有极高的投入产出比，并且其效果在合作期间内是费率恒定、转化效果稳定的。

### 2.9.2 第三方 CPS 渠道都是"劫道"的

CPS 渠道能够将具有高转化价值的流量聚集起来，因此很多电商企业除了参与第三方 CPS 平台（例如亿起发、返利网、什么值得买等）外，还会自建 CPS 平台，让更多的小分销商直接加入到自有 CPS 平台，以增加对流量和转化资源的控制。

对自建 CPS 联盟的大型电商来说，可能更多看到的是"返利网站对我来说没有任何价值，劫道的都没有价值"，但实际上，用"劫道"来评价第三方 CPS 平台的价值有失偏颇。

以"什么值得买"平台为例，该平台的价值更多体现在当各个电商平台的促销内容过剩时，如何甄选与分发内容，其内容主要围绕导购场景。

从用户角度来看，在购物时会面对国内商城、跨境商城、海淘商城等几十个电商网站，而去每一个网站查找、梳理与对比信息显然是不现实的，因此"什么值得买"平台首先承担了导流的作用。

以京东为例，从单一电商平台角度来看，如果用户仅仅喜欢京东并且了解促销信息，那么直接在京东下单即可，此时若绕回到"什么值得买"平台后再去京东下单，"什么值得买"平台的"劫道"属性就非常明显，因为在这个过程中，京东额外需要为本来不需要付费的交易支付一笔佣金。

因此，电商企业在看待第三方 CPS 平台时，首先需要明确其是否具有流量分发的意义，其次才是看"劫道"属性的强弱。

### 2.9.3　CPS 对消费者的决策驱动力体现在哪里

在 2.9.2 节中提到的第三方 CPS 渠道具有对消费转化的引流价值，主要体现在三类场景的决策驱动上。

- 第一类是无潜在购物需求的用户。这类用户的显著特点是没有明确的购物需求，仅以逛为主，遇到喜欢的商品会产生冲动性购买行为。
- 第二类是购物需求明确但成交平台模糊的用户。这类用户已经具有明确的购物意向，此时处于通过哪个平台购买的对比阶段。用户试图通过第三方 CPS 平台的不同新闻、咨询、导购、攻略或比价等功能模块，找到合适的平台并完成下单。
- 第三类是购物需求明确但缺乏价格驱动因素的用户。这类用户已经具有较高的购物意向，但因为价格不合适而没有做出购买决策。此时第三方 CPS 渠道的返利会直接促进这类用户的转化。因此，返利本身就是一种消费决策的驱动力。

### 2.9.4　与其他渠道相比，CPS 渠道的性价比如何

企业 CPS 渠道的返佣一般都采用阶梯定价。例如某类目成交 1~10000 单，每单返利 50 元；成交 10001~20000 单，每单返利 80 元。一般订单量越高，对应的返利订单的单价成本也就越高。同时，不同的单品也会有单独的返佣策略。

CPS 渠道经常被误认为性价比高，因为投入产出比相对稳定且可控。例如，以图 2-13 所示的某联盟的返利信息来看，其中平板电脑类目返利比例为 1%。假如订单金额为 100 元，那么返佣金为 1 元，此时的 ROI 为 100∶1，即 100，ROI 极高。

> **提示**　在电商领域内，ROI 的计算方式一般是订单金额/费用，而非利润/费用，原因是很多电商商品如果只看利润（即使是毛利）都是亏本的，即销售单价低于批次进货价。这种"亏本"的经营方式广泛存在于电商领域（尤其是自营电商）。

为了更好地对比 CPS 的升级"性价比"，我们将 CPS 渠道与其他渠道放到一起，如图 2-14 所示。图中数据结果为某次营销活动中，各个主要渠道类别的每订单成本和 ROI 效果对比。通过数据对比可以发现，CPS 的每订单成本最低，ROI 最高，因此如果只看这两个指标，那么 CPS 渠道的性价比是最好的。

得出上面结论的前提是只看每订单成本和 ROI，在实际的营销场景中，还是要根据不同需求标准评估性价比。如果增加转化率、流量规模等指标，我们可以更全面地分析 CPS 渠道的效果特点。例如，图 2-15 所示的雷达图展示了硬广告、BD、SEM、CPS、

图 2-13　某联盟返利信息

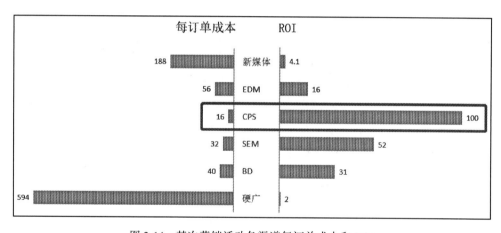

图 2-14　某次营销活动各渠道每订单成本和 ROI

EDM 和新媒体在 5 个指标上的结果。

在图 2-15 中，出于可直接对比的考量，对 UV、订单量占比、转化率（特指订单转化率）、ROI（计算方式为订单金额/广告费用）做了 Max-Min 归一化处理。归一化后，各个指标的最大值为 1，最小值为 0，这样所有的指标都在一个区间内，便于对比。

> 提示　Max-Min 归一化是一种将指标缩放到一定范围之内的方法，范围的界限是 0 到 1，即最小值为 0，最大值为 1。具体缩放公式是：$X_{norm} = \dfrac{X-Min}{Max-min}$。其中 $X$ 为每个要处理的值，Max 和 Min 为每列的最大值和最小值。

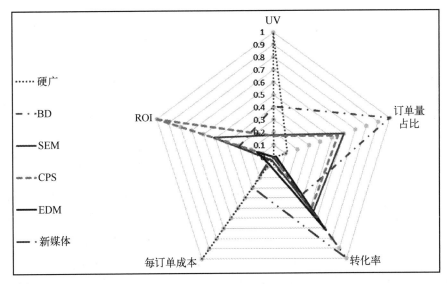

图 2-15　某次活动多个营销渠道效果对比

从图 2-15 可以看出，数据从内向外逐渐增大，结合 UV（代表流量规模）、订单量占比（代表订单规模）、转化率（代表转化效率）、每订单成本（代表转化成本）、ROI（代表综合成本和收益的评估）等指标来看，CPS 渠道（短横线表示）的效果侧重于 ROI（ROI 最高）和每订单成本（每订单成本最低），同时在订单量占比、转化率上的表现也不错（这两个指标都处于中间位置），而在流量规模上表现一般。

因此，结论是，如果不考虑流量规模和流量价值，那么 CPS 在订单转化的各个方面都是性价比相当高的渠道。

## 2.9.5　CPS 渠道适用的营销场景

CPS 本质上是一个分销渠道，它与品牌厂商在天猫、京东甚至线下的国美和苏宁门店并没有本质区别。结合 2.9.4 节的内容，可以知道 CPS 渠道非常适合侧重于带有明确转化目标的营销场景，具体包括如下几种。

- ❏ 营销活动推广。以各种类型的促销为主体的活动，且促销的目标是售卖商品或服务，下载 App 或激活等。
- ❏ 新品推广。以高返佣吸引更多商品曝光和流量增加机会，达成商品销售的目标。
- ❏ 单品爆款打造。每个电商都会选择的商品运营模式，适合于转化率或复购率较高，且佣金规模较可观的商品。
- ❏ 清仓。对库存过多、即将过季或过期、库龄时间较长等类型的商品的清库营销活动。

- 竞品狙击。通过对特定商品进行强推，吸引市场注意力和关注度，打压竞争对手。

### 2.9.6 数据如何应用到 CPS 渠道运营

数据在 CPS 渠道运营中的作用，综合第一方与第三方的应用，主要体现在以下场景。

- 商品选款。在涉及单品的 CPS 推广场景下，综合考虑商品消费频次、复购、转化率等因素的选品策划。
- 类目佣金确定。无论是基于比例还是固定佣金，以及不同销量量级的梯度佣金，都需要结合数据进行推算，以找到佣金最大的杠杆点。
- CPS 规则制定与作弊流量甄别。大多数场景下的 CPS 都存在作弊情况，因此确定 CPS 返佣考察期及各项 KPI，识别作弊流量或刷量是 CPS 的主要工作之一。
- CPS 渠道效果评估。除了基本渠道的评估外，还涉及不同导购媒体、位置、定向计划、推广方式、相关活动、单品或类目的综合评估与分析。

### 2.9.7 知识拓展：CPS 渠道作弊与刷量

广告主之所以喜欢 CPS 合作模式，主要原因是他可以将获取流量、用户以及交易风险几乎都转嫁给第三方 CPS 渠道。但是，作为第三方的 CPS 本身"应该"承担的仅仅是流量风险，对于商品质量、评价、运费、购物流程甚至客服等因素导致的交易达成风险则无能为力。因此，通过刷量或作弊来降低风险是第三方 CPS 渠道在合作过程中的基本诉求。

CPS 渠道除了正常流量外，与"羊毛党"合作共同"捋"广告主的"羊毛"便是其中一个降低风险的主要方式。CPS 渠道作弊是 CPS 渠道运营中的常见现象，几乎没有不作弊的 CPS 合作资源。当出现作弊流量时，通过数据分析可能会发现如下问题。

- 某个时间段内激活的用户，在 1 个月之后突然集体消失（再也不活跃）。背后的原因可能是 CPS 返利已经经过考察期，羊毛党用户完成任务之后的批量撤离。
- 某个 CPS 渠道的 App 安装量突然增加，但这些用户除了安装当天打开 App 并使用后，再也没有任何后续活跃行为，成为"一次性活跃用户"。背后的原因可能是 CPS 返佣以 App 安装并打开为结算标准。

因此，针对 CPS 渠道的作弊和刷量的分析与检测，是 CPS 合作中的重中之重。

除了 CPS 合作渠道外,个人用户也会存在一定的刷单行为,例如个人下单走 CPS 渠道、下单后退单等。通过这类方式可以很少的成本甚至零成本获得返利类网站的返利。不过这类普通用户的作弊情况相对 CPS 渠道来说少很多,因此问题没那么严重。

## 2.10 其他流量渠道

上面提到的 9 类流量渠道几乎贡献了企业自营网站 99% 的流量。此外,还有些渠道能贡献流量,但由于流量贡献很小且渠道本身并不属于流量运营范畴,不会评估流量效果,因此这里仅简单介绍,供读者参考。

### 2.10.1 小程序

小程序是一种不需要下载安装即可使用的应用,用户可以在特定应用内直接打开。目前国内最主要的小程序载体是微信和支付宝。例如,在微信的小程序中,可以直接搜索并使用京东购物、拼多多等应用服务,而无须单独下载 App 或登录网站。小程序的入口包括生态内入口以及线下入口部分。以微信小程序为例,生态内入口包括微信搜索、微信公众号、社群、发现、服务号等,线下入口包括二维码、LBS 服务等。

### 2.10.2 快应用

华为、小米等九大手机厂商共同推出的快应用,使得应用开发者只需要一次开发便能适配多个厂商。快应用除了具有小程序的无须安装即可使用的优点外,还可以与操作系统服务商(例如华为系统、小米系统等)进行深度定制和集成,且支持生成桌面图标等留存能力,因此具有极佳的用户使用体验与企业入口分流能力。

 站在企业的角度,单独使用微信或支付宝的小程序也能实现类似的功能,但区别在于,小程序将流量的入口"下放"给了微信或支付宝,整个流量都在微信或支付宝内部形成流量应用闭环,使得第三方企业受制于微信与支付宝。

### 2.10.3 App 流量渠道

目前,App 的流量来源相对稳定,主要包括应用市场、预装、应用内安装以及官网等。在应用市场(例如 Android 市场、华为应用市场等)内,既可以通过付费广告的方式推广 App，也可以通过 ASO（App Store Optimization，应用商店优化）的方式优化应用市场内的自然排名。预装包括通过预装返点或佣金等方式实现运营商预装或手机品牌商预装。应用内安装则相当于通过其他 App 的安装再推介第三方 App，实现关联安装。

### 2.10.4 公关传播

公关传播本身不为流量运营服务，但客观上，无论是线上还是线下的公关传播，都会对企业品牌、形象等产生积极贡献，因此对流量也会有一定促进作用。能产生直接流量的公关传播一般都是在公关媒体上，通过加入特定的外链和跟踪参数实现的。

### 2.10.5 LBS 渠道

LBS（Location Based Service）即基于位置的服务，它需要以位置定位为前提，一般都会以地图类或带有定位的 App 应用为常见应用入口。例如，百度或支付宝都会根据当前所在位置推荐用户可能感兴趣的餐厅、打车服务、酒店住宿等。这也是一类非常重要的基于地理位置提供服务的企业（尤其是本地生活领域的企业）的流量入口来源。

### 2.10.6 线下实体网点

对于存在线下门店或服务网点的企业（例如苏宁、国美、小米之家）来说，线下实体网点本身就是一个巨大的流量入口。

- 通过免费 Wi-Fi 推送线上服务。当用户进入线下门店后，可通过免费 Wi-Fi 吸引用户使用，在用户获取 Wi-Fi 信息或登录时推荐线上服务或商品，实现流量从线下到线上的转化。
- 通过导购推荐特定应用。通过线下的导购行为，推荐消费者关注线上的特定商品或服务，或者引导用户从线上下单完成首次购买等。

### 2.10.7 BD 合作渠道

某些资源较多的企业可以与其他企业进行 BD（Business Development，业务拓展）合作，例如联合营销、流量置换、品牌赞助、广告位资源置换等。BD 合作的对象可以是企业供应链的上下游，通过信息的共享实现多赢；也可以是异业合作，通过不同类型企业间的资源互换，实现共赢。

## 2.11 本章小结

**内容小结**：本章涵盖了当前企业级流量的主要来源渠道。这些渠道并不都是大型企业的专属，各个类型的企业均可根据自身特点和阶段灵活选择适合自己的流量渠道。

**重点知识**：在所有渠道中，SEO、SEM、会员渠道和社群渠道属于运营门槛（主要指预算门槛）较低的渠道，虽然基础，但很重要。硬广告、信息流、MCN、CPS 渠道属于企业具备一定量级、规模以及预算情况下才会使用的渠道，这些渠道在各个方面都具有很强的流量能力，对于企业的场景化应用来说必不可少，因此也需要读者重点关注。

**认知实践**：本章主要是从数据的层面来阐述、论证和解释各个流量渠道的显著特性。由于每个人所处的环境、角度、阶段不同，所得到的经验和感悟也会有差异。因此，对于书中可能存在的与读者的原有认知发生冲突的知识，欢迎与作者联系、探讨。

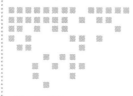

# 第 3 章

# 渠道策略与计划管理

在企业营销部门开始营销活动之前，先要制定渠道策略与媒体计划，涉及渠道选择、设定目标、媒体组合、预算分配等问题。本章将介绍设计企业级流量渠道策略、基于多指标综合决策的渠道选择、发掘流量爆发力强的渠道、预测付费渠道效果并进行 KPI 管理、预测直接输入与 SEO 效果并设置合理预期、基于多因素限制的目标最大化的预算分配、基于用户行为模式的渠道组合管理等内容。

## 3.1 设计企业级流量渠道策略

流量渠道策略设计是完成目标的必要保障，更是在开始流量运营活动前的指导性行动纲领。

### 3.1.1 企业级流量渠道策略概述

企业级流量渠道策略是指根据企业的业务形态、发展阶段、营销预算、经营目标等因素综合描绘的流量渠道策略蓝图，其基本特征分析如下。

- ❏ 流量渠道可控。可满足任何情况下的业务诉求与营销落地需求。
- ❏ 目标可达成。在任何情况下都能完成营销任务和流量目标。
- ❏ 预算可覆盖。在有限的营销预算下实现媒体购买与投放执行。

例如，某次大型促销活动的目标是达成 500 万 UV 总量、1.3% 转化率、ROI 为 5。在流量渠道策略设计上，需要结合不同渠道在这 3 个目标上的表现，综合保障目标达成。可以选择的策略如下所示。

- 多个单渠道共同达成目标的策略，例如选择在 UV、转化率和 ROI 上表现都比较好的 3~5 个渠道。
- 多个具有不同特征取向的渠道共同组合达成目标的策略。

具体选择何种策略以及每个策略下选择何种渠道，需要根据企业实际投放渠道数据并结合业务经验选择。

### 3.1.2 流量渠道策略的应用场景

企业级流量渠道策略的应用场景主要包含两类。
- 有明确营销目标的场景。例如大型促销、单品营销、用户留存等，这类场景主要围绕营销目标制定流量渠道策略。
- 没有明确营销目标的场景。这类场景主要指常规性的营销投放，营销动作需要兼顾企业经营的各个方面，例如流量、用户、目标转化、交易等。

### 3.1.3 健康的流量结构的特征

健康的流量结构没有统一的标准，因为不同企业甚至同一家企业在不同发展阶段以及场景下需要不同的流量结构来支撑运营。图 3-1 列出了同一家企业在非促销、正常促销以及促销顶峰三个时期的流量结构，表 3-1 则列出了三个时期分别对应的日均 UV。图 3-1 和表 3-1 的数据见本书数据资源中 Excel 文件"第 3 章"的 3-1。

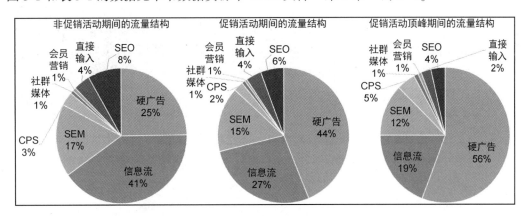

图 3-1　同一家企业三个不同时期的流量结构

表 3-1　同一家企业三个不同时期对应的日均 UV　　　　　（单位：万）

| 渠　　道 | 非促销活动期间 | 促销活动期间 | 促销活动顶峰期间 |
|---|---|---|---|
| 硬广告 | 30 | 93 | 202.6 |
| 信息流 | 49 | 58 | 69.4 |

(续)

| 渠道 | 非促销活动期间 | 促销活动期间 | 促销活动顶峰期间 |
| --- | --- | --- | --- |
| SEM | 21 | 33 | 45 |
| CPS | 4 | 5 | 16.5 |
| 社群媒体 | 1 | 1.8 | 4 |
| 会员营销 | 1 | 1.2 | 3 |
| 直接输入 | 5 | 8 | 9 |
| SEO | 10 | 12 | 13 |

结合上面的图 3-1 和表 3-1 可以看出，网站的主要流量渠道是硬广告、信息流和 SEM，三者的流量占比之和超过 80%。三个不同时期下的流量结构差异分析如下。

- 在非促销活动期间，网站的主要流量渠道是信息流和 SEM。这两个渠道能同时兼顾流量规模以及转化目标（CPS 虽然流量规模上没有优势，但其实转化贡献非常大）。硬广告则扮演了"拉低"流量成本并提升流量规模的角色。
- 在促销活动期间，出于流量增长的目标，硬广告的投入持续增加，带来的流量增长规模要远高于其他渠道，因此流量结构变成了以硬广告为主导的流量模式。此时信息流和 SEM 渠道的费用与流量虽然也在增长，但增长比例远小于硬广告渠道的。
- 在促销活动顶峰期间，出于流量爆发的考虑，以硬广告为主导的流量结构进一步强化，同时兼顾的 SEM、信息流、CPS 及其他渠道也都将广告预算推向顶峰。

上面的数据显示了该企业在不同场景下不同的流量结构模式，每种模式都能满足在预算控制下的营销目标和需求。它们的共同点如下所示。

- 自然流量的稳定输入。无论是直接输入流量还是 SEO 流量，都是企业能够获得的宝贵且免费的流量，这些流量的稳定输入能极大地降低营销流量的压力。
- 主要目标与次要目标的兼顾。营销目标的达成不应以牺牲其他目标为前提，在达成核心目标的基础上兼顾其他目标是健康流量结构的重中之重。
- 合理的预算控制。健康的流量结构并不是不花广告费，而是合理控制广告费的支出，以实现通过最小广告预算的支出撬动最大化流量的目标。

### 3.1.4 基于不同营销目标的渠道贡献度

本节我们将梳理四个常见的营销目标，包括品牌目标、用户目标、销售目标、流量目标，同时总结不同渠道对于实现各类目标的贡献度。

## 1. 品牌目标

这类目标以企业品牌传播为主，目的是达成企业在市场上的知名度（让用户知道企业）、联想度（在特定场景或需求下能想到企业品牌）、好感度（对企业有一定的好感）、美誉度（对企业持肯定态度或有正向评价）。各渠道在品牌目标上的贡献度如表3-2所示。

表3-2 各渠道在品牌目标上的贡献度

| 角 色 | 渠 道 | 品 牌 目 标 | | | |
|---|---|---|---|---|---|
| | | 知名度 | 联想度 | 好感度 | 美誉度 |
| 主要渠道 | 硬广告 | ★★★★★ | ★★ | ★ | ★ |
| | SEM | ★★★ | ★★★★ | ★★★★ | ★★★★ |
| | 社群 | ★★ | ★★★★★ | ★★★★★ | ★★★★★ |
| | 信息流 | ★★★★ | ★★★ | ★★★ | ★★ |
| | MCN | ★★★★ | ★★ | ★★★★ | ★★★ |
| 次要渠道 | CPS | ★★★ | ★★★ | ★ | ★ |
| | 会员 | ★ | ★ | ★ | ★ |
| | 直接输入 | ★ | ★ | ★ | ★ |
| | SEO | ★★ | ★★ | ★★ | ★★ |

说明：星越多表示越重要，最高5颗星；只要有一个目标高于三颗星，该渠道就将被归类到主要渠道，否则属于次要渠道。此说明同样适用于本节后续表格。

策略解读：

- ❑ 硬广告在各个方面都与信息流比较类似，不过信息流在人群精准度上高于硬广告，因此联想度、好感度会略高。
- ❑ SEM通过搜索触发，通过品牌性广告及关键字的定位实现品牌性目标，对于联想度、好感度和美誉度的提升较为显著。
- ❑ MCN渠道通过"主播"带来的粉丝效应，对于知名度、好感度的促进更为明显。
- ❑ CPS和SEO对品牌性传播的各方面的促进作用都不明显。
- ❑ 会员渠道和直接输入流量渠道本身就是对企业具有较高认知的用户或会员，因此其对于扩大品牌目标的传播的价值非常小。

## 2. 用户目标

这类目标以用户为主，主要包括拉新（增加新的用户注册）、新用户留存、促活

（促进老用户活跃）、用户召回（针对流失和沉默用户）四个方面。各渠道在用户目标上的贡献度如表3-3所示。

表 3-3　各渠道在用户目标上的贡献度

| 角色 | 渠道 | 用户目标 | | | |
| --- | --- | --- | --- | --- | --- |
| | | 拉新 | 新用户留存 | 促活 | 用户召回 |
| 主要渠道 | 会员 | ★ | ★★★★★ | ★★★★★ | ★★★★★ |
| | 社群 | ★★★ | ★★★★★ | ★★★★★ | ★★★★★ |
| | SEM | ★★★★★ | ★★★ | ★★★★ | ★★★★ |
| | 信息流 | ★★★★★ | ★★★ | ★★★★ | ★★★ |
| | MCN | ★★★★ | ★★★★ | ★★★★ | ★★★ |
| | CPS | ★★★★ | ★★★★ | ★★★★ | ★ |
| 次要渠道 | 硬广告 | ★★★ | ★ | ★ | ★ |
| | 直接输入 | ★ | ★ | ★ | ★ |
| | SEO | ★★ | ★ | ★ | ★ |

策略解读：

- 会员渠道和社群渠道类似，对于新用户留存、促活和用户召回的意义极大。在拉新方面，会员渠道是针对已有用户，几乎无法拉新；而社群渠道在传播过程中会带来一定的新用户的关注和导入，具有一定价值。
- SEM和信息流都属于精准营销类渠道，二者无论是在拉新、新用户留存还是在促活上的价值几乎相同，在用户召回上都有再营销的功能。
- MCN渠道和CPS渠道在拉新、新用户留存和促活上具有一定优势。二者都具有"导购"性质的传播模式，且利用多种整合营销方案，较容易触达客户。
- 硬广告虽然在引流上有突出价值，但其流量转化为注册用户的比例很低，因此对拉新贡献一般。在其他用户运营的领域也难有作为。
- 直接输入和SEO都需要用户主动使用才能触达，因此对用户运营的各个方面的价值很小。

3. 销售目标

这类目标专注于销售转化，其核心是让用户留下销售线索（例如留下电话号码、邮箱、在线咨询），或者直接实现商品、服务的订单交易（例如商品交易、充值）等。各渠道在销售目标上的贡献度如表 3-4 所示。

表 3-4 各渠道在销售目标上的贡献度

| 角　色 | 渠　道 | 销售目标 ||
| --- | --- | --- | --- |
| | | 销售线索 | 交　易 |
| 主要渠道 | CPS | ★★★★★ | ★★★★★ |
| | MCN | ★★★★★ | ★★★★ |
| | SEM | ★★★★★ | ★★★★ |
| | 信息流 | ★★★★ | ★★★★ |
| 次要渠道 | 会员 | ★★ | ★★ |
| | SEO | ★★★ | ★★★ |
| | 社群 | ★★ | ★★ |
| | 硬广告 | ★★★ | ★ |
| | 直接输入 | ★★★ | ★★★ |

策略解读：

❏ CPS 渠道通常是所有渠道中销售线索和交易达成最好的渠道。这与其自身的营销合作模式、返佣策略紧密相关。

❏ MCN 在选对销售资源和类目的情况下，可能带来销售线索爆发性的增长，除去无效交易信息，其真实交易贡献也比较可观。

❏ SEM 和信息流类似，二者在销售线索和交易贡献上都相对精准。由于 SEM 是用户主动搜索产生的，其销售线索引导能力比信息流更强。

❏ 剩下的会员、SEO、社群、硬广告、直接输入等渠道虽然对于销售的直接达成有一定的价值，但贡献度比较低，因此属于次要渠道。

### 4. 流量目标

流量目标的核心是确保流量具有一定的规模且成本可控，主要涉及流量规模、流量成本以及投入产出比（计算方式为销售额/广告费用）三个方面。各渠道在流量目标上的贡献度如表 3-5 所示。

表 3-5　各渠道在流量目标上的贡献度

| 角色 | 渠道 | 流量目标 | | |
|---|---|---|---|---|
| | | 流量规模 | 流量成本 | 投入产出比 |
| 主要渠道 | 硬广告 | ★★★★★ | ★★★★★ | ★★ |
| | 信息流 | ★★★★★ | ★★★★ | ★★★★ |
| | SEM | ★★★★ | ★★★ | ★★★★ |
| | 会员 | ★ | ★★★★★ | ★★★★★ |
| | CPS | ★★★ | ★★★★ | ★★★★★ |
| 次要渠道 | MCN | ★★★ | ★★★ | ★★★ |
| | 社群 | ★★ | - | - |
| | 直接输入 | ★ | - | - |
| | SEO | ★★ | - | - |

策略解读：

- 硬广告在流量规模上爆发力最强，流量成本非常低，但投入产出比较低。
- 信息流的流量规模可根据不同的定位条件灵活控制，流量成本较硬广告高，但基于人群的精准定位使得其投入产出比整体不错。
- SEM 的流量规模存在天花板效应，因此重要性较硬广告类略低一点；在流量成本方面，很多关键字竞争比较激烈，因此成本控制一般；由于转化效果好，所以投入产出比不错。
- 会员渠道除了通发（针对每个会员都发送广告）外，在其他各个营销场景都是精准选人，因此流量规模很小；但整个会员渠道的流量成本也非常低，再加上其一对一的精准营销模式，投入产出比很好。
- CPS 渠道在流量规模上的贡献一般，但在流量成本和投入产出比方面表现不错。
- MCN 对各个流量目标的贡献度都比较一般，因为 MCN 用户的注意力都在 MCN 媒介（例如知乎、抖音）上，直接到达企业站点以及后续直接转化的流量较少。
- 社群、直接输入和 SEO 的流量规模不大，且由于三者都没有大量营销费用的投入，因此没有成本和投入产出比的计算结果。

### 3.1.5　知识拓展：流量运营与整合营销传播的关系

做市场营销的读者应该都听过整合营销传播的概念，它的核心是以顾客为中心，通过广告传播、促销活动、公关传播、直销与销售、企业形象识别等一切活动来将企业统一的信息传达给顾客。那流量运营与整合营销传播的关系是什么？

**1. 相关性：高度契合的理念及可复用的知识体系**

本书所讲的流量运营，本质上也是以用户为中心，所以二者的观念高度契合，整合营销传播的思路、方法、流程、模型等都能被流量运营借鉴。例如从 4P 到 4C 的营销理念、市场分析与行业分析方法、广告创意与策略、企业形象的统一表达、品牌声量与口碑传播、线上线下的营销工具和媒介、传播方式的整合性应用等。

**2. 差异性：由于目标差异性导致的范畴、方法、流程、技术、工具和媒介等方面的差异**

流量运营的目标是满足以流量为核心的营销业务，整合营销传播则以信息传播为主要导向，而信息传播并不意味着都能产生流量。二者在很多方面具有差异性。

- 范畴：凡是与流量无关或相关性较弱的渠道和媒体都不会包含在流量运营范畴内。
- 方法：流量运营更强调数据驱动，基于数据的决策几乎在每个营销环节都有所体现。
- 流程：流量运营中的策划、执行、评估与优化的整体流程更加完整且更容易形成闭环。
- 技术：基于大数据框架，流量运营能够满足实时的人群匹配、广告投放、效果评估等。
- 工具：流量运营领域内的很多工具，例如 DMP（数据管理平台）、广告投放系统、竞价系统、再营销系统等，让流量运营过程可控性更强、结果更可预期、操作更便利。
- 媒介：数字媒介是流量运营的主要对象，非数字类媒体则很少被纳入流量运营视角内。

## 3.2 基于多指标综合决策的渠道选择

当多个渠道都具有类似特征时，可基于多个指标的综合结果排名选择渠道。

### 3.2.1 基于多指标的综合决策概述

在选择渠道时，通常需要综合考虑多种因素，例如本书频繁提到的流量、用户和转化等，然后通过综合对比和排名得到优选渠道。例如综合流量、用户和转化三个指标计算得到 A 渠道的得分是 1.8，B 渠道的得分是 2.4，因此应该选择 B 渠道作为优先投放渠道。

当企业的目标及所选指标众多时，该如何选择不同的指标？如何将不同的指标"综合起来考虑"？这是本节要解决的问题。

### 3.2.2 如何选择多个决策指标

决策指标的选择依赖于营销目标。表3-6列出了不同营销目标下的指标建议。

表3-6 不同营销目标下的指标建议

| 营销目标 | 评估指标 | 解释说明 |
| --- | --- | --- |
| 用户 | 新用户数 | 用于评估拉新的效果，包括新注册的用户或者新下载安装（或激活）的设备 |
| 用户 | 留存数/留存率 | 用于评估留存的效果，包括1日留存率、7日留存率、30日留存率等不同时间周期下的留存指标 |
| 用户 | 活跃用户数/活跃用户率 | 用于评估老用户的活跃情况，活跃可根据不同的动作定义，例如发帖、浏览产品页、登录App |
| 用户 | 召回数/召回率 | 用于评估沉默或流失用户的召回效果 |
| 销售 | 目标事件数/目标转化率 | 用于评估达成的销售线索或目标转化的情况，目标通常是企业网站、App上可直接采集到的目标事件 |
| 销售 | 销售额/流水 | 用于评估交易规模，自营站选择销售额，平台站选择流水 |
| 销售 | 订单转化率 | 用于评估交易达成的效率 |
| 销售 | 毛利 | 用于评估企业核心商业目标，以商品的进销差价为计算依据 |
| 流量 | 每日UV/会话数 | 用于评估流量规模，指标二选一，前者用于评估匿名状态下的"人数"，后者用于评估匿名状态下的"人次" |
| 流量 | 每UV成本/每会话成本 | 用于评估流量成本，根据流量规模匹配对应的成本指标 |
| 流量 | ROI | 投入产出比，计算方式为销售额/广告费 |
| 流量 | 跳出率 | 辅助于流量质量的中间性结果评估 |

> **注意** 出于数据可控性、质量、安全性等考虑，表中指标均以企业自有数据系统为参考依据，而不采用第三方工具提供的数据。同时，对于品牌性传播、用户感性认知、社交媒体的外部传播等活动中产生的无法直接采集或采集成本较高的数据，在此不做直接考虑。

决策指标选择通常需要考虑如下四个因素。

❑ 目标场景相关性。根据表3-6中的目标和指标建议，围绕目标选择指标。

- 兼顾主要目标和次要目标。综合考虑营销对企业的所有价值和贡献。
- 多指标之间的低相关性。不同指标之间如果具有较强的正相关关系，会导致目标评估不全面，因为各个指标都在说"同一件事"。
- 综合"量"和"质"。对于每个目标，要综合考虑规模和质量。

### 3.2.3 如何设置多个指标的权重

当选择好多个指标后，下一步需要确定指标权重。设置权重的常用方法包括专家打分法、统计分析法、机器学习法。

#### 1. 专家打分法

专家打分法适用于指标较少的情况。例如，选择每日 UV、订单转化率和 ROI 三个指标，无论是业务方还是数据方都能轻松打分。这种方法能将历史积累的经验直接应用到权重设计中。

#### 2. 统计分析法

统计分析法是指通过特定的统计方法（例如熵值法或方差法），计算每个指标上的得分，并将得分作为指标权重的方法。一般而言，得分越高，代表指标本身越重要。这种方法的好处是易于实施，弊端是数据上的重要可能并不等同于业务目标上的重要。

#### 3. 机器学习法

机器学习法利用不同的指标和目标之间的关系，通过算法建模后的特征重要性来评估不同指标（即模型中的特征）对目标（例如利润）的贡献或重要性。因此，模型中的特征重要性可以直接作为权重设计的标准。

### 3.2.4 结合层次评分综合评估渠道排名

本节将结合上面提到的专家打分法实现层次评分，并通过加权汇总综合评估渠道排名。表 3-7、表 3-8、图 3-2 中的数据见本书数据资源中 Excel 文件"第 3 章"的 3-2_1。

#### 第一步 选择指标

假设此次营销活动的目标以引流为主，同时需要兼顾用户价值、销售价值。本次选择的指标包括每日 UV、ROI、新用户数、订单转化率、销售额五个指标。这些数据分别来自企业的网站分析工具、CRM 以及销售系统。

#### 第二步 使用专家打分法结合目标确定指标权重得分

打分过程中主要使用专家打分法，将每个指标与其他指标两两比较，按照重要性划分为 1~9 分。其中 1 分表示最不重要，9 分表示最重要。结果如表 3-7 所示。

表 3-7 指标权重打分

|  | 每日 UV | ROI | 新用户数 | 订单转化率 | 销售额 |
|---|---|---|---|---|---|
| 每日 UV | 1① | 3② | 5③ | 7④ | 3⑤ |
| ROI |  | 1⑥ | 3⑦ | 3⑧ | 1/5⑨ |
| 新用户数 |  |  | 1⑩ | 1/3⑪ | 1⑫ |
| 订单转化率 |  |  |  | 1⑬ | 1/3⑭ |
| 销售额 |  |  |  |  | 1⑮ |

打分时先按照左侧的行分别获取指标，并与每列指标间的交集作对比评分，整个打分过程的顺序如表 3-7 中①到⑮所示。结果分析如下：

- 从左上角到右下角的表格评分都为 1，原因是自己与自己对比得分相同，对应表中①、⑥、⑩、⑬、⑮；
- 每日 UV 比 ROI 重要，评分为 3（表中②）的意思是每日 UV 的重要性是 ROI 的 3 倍；
- 每日 UV 比新用户数重要，评分为 5（表中③）的意思是每日 UV 的重要性是新用户数的 5 倍；
- 每日 UV 比订单转化率重要，评分为 7（表中④）的意思是每日 UV 的重要性是订单转化率的 7 倍；
- 每日 UV 比销售额重要，评分为 3（表中⑤）的意思是每日 UV 的重要性是销售额的 3 倍；
- ROI 比新用户数重要，其重要性大概是新用户数的 3 倍（表中⑦）；
- ROI 比订单转化率重要，其重要性大概是订单转化率的 3 倍（表中⑧）；
- ROI 不如销售额重要，其重要性大概是销售额的 1/5（表中⑨）；
- 新用户数不如订单转化率重要，其重要性大概是订单转化率的 1/3（表中⑪）；
- 新用户数与销售额基本相同，因此二者相比得分为 1（表中⑫）；
- 订单转化率不如销售额重要，其重要性大概是销售额的 1/3（表中⑭）。

当从①到⑮打分完成之后，剩下的空白区域沿着表格从左上角到右下角的中间线取倒数填充即可。填充后的数据如表 3-8 所示。

表 3-8 填充对称指标权重

|  | 每日 UV | ROI | 新用户数 | 订单转化率 | 销售额 |
|---|---|---|---|---|---|
| 每日 UV | 1 | 3 | 5 | 7 | 3 |
| ROI | 1/3 | 1 | 3 | 3 | 1/5 |
| 新用户数 | 1/5 | 1/3 | 1 | 1/3 | 1 |
| 订单转化率 | 1/7 | 1/3 | 3 | 1 | 1/3 |
| 销售额 | 1/3 | 5 | 1 | 3 | 1 |

### 第三步　将得分数据标准化

标准化的意义在于让各个指标的权重能在一个区间内比较，以防止某些评分由于得分过高导致对总体结果的偏差影响。

在数据标准化时，推荐使用带有最大、最小值控制的 Max-Min 归一化方法。默认情况下，Max-Min 归一化的数据区间为[0,1]，但如果权重为 0，无论后面数据本身的值有多大都没有实际意义。因此，我们将最小值指定为 0.1，以保证每个指标都"有用"且权重有区分。

带有最大、最小值控制的 Max-Min 归一化方法只是在原有的 Max-Min 计算（如代码中的①）之后新增了一个缩放步骤（如代码中的②），具体计算公式如下：

```
X_norm = (X - min) / (max - min)                                    #①
X_scaled = X_norm * (Max_manual - Min_manual) + Min_manual          #②
```

其中，X_norm 为原始 Max-Min 的结果，X 为每个指标的原始得分，min 和 max 为每列的最小值和最大值，Max_manual 和 Min_manual 为手动指定的最大值和最小值，X_scaled 为根据指定的区间重新缩放后的值。

下面进行 Max-Min 归一化。在表 3-8 的基础上，先对每列数据做 Max-Min，然后基于人工指定的新区间[0.1,1]进行二次缩放。具体过程如图 3-2 所示。

图 3-2　数据标准化及缩放过程

图 3-2 中的①为原始表 3-8 的数据在 Excel 中的表示，并通过 Max 和 Min 函数求出每列的最大值和最小值。②为基于 Max-Min 标准化方法，在 Excel 中得到标准化处理后的结果。③为基于指定的最小值 0.1 和最大值 1，对 Max-Min 标准化后的数据做二次缩放的结果。

**第四步　得到指标平均权重**

在图 3-2 中的④中，基于每行（原始打分时就是基于行）求出均值，在 Excel 中使用 AVERAGE 函数计算得到每个指标的平均权重。

**第五步　标准化各指标的原始值**

该步骤主要涉及每个渠道的原始数据的处理，目的也是降低单个指标过大或过小对总体评估的影响。例如，在 UV 的量级在几万到几千万，转化率仅为 [0,1]，销售额可能到亿级别的情况下，具体处理过程如图 3-3 所示。图 3-3 中的数据见本书数据资源中 Excel 文件"第 3 章"的 3-2_2。

| | A | B | C | D | E | F | G | H | I |
|---|---|---|---|---|---|---|---|---|---|
| 1 | | 每日UV | ROI | 新用户数 | 订单转化率 | 销售额 | | | ① |
| 2 | 渠道A | 17081 | 7.979 | 5328 | 7.4% | 749029 | | | |
| 3 | 渠道B | 45194 | 0.539 | 8296 | 7.1% | 345717 | | | |
| 4 | 渠道C | 35456 | 2.006 | 7674 | 0.9% | 879897 | | | |
| 5 | 渠道D | 49063 | 8.189 | 9776 | 7.4% | 401515 | | | |
| 6 | Max | 49063 | 8.189 | 9776 | 7.4% | 879897 | | 最大值和最小值公式示例： | |
| 7 | Min | 17081 | 0.539 | 5328 | 0.9% | 345717 | | =MAX(B2:B5) =MIN(B2:B5) | |
| 8 | | 每日UV | ROI | 新用户数 | 订单转化率 | 销售额 | | Max-Min标准化公式示例： | |
| 9 | 渠道A | 0.00 | 0.97 | 0.00 | 1.00 | 0.76 | | =(B2-B$7)/(B$6-B$7) | |
| 10 | 渠道B | 0.88 | 0.00 | 0.67 | 0.96 | 0.00 | | | ② |
| 11 | 渠道C | 0.57 | 0.19 | 0.53 | 0.00 | 1.00 | | | |
| 12 | 渠道D | 1.00 | 1.00 | 1.00 | 0.99 | 0.10 | | | |
| 13 | 指定最小值 | | 0.1 | | 二次缩放 | | | 指标 | 权重 |
| 14 | 指定最大值 | | 1 | =B9*($C$14-$C$13)+$C$13 | | | ③ | 每日UV | 0.92 |
| 15 | | 每日UV | ROI | 新用户数 | 订单转化率 | 销售额 | | ROI | 0.33 |
| 16 | 渠道A | 0.10 | 0.98 | 0.10 | 1.00 | 0.78 | | 新用户数 | 0.16 |
| 17 | 渠道B | 0.89 | 0.10 | 0.70 | 0.96 | 0.10 | | 订单转化率 | 0.22 |
| 18 | 渠道C | 0.62 | 0.27 | 0.57 | 0.10 | 1.00 | | 销售额 | 0.44 |
| 19 | 渠道D | 1.00 | 1.00 | 1.00 | 0.99 | 0.19 | | | |
| 20 | | 权重*标准化后的得分 | | | | | ④ | | ⑤ |
| 21 | | =B16*$I$15 | | | | | | | |
| 22 | | 每日UV | ROI | 新用户数 | 订单转化率 | 销售额 | 综合得分 | 综合得分公式示例： | |
| 23 | 渠道A | 0.09 | 0.32 | 0.02 | 0.22 | 0.35 | 0.99 | =SUM(B23:F23) | |
| 24 | 渠道B | 0.82 | 0.03 | 0.11 | 0.21 | 0.04 | 1.22 | | |
| 25 | 渠道C | 0.57 | 0.09 | 0.09 | 0.02 | 0.44 | 1.22 | | |
| 26 | 渠道D | 0.92 | 0.33 | 0.16 | 0.22 | 0.09 | 1.72 | | |

图 3-3　各渠道原始值处理过程

整个处理过程及原理与第三步类似，图 3-3 中的①为示例原始数据，②为基于 Max-Min 标准化进行数据缩放处理，③为基于指定的最大值和最小值进行二次缩放处理,④为结合第三步得到的权重以及本步骤二次缩放的值,通过权重*标准化得分算出加权得分,⑤为对各个加权得分求和得到的最终结果。从⑤中的结果可以看到,渠道 D 为总得分最高(1.72)的渠道,因此应该优先选择,渠道 B 和渠道 C 得分相同,也可以考虑。

### 3.2.5 知识拓展:解决统一标准下不同渠道价值评估的公平问题

在所有的数据评估决策中,我们倾向于使用统一的标准去衡量不同的渠道。但问题在于,不同的渠道具有不同的特性,例如硬广告擅长引流,而转化交易价值很弱;CPS 擅长交易转化,但引流能力太差;社群对于用户维系非常重要,但在流量和转化上都贡献乏力。因此,无论采用什么标准,都无法将各渠道的个性化特点纳入总体对比和排名中,标准化评估结果无法做到完全公平。

在本节介绍的层次评分综合评估过程中,最关键的因素是"谁来打分":如果是由硬广告渠道来打分,那么必然会将对自己有利的每日 UV 的权重设计得非常高;而如果是由会员渠道来打分,则会在订单转化率上提高权重(因为精准就是会员渠道的价值所在)。

各营销部门不同的打分动机是部门内部利益最大化的体现,但却可能与全局利益最大化的目标不一致。协调二者利益一致性的基本思路是,统筹企业全局打分与所有部门一起打分,并形成两套打分体系:

- 一套是企业根据统一标准得到的权重结果,如 3.2.4 节中介绍的打分方法;
- 一套是各个渠道为自己打分并设置权重的结果,属于各渠道对自身价值度的二次调整。

上述两套权重评分完成后,对两套加权求和结果求均值即可。下面以本节每日 UV、ROI、新用户数、订单转化率、销售额 5 个指标为例,解释业务自身的打分过程。

首先,业务打分时必须遵守如下原则。

- 无论怎么打分,所有渠道在所有指标上必须都有侧重,即不能出现为 0 的权重,以防渠道只选择对自身有利的指标。
- 总分是 1,各指标的权重最低为 0.1 分,最高不能超过 1 分,打分结果必须是 0.1 的整数倍。这样就避免了单一指标分数量级过高导致的权重极大或极小的问题。

在这两个原则下,硬广告、信息流、SEM、会员、CPS 这 5 个渠道的自我打分结果可能如表 3-9 所示。

表 3-9 各营销渠道自我打分结果

| | 每日 UV | ROI | 新用户数 | 订单转化率 | 销售额 |
|---|---|---|---|---|---|
| 硬广告 | **0.6** | 0.1 | 0.1 | 0.1 | 0.1 |
| 信息流 | **0.3** | 0.2 | 0.1 | 0.2 | 0.2 |
| SEM | 0.1 | **0.3** | 0.1 | 0.2 | **0.3** |
| 会员 | 0.1 | **0.4** | 0.1 | **0.3** | 0.1 |
| CPS | 0.1 | **0.4** | 0.1 | 0.2 | 0.2 |

在上面的评分中，硬广告渠道将过半权重赋予了每日 UV（这符合规则）；信息流渠道将主要权重赋予了每日 UV，同时兼顾了 ROI、订单转化率和销售额；SEM 渠道则将主要权重赋予了 ROI 和销售额；会员渠道将主要权重赋予了 ROI 和订单转化率；CPS 渠道将主要权重赋予了 ROI，并兼顾订单转化率和销售额。

通过这种方法，在 3.2.4 节中第五步的基础上，再次将各部门各自打分的权重与标准化后的原始值加权求和（图 3-3 中的④和⑤），与原始标准权重的结果求均值即可。融合企业利益与部门利益的双重评分结果更容易被各渠道认可，且可以从全局角度将各渠道整合起来评估。

 为什么需要将不同渠道整合起来评估？虽然企业没有直接混合对比不同渠道的"显性"行为，但每个营销决策者心里都有评估营销渠道的"一杆秤"。证明自己的渠道属于"更重要"的那一类，将有利于渠道所在部门的价值最大化，并最终体现在预算分配、KPI 设计、部门薪酬、晋升和绩效等多重因素上。

## 3.3 发掘流量爆发力强的渠道

通过流量爆发来最大化事件传播或活动的效果是电商场景中的"刚需"，因此发掘流量爆发力强的渠道对于流量运营至关重要。

### 3.3.1 流量爆发力概述

流量爆发力是指营销渠道能根据营销需求，迅速增加广告曝光和引流，达成传播和转化效果爆发的能力。流量爆发的外在表现主要是流量规模（例如 UV、访问量等）的骤增，而销售和转化效果爆发由于不完全受营销部门控制，因此不会作为流量爆发力的主要评估因素。

流量爆发力主要应用在大型促销或关键性活动节点上，且通常需要按照小时级别的粒度进行流量控制。例如，双 11 或 618 大促当天的销售爆发就依赖于前期流量的蓄积和释放，对于营销渠道的流量控制能力要求非常高。

### 3.3.2 流量爆发力强的两个特征

流量爆发力强的特征体现在两个方面，分析如下。

- 时间控制的精准度。时间粒度越细，控制力越强，越能满足特定时间点爆量的需求。一般而言，流量爆发力的时间粒度至少要控制在小时级别，因为大多数促销活动都是以小时为时间单位进行控制（例如 8 点抢购、0 点巅峰等）；如果到天级别，则很可能无法满足特定"巅峰活动"的按小时的流量节奏要求。
- 在企业站点上需要有流量骤增能力。流量骤增意味着流量首先要到达企业站点上，然后流量的增长不能是缓慢的。

流量爆发力最突出的要求是在大促活动巅峰时刻（例如双 11 的 0 点）立即放量，且流量的增长是指数级甚至双指数级的。大多数渠道都不具备流量爆发力，或者即使具备一定的爆发力，也无法精确到特定时间点爆发。

### 3.3.3 哪些渠道流量爆发力更强

从时间可控性与流量爆发强度两个维度出发，我们将各流量渠道的流量爆发力进行了对比，如图 3-4 所示。

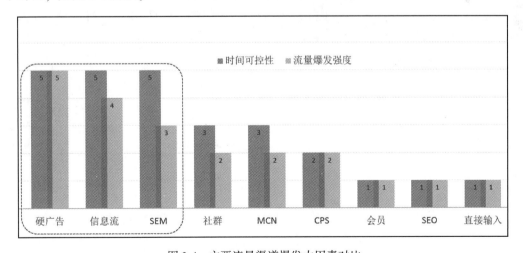

图 3-4　主要流量渠道爆发力因素对比

在图 3-4 中，得分最低为 1 分，最高为 5 分。

#### 1. 时间可控性方面

硬广告、信息流和 SEM 在时间可控性上表现最好。硬广告可通过排期、程序化投放等方式精确控制时间，信息流和 SEM 则可以根据投放的账户设置精确控制上下线时间和投放人群规模。

社群、MCN 以及 CPS 在时间可控性上表现较差，很难控制流量释放的时机。会员、SEO 以及直接输入几乎无法对用户形成主动性释放流量的触达机会。

#### 2. 流量爆发强度方面

硬广告由于其面向大众传播的特点，流量爆发强度是最高的。信息流和 SEM 均可通过人群定向的缩放以及账户设置来增加流量，但爆发强度要弱于硬广告。此外，SEM 本身具有搜索流量天花板，在需要海量流量的情况下，流量爆发会遇到天花板，因此会失去更多引流的能力。

社群、MCN、CPS、会员、SEO、直接输入都不是侧重于引流的渠道，因此谈不上流量爆发。

综合来看，流量爆发力最强的三个渠道依次是硬广告、信息流和 SEM。

### 3.3.4 通过数据分析爆发力强的渠道

通过数据分析爆发力强的渠道时一般涉及如下几个方面。

#### 1. 通过时段趋势分析爆发时间节点

通过数据统计特征分析爆发力强的渠道，只需要按照小时或分钟统计各个渠道的会话数或 UV 的增长趋势即可。图 3-5 显示了三个渠道在某天内按小时统计的流量趋势。图 3-5 中的数据见本书数据资源中 Excel 文件"第 3 章"的 3-3_1。

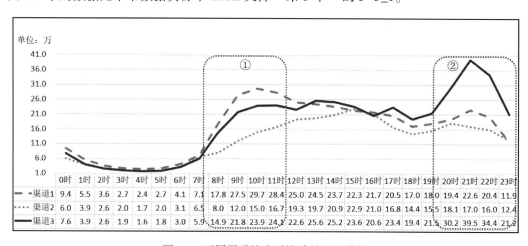

图 3-5　不同渠道按小时统计的流量趋势

图 3-5 中的流量爆发时间（按照业务需求）集中在 8 点到 11 点（图中①）以及 20 点到 23 点（图中②）两个时间段，峰值点在 10 点和 21 点。从趋势图中可以看出，渠道 1 在①时段内爆发力最强，渠道 3 在②时段内爆发力最强，虽然二者都具有较强的爆发力，但爆发时间节点上有差异。

### 2. 通过数据的“量”和“率”计算爆发指数

通过数据分析爆发力，需要兼顾数据量级和变化量级两个维度。例如 A 渠道的 UV 从 100 增长到 200，B 渠道的 UV 从 10000 增长到 15000，如果只计算变化率，那么 A 渠道（100%）会远好于 B 渠道（50%），这可能会让人误以为 A 渠道爆发力高于 B 渠道。但是，这种结论明显没有考虑变化量级的影响。图 3-6、图 3-7、图 3-8 中的数据见本书数据资源 Excel 文件“第 3 章”的 3-3_1 和 3-3_2。

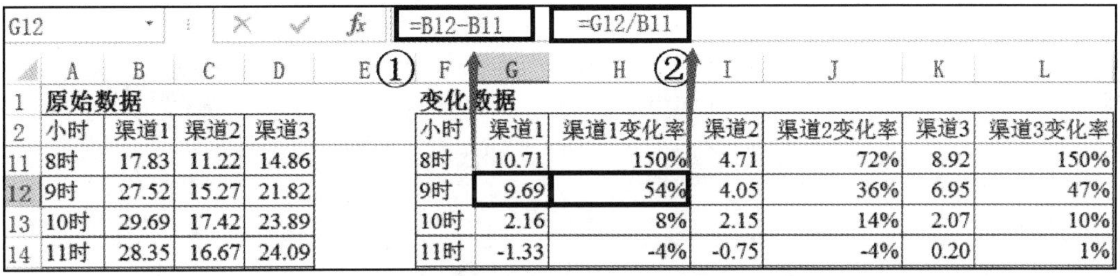


| | A | B | C | D | E | F | G | H | I | J | K | L |
|---|---|---|---|---|---|---|---|---|---|---|---|---|
| 1 | 原始数据 | | | | | 变化数据 | | | | | | |
| 2 | 小时 | 渠道1 | 渠道2 | 渠道3 | | 小时 | 渠道1 | 渠道1变化率 | 渠道2 | 渠道2变化率 | 渠道3 | 渠道3变化率 |
| 11 | 8时 | 17.83 | 11.22 | 14.86 | | 8时 | 10.71 | 150% | 4.71 | 72% | 8.92 | 150% |
| 12 | 9时 | 27.52 | 15.27 | 21.82 | | 9时 | 9.69 | 54% | 4.05 | 36% | 6.95 | 47% |
| 13 | 10时 | 29.69 | 17.42 | 23.89 | | 10时 | 2.16 | 8% | 2.15 | 14% | 2.07 | 10% |
| 14 | 11时 | 28.35 | 16.67 | 24.09 | | 11时 | -1.33 | -4% | -0.75 | -4% | 0.20 | 1% |

图 3-6　时段数据差分计算

为了降低计算量，我们只计算图 3-5 中两个集中爆发时间段内各个渠道的爆发指数即可。

**第一步　计算时段变化量**

用后一个时间点的数据减去前一个时间点的数据，在 Excel 中的处理方式如图 3-6 中的①所示。按照同样的逻辑，可以计算渠道 2 和渠道 3 的变化值。

**第二步　计算时段变化率**

用变化量除以上个时段的值，如图 3-6 中的②所示。按照同样的逻辑，可以计算渠道 2 和渠道 3 的变化率。

**第三步　数据标准化**

前文提到，如果要考虑多个指标的加权计算，必须保持指标在相同的值范围区间内才有意义。在图 3-6 所示的数据中，变化量区间可能是以几十为单位，而变化率则以百分比变化为主。数据标准化就是将二者放到相同区间内，这里使用 3. 2. 4 节提到的带有自定义区间的 Max-Min 标准化方法来完成数据标准化。

由于我们只需计算两个集中爆发时间段的爆发信息，因此只将 8 点~11 点、20 点~23 点的数据过滤出来即可。接着，先求出各个列的最大值和最小值，如图 3-7 中的①；然后通过 Max-Min 计算公式计算标准化后的值，如图 3-7 中的②。这里没有对标准化后的最小值 0 进行二次缩放，原因是后续应用中不做权重计算求和，因此可以忽略该影响。如果需要做权重计算，则需要再进行二次缩放。

**变化数据**

| 小时 | 渠道1 | 渠道1变化率 | 渠道2 | 渠道2变化率 | 渠道3 | 渠道3变化率 |
|---|---|---|---|---|---|---|
| 8时 | 10.71 | 150% | 4.71 | 72% | 8.92 | 150% |
| 9时 | 9.69 | 54% | 4.05 | 36% | 6.95 | 47% |
| 10时 | 2.16 | 8% | 2.15 | 14% | 2.07 | 10% |
| 11时 | -1.33 | -4% | -0.75 | -4% | 0.20 | 1% |
| 20时 | 1.36 | 8% | 2.57 | 17% | 8.68 | 40% |
| 21时 | 3.17 | 16% | 2.54 | 14% | 9.36 | 31% |
| 22时 | -2.22 | -10% | 5.03 | 24% | -5.16 | -13% |
| 23时 | -8.48 | -42% | -13.31 | -52% | -13.21 | -38% |
| Max | 10.71 | 1.50 | 5.03 | 0.72 | 9.36 | 1.50 |
| Min | -8.48 | -0.42 | -13.31 | -0.52 | -13.21 | -0.38 |

①

**最大值和最小值公式示例：**
=MAX(B3:B10)
=MIN(B3:B10)

**Max-Min标准化结果**

| 小时 | 渠道1 | 渠道1变化率 | 渠道2 | 渠道2变化率 | 渠道3 | 渠道3变化率 |
|---|---|---|---|---|---|---|
| 8时 | 1.00 | 1.00 | 0.98 | 1.00 | 0.98 | 1.00 |
| 9时 | 0.95 | 0.50 | 0.95 | 0.71 | 0.89 | 0.45 |
| 10时 | 0.55 | 0.26 | 0.84 | 0.53 | 0.68 | 0.25 |
| 11时 | 0.37 | 0.19 | 0.69 | 0.38 | 0.59 | 0.21 |
| 20时 | 0.51 | 0.26 | 0.87 | 0.55 | 0.97 | 0.42 |
| 21时 | 0.61 | 0.30 | 0.86 | 0.53 | 1.00 | 0.37 |
| 22时 | 0.33 | 0.17 | 1.00 | 0.61 | 0.36 | 0.13 |
| 23时 | 0.00 | 0.00 | 0.00 | 0.00 | 0.00 | 0.00 |

**Max-Min标准化公式示例：**
=(B3-B$12)/(B$11-B$12)

②

图 3-7 对差分后的数据进行标准化处理

## 第四步 计算爆发指数

在完成对权重和变化率的标准化处理过程后，这里直接将二者相加得到爆发指数，得到的结果会综合渠道自身的变化量和变化率，相对于单一的值的判断更客观。如图 3-8 所示。

D37 fx =C37+B37

计算爆发指数

| 小时 | 渠道1 | 渠道1变化率 | 爆发指数 | 渠道2 | 渠道2变化率 | 爆发指数 | 渠道3 | 渠道3变化率 | 爆发指数 |
|---|---|---|---|---|---|---|---|---|---|
| 8时 | 1.00 | 1.00 | 2.00 | 0.98 | 1.00 | 1.98 | 0.98 | 1.00 | 1.98 |
| 9时 | 0.95 | 0.50 | 1.45 | 0.95 | 0.71 | 1.65 | 0.89 | 0.45 | 1.35 |
| 10时 | 0.55 | 0.26 | 0.81 | 0.84 | 0.53 | 1.37 | 0.68 | 0.25 | 0.93 |
| 11时 | 0.37 | 0.19 | 0.57 | 0.69 | 0.38 | 1.07 | 0.59 | 0.21 | 0.80 |
| 20时 | 0.51 | 0.26 | 0.77 | 0.87 | 0.55 | 1.42 | 0.97 | 0.42 | 1.39 |
| 21时 | 0.61 | 0.30 | 0.91 | 0.86 | 0.53 | 1.40 | 1.00 | 0.37 | 1.37 |
| 22时 | 0.33 | 0.17 | 0.49 | 1.00 | 0.61 | 1.61 | 0.36 | 0.13 | 0.49 |
| 23时 | 0.00 | 0.00 | 0.00 | 0.00 | 0.00 | 0.00 | 0.00 | 0.00 | 0.00 |

图 3-8 计算各渠道爆发指数

3. 计算所有渠道的综合爆发指数和排名

**第一步　计算爆发指数**

上面的过程是单独计算和分析各个渠道的爆发指数，如果需要将所有渠道综合起来，则只需要在前期将原始渠道变化量和变化率放到同一列计算即可。过程如图 3-9 所示。图 3-9、图 3-10 和图 3-11 的数据见本书数据资源中 Excel 文件"第 3 章"的 3-3_3。

| | 渠道 | 小时 | 原始渠道变化量 | 原始渠道变化率 | 标准化渠道变化量 | 标准化渠道变化率 | 爆发指数 | |
|---|---|---|---|---|---|---|---|---|
| 1 | | | | | | | | |
| 2 | 渠道1 | 8时 | 10.71 | 150% | 1.00 | 1.00 | 2.00 | Max-Min标准化公式示例： |
| 3 | 渠道1 | 9时 | 9.69 | 54% | 0.96 | 0.53 | 1.48 | =(C3-C$27)/(C$26-C$27) |
| 4 | 渠道1 | 10时 | 2.16 | 8% | 0.64 | 0.30 | 0.94 | |
| 5 | 渠道1 | 11时 | -1.33 | -4% | 0.50 | 0.23 | 0.73 | |
| 6 | 渠道1 | 20时 | 1.36 | 8% | 0.61 | 0.29 | 0.90 | |
| 7 | 渠道1 | 21时 | 3.17 | 16% | 0.69 | 0.34 | 1.02 | |
| 8 | 渠道1 | 22时 | -2.22 | -10% | 0.46 | 0.21 | 0.67 | |
| 9 | 渠道1 | 23时 | -8.48 | -42% | 0.20 | 0.05 | 0.25 | 爆发指数公式示例： |
| 10 | 渠道2 | 8时 | 4.71 | 72% | 0.75 | 0.61 | 1.36 | =E10+F10 |
| 11 | 渠道2 | 9时 | 4.05 | 36% | 0.72 | 0.44 | 1.16 | |
| 12 | 渠道2 | 10时 | 2.15 | 14% | 0.64 | 0.33 | 0.97 | |
| 13 | 渠道2 | 11时 | -0.75 | -4% | 0.52 | 0.24 | 0.76 | |
| 14 | 渠道2 | 20时 | 2.57 | 17% | 0.66 | 0.34 | 1.00 | |
| 15 | 渠道2 | 21时 | 2.54 | 14% | 0.66 | 0.33 | 0.99 | |
| 16 | 渠道2 | 22时 | 5.03 | 24% | 0.76 | 0.38 | 1.14 | |
| 17 | 渠道2 | 23时 | -13.31 | -52% | 0.00 | 0.00 | 0.00 | |
| 18 | 渠道3 | 8时 | 8.92 | 150% | 0.93 | 1.00 | 1.92 | |
| 19 | 渠道3 | 9时 | 6.95 | 47% | 0.84 | 0.49 | 1.33 | |
| 20 | 渠道3 | 10时 | 2.07 | 10% | 0.64 | 0.30 | 0.94 | |
| 21 | 渠道3 | 11时 | 0.20 | 1% | 0.56 | 0.26 | 0.82 | |
| 22 | 渠道3 | 20时 | 8.68 | 40% | 0.92 | 0.46 | 1.37 | |
| 23 | 渠道3 | 21时 | 9.36 | 31% | 0.94 | 0.41 | 1.35 | |
| 24 | 渠道3 | 22时 | -5.16 | -13% | 0.34 | 0.19 | 0.53 | |
| 25 | 渠道3 | 23时 | -13.21 | -38% | 0.00 | 0.07 | 0.07 | 最大值和最小值公式示例： |
| 26 | | Max | 10.71 | 1.50 | | | | =MAX(C2:C25) |
| 27 | | Min | -13.31 | -0.52 | | | | =MIN(C2:C25) |

图 3-9　计算所有渠道综合爆发排名

如图 3-9 所示，第一步先将所有渠道数据整理为两列，按渠道和时段追加渠道 2 和渠道 3 的数据到后续行记录。第二步计算得到标准化渠道变化量和标准化渠道变化率，公式如图中"Max-Min 标准化公式示例"。第三步计算爆发指数，将标准化渠道变化量和标准化渠道变化率相加即可。

**第二步　通过数据透视表汇总各渠道综合排名**

选中上述计算得到的所有数据，然后点击"插入"→"数据透视表"，新建透视表，如图 3-10 所示。

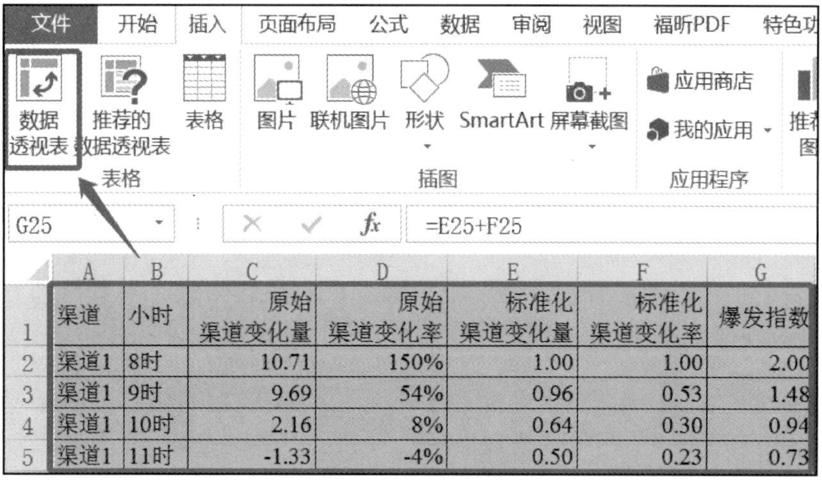

## 图 3-10 新建透视表

在新建的透视表中，从右侧的"数据透视表字段"中将"渠道"拖入"行"区域内，将"爆发指数"拖入"值"区域内，"值"区域默认使用求和的方法计算所有时段的总爆发指数（如果不是，请设置为求和）。由此得到三个渠道的总爆发指数，如图 3-11 所示，可以看出，渠道 3 的爆发指数要略高于渠道 1 的和渠道 2 的。

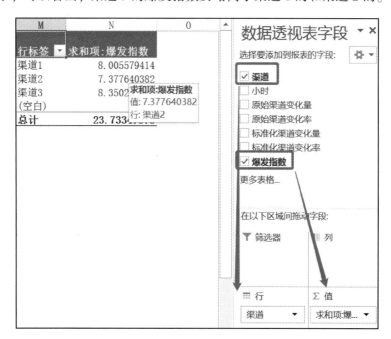

图 3-11 在数据透视表中计算总爆发指数

> **提示** 该方法在营销渠道众多的场景下非常适用,因为当面对几十甚至上百及以上个渠道的数据时,无法通过肉眼观察的方式直接找到爆发力强的渠道。同时,如果要兼顾变化量和变化率两个维度,人工观察的方式几乎很难实施。

### 3.3.5 知识拓展:如何评估未投放渠道的流量爆发力

基于已有的投放结果比较容易判断营销渠道的流量爆发力,但在面对新的、未曾投放的渠道时,如何判断其是否存在爆发力并得到爆发力的预期?这里提供三个思路供读者参考。

- 基于行业内资源的投放预估。在这种模式下,即使自身没有投放,营销管理者也可利用自身在营销圈子中的资源,了解其他企业投放时的大体效果,并作为自身投放的初步判断依据。例如与圈子资源沟通,通过了解圈子内部投放的 X 渠道在双 11 期间的流量情况,可以预估与企业自身哪些渠道比较类似,作为后续营销合作参考。
- 基于渠道相似度的预估。在本书的第 7 章中会提到如何判断不同渠道的相似度,此时可基于新渠道与已有渠道的相似程度,预估爆发情况。
- 基于测试性的投放的预估。有些渠道允许在正式合作之前进行测试性的投放,企业可在此期间内了解流量的爆发情况。关于测试性投放的更多内容,请见 4.6 节。

## 3.4 预测付费渠道效果并进行 KPI 管理

付费渠道投放执行前,必须制定相应的 KPI,以便于统筹所有渠道达成整体目标。同时,有费用投入必有效果评估也是营销活动执行的基础,而 KPI 则是效果评估的最好标准。

### 3.4.1 付费渠道效果预测概述

在营销部门拿到预算后,通常需要根据预算预测能带来的流量结果,该结果将作为营销活动的目标甚至 KPI,也可能作为营销部门绩效考核以及评级的基础参考。由于广告费用主要影响付费广告,因此本节讨论的渠道集中于硬广告、信息流、SEM、MCN、会员和 CPS 类渠道。

本节提到的结果主要是流量规模,例如每日 UV、会话数等,原因是流量规模效果是营销渠道的第一 KPI,且只有营销渠道对流量规模负责。除了流量规模外,目标转化、

ROI、订单转化率、销售额等是企业所有部门共同负责。因此，如果流量规模不到位，营销渠道是唯一被问责的部门；而如果后续转化不到位，则企业各部门一起被问责。

### 3.4.2 不同付费渠道预测的差异点

对于付费渠道来说，广告费用对流量效果的影响是直接且显著的，只要有费用投入，流量就会涨起来。但对不同渠道来说，广告费用对流量效果的影响具有极大的差异。以每日 UV 为例，分析如下。

- 硬广告受广告费用的影响最显著，这种影响几乎是核心且唯一的。
- 信息流和 SEM 受限于人群定向和账户配置等，流量效果的反馈不够直接，甚至可能会导致广告预算的增长不能带来流量增长的情况。
- 会员、CPS 对每日 UV 的贡献有限，会员渠道除了通发广告外，其他情况基本上都属于每日 UV 量与目标发送量呈正比，而与广告费用关系比较小。CPS 则是相对稳定的状态，广告费用主要在返佣上，企业除了主动提升佣金外，一般无法主动反向增加 CPS 的广告费用。
- MCN 在每日 UV 的表现上与广告费用几乎没有直接关系，其广告费用主要集中在合作费、服务费以及返佣上，且直播类的流量也都沉淀在主播所在的平台，而非企业站点上。

> 提示　即使在以交易为主的合作模式中，MCN 销售也是在第三方平台上直接完成曝光、引流、交易的闭环流程，很少有流量直接从第三方平台流转到企业自主站点。因此流量贡献与订单销售不在企业自身渠道中，也就没有直接且显著的流量。

综合来看，各渠道在每日 UV 上受广告费用的影响程度的大小排名为：硬广告>信息流≥SEM>CPS>会员≥MCN。

### 3.4.3 通过回归方法预测流量效果

本节我们将通过广告的实际营销费用与 UV 数据来建立回归模型，并找到二者的关系。本小节的数据见本书数据资源中 Excel 文件"第 3 章"的 3-4。

选中要预测的两列数据（营销费用和 UV），点击图 3-12 中②的弹窗下拉图形窗口，选择③中的散点图，之后会弹出④中的散点分布图结果。

通过图 3-12 的散点图，大体可以看出两列数据之间的关系。二者呈现较强的线性关系，即费用增加，UV 增加，费用减少，UV 减少。在散点图中选择任意数据点，点击鼠标右键，在弹出的菜单中选择"添加趋势线"。如图 3-13 所示，当添加完趋势线后，散点图中会出现一条拟合趋势线。

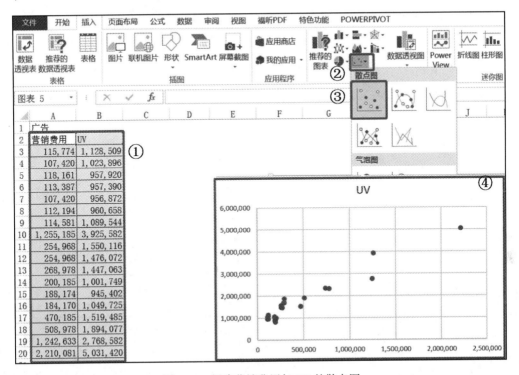

图 3-12　新建营销费用与 UV 的散点图

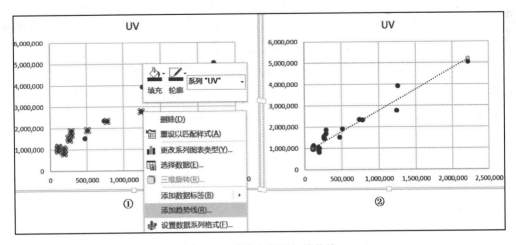

图 3-13　为散点图添加趋势线

在添加趋势线时，默认添加的趋势线类型是线性。将右侧的配置菜单向下拖动，找到其中的"显示公式"和"显示 R 平方值"并勾选，如图 3-14 所示。

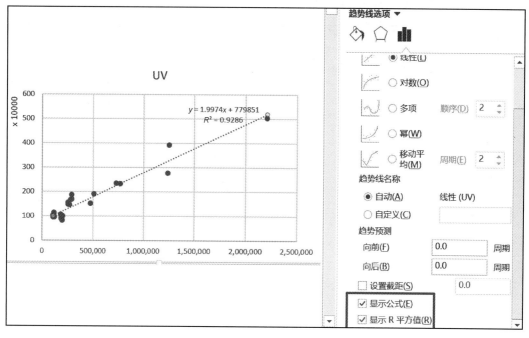

图 3-14　配置线性趋势

勾选"显示公式"后，图中出现了 $y=1.9974x+779851$，公式中的 $y$ 是 UV，$x$ 是营销费用。勾选"显示 R 平方值"，图中出现了 $R^2=0.9286$，$R^2$ 表示营销费用对 UV 通过 $y=1.9974x+779851$ 进行预测时的拟合程度。$R^2$ 越大越好，其最大值为 1。$R^2=0.9286$ 表示通过营销费用预测 UV 的模式的可信程度非常高。

基于 $y=1.9974x+779851$，可以推算在不同营销费用下可能获取的 UV 数，例如：

❑ 当营销费用 $x$ 为 200000 时，$y=1.9974x+779851=1179331$；

❑ 当营销费用 $x$ 为 400000 时，$y=1.9974x+779851=1578811$。

### 3.4.4　预测模式的可解释性与限制性

上节通过 Excel 得到的 $y=1.9974x+779851$ 是一个线性公式，也即一元一次方程式。该方程式说明，营销费用每增加 1 块钱，UV 就增加 1.9974（一次项的系数），因此费用与 UV 的关系一目了然。但二者关系成立需要具备一定的条件。

**条件 1：比较高的拟合度**

通过 $R^2$ 来判断，一般意义上 $R^2>0.8$ 是比较好的拟合，说明了费用能解释 UV 的主要变化因素；如果 $R^2$ 比较低，说明除了费用外，还有其他因素对 UV 的影响比较大，只是由于没有出现在回归模型中，所以无法具体解释。

**条件 2：基于历史数据的推算**

在本节提到的案例中，营销费用的最大值和最小值分别为 2210081、107420。因此，要预测的费用数据必须在这个区间才能保证推算结果是可信的，若数据超出该区间，因为没有在历史数据集中，模型将不知道到底数据会怎样。换句话说，预算低于历史数据最小值或大于历史数据最大值时都无法保证推算结果的可靠性。

### 3.4.5 知识拓展：如何基于预测结果制定 KPI

在预测应用时，需要将营销费用及预测得到的结果拆分到月以及日粒度。表 3-10 为某企业某年份上半年的营销费用与 UV 目标。

表 3-10 全站上半年营销费用与 UV 目标

| 月度 | 达成 UV（单位：万） | 冲刺 UV（单位：万） | 终极 UV（单位：万） | 费用 |
|---|---|---|---|---|
| 1 月 | 7 231 | 7 231 | 7 231 | 2 995 |
| 2 月 | 7 128 | 7 128 | 7 128 | 2 850 |
| 3 月 | 7 991 | 8 710 | 9 416 | 3 600 |
| 4 月 | 8 776 | 10 000 | 10 833 | 3 900 |
| 5 月 | 10 345 | 11 166 | 12 097 | 4 500 |
| 6 月 | 11 914 | 13 077 | 14 167 | 5 100 |

表 3-10 中的数据解释如下：
- 达成 UV 即通过预测模型得到的结果并做微调后的指标，该指标为保底完成的目标；
- 冲刺 UV 为基于保底指标略微提升一些的进阶目标，如果完成，则有额外的绩效奖励；
- 终极 UV 为更高一层的目标，该目标的完成度最大，如果完成，绩效将加倍体现。

三个目标的实现难度从易到难，同时在涉及日期或月份调整时，需要结合业务经验，而不能完全看数据本身。例如：
- 1 月份和 2 月份为中国农历一年中的收尾阶段，所以流量的冲刺和提升较为困难；
- 从 3 月份返工开始，流量复苏，提升，但该月份内略有提升，幅度不能太大；
- 5、6 月份既有节日又有行业年度大庆（618），流量自身增长具有更大潜力，因此目标提升更高。

## 3.5 预测直接输入与 SEO 效果并设置合理预期

直接输入和 SEO 虽然没有直接营销费用投入，但作为企业整体流量的重要组成部分，对于企业目标达成也起到较大的作用。预测直接输入和 SEO 的效果并设置合理预期，也是达成企业目标的重要保障。

### 3.5.1 直接输入与 SEO 效果预测概述

直接输入流量几乎没有任何抓手，只能等着用户自己来访问网站。SEO 流量的提升依赖于每日的计划性工作，但其流量的增长需要前期大量的工作积累，因此几乎很难量化每日的工作对 SEO 的流量贡献到底有多大。

在制定营销目标时，直接输入和 SEO 这类免费渠道也是企业流量的重要组成部分，因此需要通过一定的方式来预测特定日期下的流量规模。对于这类没有明确可控因素或业务抓手能对流量产生显著影响的渠道，可以通过时间序列的方式进行预测管理。

### 3.5.2 通过加权移动平均方法预测未来流量

本节以直接流量预测为例说明该过程，数据见本书数据资源中 Excel 文件"第 3 章"的 3-5，使用的时间序列方法为加权移动平均方法。

加权移动平均方法的思路：时间序列中的每个时间点的值，只跟其前面特定 $N$（$N$ 可自定义）个时间点的值有关，过去 $N$ 个时间点的值可通过权重来调整其重要性。以数据资源中 Excel 文件的数据为例，选择最近 3 天（此时 $N=3$）数据推测当天的值，设置过程如图 3-15 所示。

图 3-15 设置加权移动平均

9/4 当天的结果值只与 9/1（$t-3$，即从 9/4 开始向前推 3 天）、9/2（$t-2$，即从 9/4 开始向前推 2 天）、9/3（$t-1$，即从 9/4 开始向前推 1 天）有关。这三天的权重分别是 0.9、1、1.2（图中①），意思是离计算当天越近，其权重越高。在 C5 格中（9/4 当天的值）输入公式：=SUMPRODUCT(B2:B4,$F$2:$F$4)/3(图中②)。这里使用了SUM-PRODUCT 函数来实现加权求和，其中 B2:B4 为过去 3 天的数据，$F$2:$F$4 为过去三天的权重。这里的$用于固定权重的值，防止下拉填充公式时发生权重指向变化。最后除以 3 得到均值。

通过图 3-16 所示折线图对比预测值与实际值的差异。先选择 B、C 两列（图中①），点击顶部菜单栏中的"插入"，选择折线图（图中②和③），最后会弹出 UV 和预测 UV 的折线图（图中④）。

从图 3-16 中看出，预测值与实际值虽然在各个时间点上的数据有差异，但从整体数据走势来看还算比较一致。通过这种简单的方法能达到这个程度已经算是比较不错了。

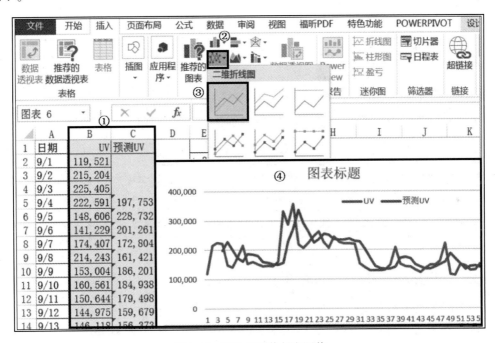

图 3-16　对比预测值与实际值

 提示　除了肉眼观察时间序列的预测值和实际值的差异外，我们其实还有很多科学且严谨的论证方法。例如，在回归和时间序列中，可以使用 MRE、MSE、RMSE、$R^2$ 等指标来评估模型结果的拟合程度。这些指标对运营人员来说可能过于学术化了，但笔者仍然提供了对应的结果供有深入学习需求的读者参考：去除了 9/1 和 9/2 的结果后，实际值与预测值的 $R^2$ 为 0.36359937573132，MSE 为 2226599290，RMSE 为 47186.85505，MRE 为 19.19939121。

如何用该方法预测未来的流量？

假设要预测表中 10 月 28 日的值，只需向下拉动单元格填充公式或者手动输入公式 =SUMPRODUCT(B56:B58,$F$2:$F$4)/3 即可，得到 10/28 的值为 123640。

如果要实现更多时间序列项目的预测，由于未来的项目都依赖于前序项目，因此需要先将 C 列上的值复制到 B 列，然后在 C 列填充公式即可。例如要预测 10/29 的值，依赖于 10 月 26 日、10 月 27 日、10 月 28 日三天的值，此时 10 月 28 的值（B59）可通过预测值（C59）获取，如图 3-17 所示。

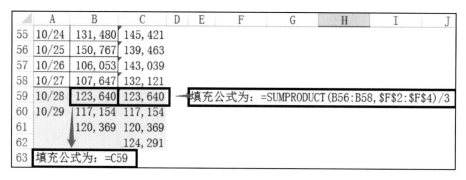

图 3-17 预测新的值

 提示　由于加权移动平均方法只是简单的时间序列方法，因此对极值的预测能力较弱。同时，该方法不适合于预测未来时间项较多的场景，例如在以天为单位的应用中预测未来 20 天时，预测项目过多会导致误差越来越大。

### 3.5.3　知识拓展：自动 ARIMA 在预测中的应用

普通的时间序列方法（例如移动平均、指数平滑等）由于逻辑简单，无法针对复杂的时间序列进行建模。这里推荐大家了解 ARIMA（AutoRegressive Integrated Moving Average model，自回归积分滑动平均模型）算法，这是一种常用的时间序列模型，对带有季节性、时间趋势、周期性等类型的数据具有良好的拟合能力，在大型项目中经常使用且效果非常好，例如预测 GDP、股票走势等。

在 ARIMA 应用过程中，会涉及 P、D、Q 三个核心参数值的配置，这对于使用者的经验和能力要求较高。幸运的是，很多工具都提供了自动化的 ARIMA 优化工具库，例如 Python 和 R，感兴趣的读者可以了解 R 中的 auto.arima 以及 Python 中的 pyramid.arima。

## 3.6 基于多因素限制的目标最大化的预算分配

在考虑渠道的预算分配时,企业会综合考虑多种影响和限制因素,以便于找到平衡点并做出合理决策。

### 3.6.1 预算分配概述

在总体营销预算审批通过后,下一步需要将预算分配到不同的营销渠道。由于营销预算是一个大范畴,可能涉及整个营销部门;除了产生流量的效果渠道外,还会包括公关、品牌性推广、线下活动、分公司营销支出、第三方平台的营销活动(例如天猫、京东)等营销费用支出。

在本节中,预算分配仅涉及在企业站点上产生流量(及后续转化)的渠道,其他渠道不在此范围内。

### 3.6.2 预算分配时的主要限制性因素

在分配营销预算时,业务方往往会从不同角度考虑预算分配问题,具体包括如下几个方面。

- 固定合作的渠道。固定合作的渠道无法根据营销活动改变合作节奏,也就无法调整预算。例如按季度的合作,预算调整至少要等到季度合作结束后。
- 品牌性的渠道。对企业品牌或关键认知有主要贡献价值的渠道,基本也是每次营销的必投渠道,几乎没有"可选空间"。
- 目标导向。需要考虑不同的营销目标以及不同渠道对目标的贡献。
- 兼顾其他目标。如果只基于单一目标,那么每次只需要投放在单一指标上表现最好的渠道即可。但这样做的弊端是在片面追求单一目标提升时,可能会导致其他指标的下降,这对企业来讲也是无法接受的。
- 其他考虑。除了基于公司利益、业务目标的考虑外,营销负责人可能还会有其他考虑,例如个人喜好、历史经验、返点、个人利益等,在此不做深入讨论。

流量渠道在做预算分配时,大多数情况下会以 UV 或会话数为核心指标(对流量规模 100% 负责),然后综合参考 UV 成本(或会话成本)、整体转化率、ROI 等。也就是说,营销渠道既要保证一定的流量规模,也要保证成本别太高、转化别太差。

### 3.6.3 通过规划求解实现多因素约束下的目标最大化

本节说明如何实现多因素约束下的目标最大化,数据见本书数据资源中 Excel 文件

"第 3 章"的 3-6。

本案例将借助于 Excel 中的规划求解功能。如果读者之前未启用该功能,请按图 3-18 启用。

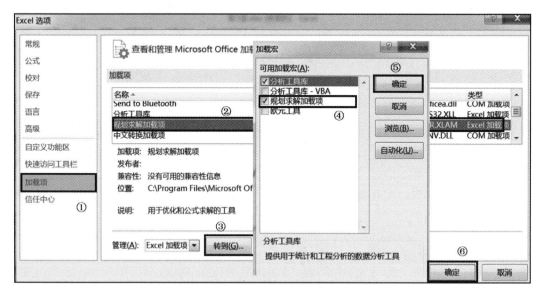

图 3-18 启用规划求解功能

点击 Excel 左上角的"文件",在左侧菜单中点击"选项",之后按照图 3-18 所示的流程操作即可。先点击"加载项"(图中①),在右侧项目中选择"规划求解加载项"(图中②),并点击"转到"(图中③);之后会弹出一个新的"加载宏"窗口,在窗口中勾选"规划求解加载项"(图中④),然后点击确定(图中⑤);回到刚才的加载项之后,再次点击确定(图中⑥)。

完成上述操作后,Excel 中的"数据"菜单下会出现一个"分析"模块,其中包含规划求解等功能模块,如图 3-19 所示。

图 3-19 Excel 中的规划求解模块

在实际营销预算分配中,主要控制的是硬广告(最主要的预算项)、信息流和 SEM 的预算,而其他营销渠道在预算中的份额较低,且真正对流量规模的贡献小,因此这里不做讨论。本案例的场景是,营销部门有 300 万预算,需要在通过合理的分配实现 UV

最大化目标的同时,满足如下条件:

- 硬广告是目前在合作的固定渠道(CPD 模式),大概有 80 万,这部分预算不能少;
- 信息流在已经合作的媒体上,预算不能低于 60 万;
- SEM 在品牌区、核心品牌词等的覆盖以及再营销上,需要预留 40 万预算;
- 根据历史投放数据,三个渠道的总 UV 订单转化率不能低于 0.9%(否则片面追求 UV,转化率无法保障,企业内部无法交代);
- 总 UV 成本不能高于 0.7,否则营销的本职工作就没做到位。

上述条件是营销部门在预算分配时经常遇到的"基本要求",下面通过规划求解来解决该问题。

**第一步　根据上述规则定义求解的条件**

具体规则和说明如表 3-11 所示。

表 3-11　规划求解条件

| 限制条件 | 上　限 | 下　限 | 说　　明 |
| --- | --- | --- | --- |
| 总营销预算 | 300 | | 上限表示各个渠道的费用总额的最大值 |
| 硬广告预算 | 200 | 80 | 80 万的预留费用是必须项,因此设为下限值;而在总体 300 万内,信息流和 SEM 分别需要预留 60 万和 40 万,因此实际最多只剩下 200 万预算作为上限 |
| 信息流预算 | 180 | 60 | 60 万的预留费用是必须项,因此设为下限值;而在总体 300 万内,硬广告和 SEM 分别需要预留 80 万和 40 万,因此实际最多只剩下 180 万预算作为上限 |
| SEM 预算 | 160 | 40 | 40 万的预留费用是必须项,因此设为下限值;而在总体 300 万内,硬广告和信息流分别需要预留 80 万和 60 万,因此实际最多只剩下 160 万预算作为上限 |
| 总转化率 | | 0.90% | 根据条件,最低转化率为 0.90% 作为下限值 |
| 总 UV 成本 | 0.7 | | 根据条件,最高成本为 0.7 作为上限值 |

 注意　营销预算的单位为万,后续在公式中需要进行转换。

**第二步　根据历史数据统计每 UV 成本和订单转化率**

每 UV 成本是数据评估的基本指标;订单转化率则是以 UV 为基础,是统计订单量与总 UV 的比例。统计完成之后,会得到如表 3-12 所示的数据。

表 3-12　每 UV 成本和 UV 订单转化率

| 渠道 | 每 UV 成本<br>（公式：营销预算/UV） | UV 订单转化率<br>（公式：订单量/总 UV） |
| --- | --- | --- |
| 硬广告 | 0.55 | 0.42% |
| 信息流 | 0.88 | 1.89% |
| SEM | 1.02 | 2.20% |

**第三步　将上述目标、规则条件以及历史数据输入 Excel**

如图 3-20 所示，在 Excel 中输入如下信息。

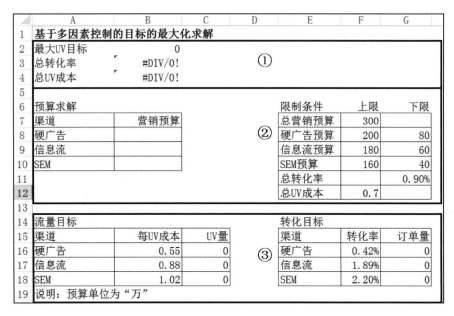

图 3-20　Excel 中输入的信息

图 3-20 中区域①为目标输出区域，包括三个目标：最大化 UV 目标必须为公式，这里输入=SUM(C16:C18)，含义是硬广告、信息流和 SEM 的 UV 量的总和；总转化率的公式为=SUM(G16:G18)/B2，含义是通过将区域③中的三个渠道的订单量之和除以最大化 UV 目标计算整体转化率；总 UV 成本是三个渠道所有费用/UV 的值，公式为=SUM(B8:B10)*10000/B2。

 提示　对于通过比例得到的值，必须先把分子和分母各自求和之后再计算比例，而不能直接使用各个单独比例指标求均值。该逻辑适用于访问深度、跳出率、转化率、平均订单金额、客单价等指标。

区域②为预算求解的输出和条件控制区域。左侧的营销预算空白区域会通过规划求解的结果自动填充，暂时留空即可；右侧是限制性条件，具体规则与表3-11一致。

区域③为具体细分区域，用于辅助目标计算。左侧流量目标中的每UV成本与表3-12一致，UV量通过公式计算得到，计算逻辑为营销预算/每UV成本。以C16硬广告的UV量为例，其公式为=B8*10000/B16（其中10000表示原来的数字以万为单位）。右侧转化目标中的UV订单转化率与表3-12一致，订单量通过公式计算得到，计算逻辑为UV量*UV订单转化率。以G16硬广告的订单量为例，其公式为：=C16*F16。

**第四步　规划求解**

该步骤是整个案例的核心。点击"数据"→"规划求解"，在弹出的窗口中做如图3-21所示配置。

图3-21　规划求解配置

在图3-21中的①设置目标中选择单元格为$B$2，即最大UV目标的值单元格，该单元格必须是一个公式；"到"对应优化方法，本案例的目标是UV最大化，因此选择"最大化"。

图中的②"通过更改可变单元格"代表的是通过改变哪些单元格的值来优化目标，本案例改变的是营销预算，因此输入或选择$B$8:$B$10，表示改变硬广告、信息流、

SEM 三者的营销预算的值对应的三个单元格。

图中的③是规划求解的条件约束区域。其中的\$B\$10<=\$F\$10 和\$B\$10>=\$G\$10 表示 SEM 的营销预算的值根据约束条件中的 F10 和 G10 进行上、下限控制，即 SEM 的营销预算≥40 万且≤160 万；同理\$B\$8<=\$F\$8 和\$B\$8>=\$G\$8 以及\$B\$9<=\$F\$9 和\$B\$9>=\$G\$9 分别表示硬广告的营销预算≥80 万且≤200 万、信息流的营销预算≥60 万且≤180 万。其中的\$B\$3>=\$G\$11、B\$4<=\$F\$12 分别表示总转化率≥0.90%、总 UV 成本≤0.7。其中的 F73>=\$B\$8+\$B\$9+\$B\$10 表示三个渠道的营销费用之和必须≤总预算 300 万。通过右侧的功能可增、删、改对应的条件。

图中④表示选择求解方法为"演化"。除了演化方法外，还有非线性 GRG、单纯线性规划方法。

**第五步  获得规划结果**

完成上述配置后，点击"求解"，即 Excel 开始执行求解过程。该过程根据电脑配置差异，可能耗时几秒到十几秒。求解结果如图 3-22 所示。

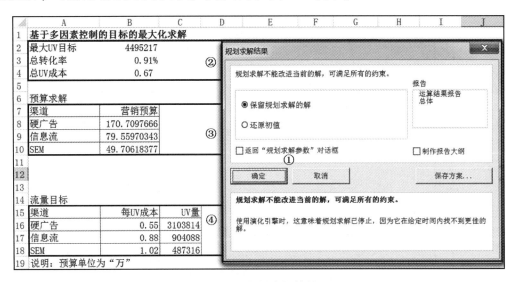

图 3-22  规划求解结果

如图 3-22 所示，先点击图中①的"确定"按钮，关闭对话框并保留规划求解结果。②表示求解得到的最大化 UV 值为 4495217，同时得到的总转化率和总 UV 成本分别是 0.91%和 0.67，满足约束条件中的总转化率不低于 0.9%且总 UV 成本不高于 0.7 的要求。③显示了三个渠道各自的预算。④显示了对应预算和每 UV 成本下的预计 UV 量。

由此，我们在基于各自渠道预算的上下限预算范围、总 UV 成本和总转化率的条件下，得到了最大化的 UV 量以及对应到各个渠道的预算分配值。完整数据结果见附件

Excel "第 3 章"中的 3-6。

### 3.6.4 应用目标最大化规划求解的限制性条件

在上述应用过程中，我们有几个隐含的条件或因素。

**1. 过去数据的不可靠性**

根据历史统计的 UV 成本以及转化率仅是一个历史均值数据。我们都知道，当 UV 规模不同时，对应的 UV 成本和转化率很可能会发生变化。因此这里使用了"恒定"的标准来预估，可能存在一定程度的对未来数据的"不可靠性"。

**2. 可变因素对目标的绝对影响力**

通过营销预算（可变因素）来控制 UV（目标）的场景，适用于预算是 UV 的主要影响因素的渠道。案例中预算对硬广告几乎是 100% 直接影响；对信息流和 SEM 的影响程度大概占 60%~70% 左右，剩下的则受到其他非预算因素的影响。但总体来看，这个前提基本成立。

**3. 费用能花出去**

在预算对 UV 的影响中，渠道中的预算必须能"花出去"，不能存在渠道的营销预算有任何限制导致无法投放的影响。例如本书提到的 SEM 在 300 万范围内暂时不会触达流量天花板，但更多费用（例如 1 亿）则可能会触达流量天花板。会员针对不同营销活动等渠道上也可能存在"花不出去"的情况。例如企业有 100 万个老会员，每个老会员的平均 UV 成本为 0.5 元，那么即使该企业针对所有的老会员进行广告投放，那么最高费用是 50 万；这时即使有更高的预算也无法在该次广告活动内全部用完，除非增加新的广告活动、增加接触频次、扩大人群规模等。

### 3.6.5 知识拓展：规划求解的其他应用场景

规划求解属于运筹学求解问题，求解目标的导向有三个：目标最大化、目标最小化以及固定值。

- 目标最大化：如本案例中提到的，通过营销预算分配找到最大 UV；还有通过预算分配达成拉新的营销目标、通过定价控制实现利润最大化等。
- 目标最小化：例如物流配送中，根据各物流车以及商品情况找到最少的运输车次；在一个网络化场景中（例如路网），找到从 A 点到 B 点的最短路径等。
- 固定值：例如从历史所有发票中，通过发票金额的累加，找到与本月的核销金额发票总和相同条件下的发票；还有著名的鸡兔同笼，分析有多少只鸡多少只兔等。

规划求解广泛应用于各种以规划、策划为目标的最优化场景中，感兴趣的读者可以进一步了解规划求解的应用方法和其他知识。

## 3.7 基于用户行为模式的渠道组合管理

渠道组合管理是营销策略的重要构成，它能将多个渠道的不同价值特征组合起来并发挥 1+1>2 的效果。

### 3.7.1 用户访问行为的渠道概述

在做渠道组合投放管理时，也可以从用户的实际访问行为中获得启发，尤其是在考虑少量渠道的组合应用时非常有效。

例如用户经常在从渠道 A 进入网站后，再从渠道 B 进入网站，那么渠道 A 和 B 之间可能具有用户先后序列访问的行为模式，基于此规律，可以考虑二者组合投放，这是一种行之有效的投放组合策略。

### 3.7.2 如何识别用户访问的来源渠道

识别用户访问的来源渠道的方法通常有两种，分析如下。

第一，根据每次用户进入网站中服务器日志的"引荐信息"获得，其中包含的引荐 URL 信息可用于识别流量来源。默认情况下，无须对这部分流量做额外特殊跟踪，网站分析工具能自动监测流量来源。该方法主要用于免费流量（包括直接流量、SEO、普通引荐）的识别。下面的服务器日志中显示了该流量来源于搜狗搜索（SEO），其中带有下划线的代码部分即引荐来源信息：

```
222.205.124.49 - - [07/Nov/2020:20:32:00 +0800] "GET /blog/% E6% A0% B8% E5%
AF% 86% E5% BA% A6% E4% BC% B0% E8% AE% A1kernel-density-estimation_kde/HTTP/
1.1" 200 14337 "https://www.sogou.com/link?url=DSOYnZeCC_rOa9S9HGoZlgS
_1AKqQSICX_fU-xPzM98XFyFUQtznX-irV7zLx_4TVerovoi_5RVaVBc3qzl
RJKXi4p8rCD0I11FvEOmdAJO9-SoJmoYjj9bUAynT_xcgQtTisceZxUbk." "Mozilla/5.0
(Windows NT 10.0; WOW64) AppleWebKit/537.36 (KHTML, like Gecko) Chrome/72.
0.3626.81 Safari/537.36 SE 2.X MetaSr 1.0"
```

第二，根据站外 URL 的参数标记实现来源跟踪，这是监测站外付费广告投放的标准实施方法。该方法需要广告投放人员在站外的广告着陆页链接中进行特殊参数标记。以某网站的百度品专投放链接为例，其着陆页 URL 中使用了 utm 参数标记来源渠道、媒介、广告活动、关键字等信息：

```
https://www.jd.com/?cu=true&utm_source=baidu-pinzhuan&utm_medium=
cpc&utm_campaign=t_288551095_baidupinzhuan&utm_term=0f3d30c8dba
7459bb52f2eb5eba8ac7d_0_98bbf2df7907480cbc3409708bf3b4d8
```

当上述自定义标记完成并有流量进入网站后，在网站分析工具中可以看到如图 3-23 所示的渠道流量报告。该报告在 Google Analytics 中的"流量获取"→"所有流量"→"渠道"中，主要维度是"来源/媒介"，其中包含付费流量（例如 google/cpc、facebook/ocpm 等）和免费流量（例如（direct）/（none）、google/organic）。

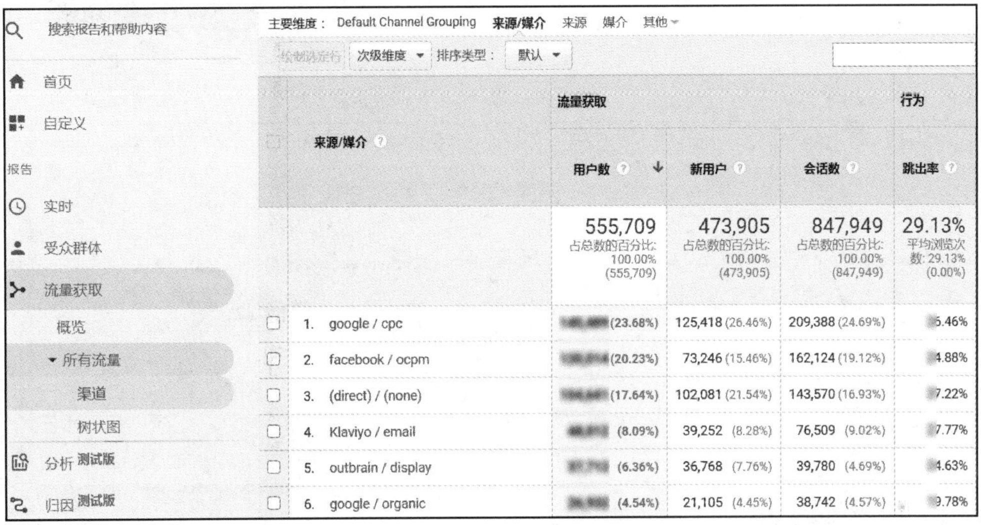

图 3-23  Google Analytics 中的渠道流量报告

### 3.7.3  通过序列关联模式挖掘渠道组合策略

本案例以 Google Analytics 的流量数据为例，分析其中是否存在较强的渠道组合模式。该案例基于 Python 的第三方库 prefixspan 实现。有关 Python 环境的准备以及本书数据资源压缩包的配置，请见附录 B。

点击图 3-24 中的①"Anaconda Powershell Prompt（Anaconda3）"，在新打开的 shell 窗口中，输入"pip install prefixspan"来通过 pip 方法安装 prefixspan 库，安装完成后会出现"Successfully"字样；再点击②"Jupyter Notebook（Anaconda3）"在浏览器中进入 Jupyter 环境。

按照附录 B.1 将压缩包解压到 C:\Users\Administrator 目录的配置完成后，会出现如图 3-25 所示的"流量数据化运营_附件"入口，点击进入目录会出现具体的文件列表，然后点击"第 3 章.ipynb"查看本案例代码及执行结果。

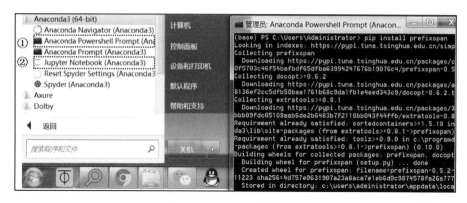

图 3-24　Jupyter 程序入口

图 3-25　Jupyter 中的本书数据资源入口

Python 实现过程具体如下。

**第一步　导入库**

```
from prefixspan import PrefixSpan                                    #①
import pandas as pd                                                  #②
```

代码①导入 prefixspan 中的 PrefixSpan 方法，该方法用于实现序列模式的挖掘。代码②导入 pandas 库并指定别名为 pd，后续使用 pd 来代替 pandas 实现数据处理。

**第二步　读取数据**

```
df = pd.read_excel('第 3 章 .xlsx',sheet_name='3-7')                 #①
print(df.head())                                                     #②
print(df.info())                                                     #③
```

代码①使用 pandas 的 read_excel 方法，从第 3 章 .xlsx 中名为 3-7 的工作簿中读取所有数据。代码②使用 print 方法打印读取结果，df.head 方法默认展示前 5 行结果。打印展示的目的是查看数据是否读取正常，包括字段是否正常识别、中文是否有乱码、值是否正确等。经过查看如下结果，确定数据读取正常：

|   | CookieID | 时间戳 | 渠道类型 | 渠道 |
|---|---|---|---|---|
| 0 | 2234102182402625 | 2013-05-22 05:14:12 | sem | baidu |
| 1 | 2227486864700747 | 2013-05-25 16:30:02 | dh | hao123 |
| 2 | 2360671593636464 | 2013-05-27 03:00:00 | snm | weibo |
| 3 | 3007709982402625 | 2013-05-25 10:58:41 | bd | 360 |
| 4 | 1842085682402625 | 2013-05-27 12:56:14 | sem | baidu |

代码③使用 print 结合 df.info() 方法打印数据框的详细信息，主要用于查看字段类型、缺失值情况等。数据框中共有数据记录 260 条，一共有 4 个字段且都没有缺失值（non-null），CookieID 为数值型（int64），时间戳为日期时间类型（datetime64[ns]），渠道类型和渠道是字符串型（object）。

```
<class 'pandas.core.frame.DataFrame'>
RangeIndex: 260 entries, 0 to 259
Data columns (total 4 columns):
 #   Column     Non-Null Count   Dtype
---  ------     --------------   -----
 0   CookieID   260 non-null     int64
 1   时间戳      260 non-null     datetime64[ns]
 2   渠道类型    260 non-null     object
 3   渠道        260 non-null     object
dtypes: datetime64[ns](1), int64(1), object(2)
memory usage: 8.2+ KB
```

### 第三步　按时间戳排序

该步骤的意义是基于用户的访问时间戳，对来源渠道进行排序。该步骤需要确保时间戳是日期时间类型，而不能是字符串类型，否则无法对用户实际访问渠道进行正确排序。

```
data = df.sort_values(['CookieID','时间戳'],ascending=True)          #①
print(data.head())                                                    #②
```

代码①使用数据框的 sort_values 方法基于 CookieID 和时间戳排序，通过 ascending=True 指定为正序排列，即时间早的值在前面。代码②打印排序后的前 5 条结果如下：

|  | CookieID | 时间戳 | 渠道类型 | 渠道 |
|---|---|---|---|---|
| 205 | 13878050023 | 2013-12-24 00:38:17 | ad | youjian |
| 127 | 13878105793 | 2013-12-24 17:00:26 | cps | yiqifa |
| 77 | 1841745023299541 | 2013-12-25 02:43:58 | sem | baidu |
| 212 | 1841745023299541 | 2013-12-25 19:10:58 | sem | baidu |
| 213 | 1841745023299541 | 2013-12-30 21:58:00 | sem | baidu |

可以看到数据已经正确排序，且当用户出现多个渠道记录时，越早的记录越靠前。

**第四步 将用户的渠道数据从事务性记录格式转换为序列格式**

该模型要求数据的格式必须是基于列表的序列格式，因此需要转换原始事务性记录格式。

```
ids = data['CookieID'].unique().tolist()                                    #①
seq_data = [data[data['CookieID'] == i]['渠道'].tolist() for i in ids]      #②
frequent_seq_data = [i for i in seq_data if len(i) >= 2]                    #③
print(frequent_seq_data[:2])                                                #④
```

代码①的目标是获得所有用户的 CookieID 的集合，先通过 data['CookieID'].unique() 获得用户 CookieID 的唯一值，并通过 tolist() 方法转换为列表格式。代码②的目标是获得所有用户访问渠道的序列集合，通过列表推导式，将每个用户的所有渠道数据取出来并转化为列表格式，由此形成列表嵌套。其中，外层列表为所有用户的集合，内层列表是每个用户访问渠道的序列集合。data[data['CookieID'] == i]['渠道'].tolist() 的含义是从 data 数据框中将 CookieID 等于 i 的用户的渠道过滤出来，然后转换为列表格式，其中 i 是 for 循环获得的每个用户的 CookieID 值。代码③的目标是将访问了超过 2 个渠道的列表保存下来，以降低后续计算量并提高运行效率。该过程通过列表推导式实现。在列表推导式中，通过 for 循环遍历每个子列表（用户访问渠道列表），将访问渠道数量≥2 的保存下来。代码④打印处理后的列表的前 2 条记录：

```
[['baidu', 'baidu', 'baidu', 'baidu', 'baidu'], ['baidu', 'baidu']]
```

结果中的第一个列表 ['baidu', 'baidu', 'baidu', 'baidu', 'baidu'] 表示用户 A 先后 5 次都从 baidu 进入网站；第二个列表 ['baidu', 'baidu'] 表示用户 B 先后 2 次都从 baidu 进入网站。用户 A 和用户 B 为两个不同的用户。

**第五步 建立序列模型并查找规则**

该步骤实现序列模式的提取和挖掘，从中提取用户频繁访问的渠道规则。

```
ps = PrefixSpan(frequent_seq_data)                                          #①
ps.maxlen = ps.minlen = 2                                                   #②
```

```
top_rules = ps.topk(100)                                                    #③
print(top_rules[:4])                                                        #④
```

代码①通过 PrefixSpan 建模序列挖掘模型对象 ps。代码②通过 ps 的 maxlen 和 minlen 设置挖掘频繁项集时项目的数量为 2，这样做的目的是只分析 2 个渠道之间的相互关系，而把超过 2 个渠道的规则去掉。例如 ['360', 'kongque'] 中的项目为 2 个，而 ['360', 'kongque', 'hao123'] 中的项目为 3 个，由于前者是后续的子集，因此我们只需要提取子集即可，否则两个集合之间存在规则重叠关系。代码③使用 ps 的 topk 方法提取最频繁的前 100 个序列关联规则。代码④打印输出前 4 个结果：

```
[(9, ['baidu', 'baidu']), (7, ['360', '360']), (7, ['360', 'kongque']), (7, ['kongque', '360'])]
```

top_rules 中的每个规则结果都包含三个要素。以 (9, ['baidu', 'baidu']) 为例，这是一个元组，元组的第一个元素是支持度，第二个元素是由前项和后项组成的规则。支持度越高，说明规则本身越频繁，也就意味着有越多的用户习惯于通过这两个渠道先后进入网站。

### 第六步　将数据转换为数据框

鉴于上述列表格式不便于查看和处理数据，我们将其转换为数据框。

```
rules = [[i[0], i[1][0], i[1][1]] for i in top_rules]                       #①
sequences = pd.DataFrame(rules, columns=['SCORE', 'ITEM1', 'ITEM2'])        #②
sequences = sequences.sort_values(['ITEM1','SCORE'], ascending=False)       #③
sequences['SCORE_RATE'] = sequences['SCORE']/len(frequent_seq_data)         #④
sequences.head()                                                            #⑤
```

代码①中将元组的第二个元素（规则）中的前项和后项拆分为单独的元素。代码②使用 pd.DataFrame 建立新的数据框，指定列名为 'SCORE'、'ITEM1'、'ITEM2'。其中 SCORE 为支持度，ITEM1 为前项渠道，即前面出现的渠道，ITEM2 为后项渠道，即后面出现的渠道。代码③使用数据框的 sort_values 方法对 'ITEM1' 和 'SCORE' 排序，通过 ascending=False 指定倒序排列，即支持度得分高的在前面。代码④基于支持度的数值计算规则出现的比率，用于分析不同规则出现的"频率"，这样我们便能从数量和比率两个角度分析规则的有效性；通过 SCORE 除以 len(frequent_seq_data) 得到有效 ID 的数量进而得到结果。代码⑤打印前 5 条记录结果：

|    | SCORE | ITEM1 | ITEM2   | SCORE_RATE |
|----|-------|-------|---------|------------|
| 28 | 5     | youjian | kongque | 0.416667   |
| 54 | 4     | youjian | 360     | 0.333333   |

```
55   4   youjian    baidu    0.333333
56   4   youjian    hao123   0.333333
57   4   youjian    sogou    0.333333
```

由此我们得到序列关联分析结果。在具体名用中，可以按照特定渠道单独筛选其可能的组合渠道，例如通过 print(sequences[sequences['ITEM1']=='baidu'].head()) 打印出可以与百度（前项）一起投放组合的 TOP 渠道，结果如下：

```
    SCORE  ITEM1    ITEM2     SCORE_RATE
0     9    baidu    baidu     0.750000
12    5    baidu    360       0.416667
13    5    baidu    kongque   0.416667
14    5    baidu    yiqifa    0.416667
30    4    baidu    dianxin   0.333333
```

也可以基于 SCORE 的支持度总排名，将支持度最高的渠道组合先拿出来，再做后续投放分析，代码为 print(sequences.sort_values(['SCORE'], ascending=False).head())，得到如下结果：

```
    SCORE  ITEM1     ITEM2     SCORE_RATE
0     9    baidu     baidu     0.750000
2     7    360       kongque   0.583333
3     7    kongque   360       0.583333
1     7    360       360       0.583333
4     6    kongque   kongque   0.500000
```

### 3.7.4 基于用户访问行为的渠道组合策略的限制条件

基于用户访问行为的渠道组合策略依赖于用户的到站和渠道识别，如果用户仅仅在站外产生广告曝光但没有进入网站，那么无法产生流量数据。除此以外，这种行为模式还可能存在以下问题。

**1. 多设备、多浏览器的行为模式的干扰**

例如用户先从手机访问百度进入网站，再从电脑上通过信息流广告进入网站，正常的用户行为模式应该被识别为百度→信息流。但在这个过程中，由于不同设备会生成不同的 Cookie，导致用户的跨设备行为无法直接关联匹配，因此该路径无法形成，在报告中将显示为两个不同的人及其对应的渠道数据。

### 2. Cookie 的失效问题

Cookie 失效是指 Cookie 无法正确工作并识别匿名用户，潜在问题场景包括浏览器禁用 Cookie 跟踪（目前很多浏览器都有该功能）、Cookie 过期（默认每个 Cookie 都有过期时间，超过该时间则会生成新的 Cookie，导致对用户的识别标志发生改变）、用户手动清除 Cookie、特定第三方工具删除或清理 Cookie 及缓存等。

### 3. 企业投放的媒体覆盖度不够

受限于广告预算以及媒体碎片化问题，很多企业无法投放大量的广告媒体并从中获得直接可参考的数据，导致由于覆盖的媒体以及投放数据不够，无法产生有效的序列关联规则。

#### 3.7.5 知识拓展：将渠道组合策略扩展到跨设备领域

在 3.7.4 节提到了多设备、多浏览器的行为模式会干扰序列规则的产生，但企业可以通过激励措施引导用户留下唯一联系信息，实现多个设备信息的 Mapping。典型的唯一信息包括登录 ID（同 CRM 中的用户 ID）、手机号、E-mail、设备 ID（在手机 App 上的 MAC 地址、手机串号等）等。在一定时间内，这些 ID 不会频繁变动，因此只要能获取到这些信息，在企业后台就能建立一个全局用户 ID 来将 CookieID 与这些 ID 关联起来。

在实际数据中，能够获得多个渠道关联 ID 信息的用户量相对总体用户来看占比较少。以登录为例，普通自营电商网站登录用户的比例大概占总访问用户的 10% 左右。但是，我们仍然可以将这 10% 的群体作为典型研究用户，因为这些用户的后续转化价值相对较高（登录用户更具有转化意向），研究这些群体的用户行为模式将更有利于将转化目标（高转化率）与流量目标（渠道组合投放引流）结合起来。

得到了用户跨设备的关联访问路径，就可以在渠道投放组合中产生更多的玩法。例如：将 PC 端流量渠道 A 与移动端的渠道 B 组合，具体策略可能是先在 PC 端投放 3 天渠道 A，然后在移动端投放渠道 B。这样就能将原来局限于相同平台或设备的投放策略延伸到跨设备投放策略上去，这种基于数据的组合投放策略将更利于效果达成。

## 3.8 数据使用注意

数据对于辅助决策至关重要，但并不是所有的数据结果都 100% 有效，并且数据的价值落地仍然需要依赖于业务方经验。

### 3.8.1 数据反映了过去，但不能100%说明未来

基于数据驱动的渠道策略与计划管理，主要依赖于历史投放数据。历史数据能总结历史经验，但在预估未来时，历史经验无法有效应对一些过去没有发生或未曾显示的信息或特征，从而对未来的预估产生偏差。因此数据可以信，但不能100%信。决策时仍然需要将业务经验与数据结论相结合，二者缺一不可。

例如，在预测下一次的营销活动的目标UV时，如果在建模时使用的营销费用在10万~100万之间，那么在预测应用时营销费用在相同区间内的预测结果才可信。如果营销费用不在训练模型的区间内，例如费用为1000或500万，那么训练模型可能失效；原因就是模型没有"遇到"过在1000或500万预算下的情况。

### 3.8.2 滥用数据还不如不用

在数据驱动的过程中，有效的数据结论依赖于数据工作者，需要他既能熟悉数据的产生、加工处理、算法应用，又能对实际业务有相对完整的认识，否则可能会出现数据误导甚至滥用的问题。笔者曾遇到过有些企业内部人员在搞不清楚均值和中位数的区别时就开始数据驱动的情况，这是非常危险的。如果不理解数据，哪怕先不用，也请不要滥用；否则哪怕一次的恶果将可能颠覆到过去甚至未来所有的数据价值。

例如，在营销分析时，如果只看访问量从100万增加到200万，其增加可能包括两种情况：人数的增加（人次没增加）或者人次的增加（人数没增加）。前者可以是人数从100万增加到200万，而每个人来的次数仍然是1；后者可以是人数仍然是100万，但每个人来的次数从1增加到2。如果搞不清楚二者区别，则可能随便得到企业的用户数增加或活跃度增加的结论。

### 3.8.3 业务方也要懂数据

很多企业都有明确的业务分工，数据类工作完全由数据部门承担，而业务部门则聚焦于业务场景和运营本身。但关于业务方到底要不要懂数据的问题，各公司、各岗位都有自己的考虑。从职业发展路径和未来职场竞争力上看，笔者的建议是：要！具体原因包括以下4个方面。

- ❏ 数据价值的落地需要数据方和业务方紧密协作。很难想象懂数据的分析师如何跟不懂数据业务方沟通数据落地，最坏的结果就是各说各话、各做各事。
- ❏ 防止被误导。在实际工作中，数据分析师可能会存在少量对数据的误用、错用甚至滥用的情况。如果业务方不懂数据，被忽悠是正常的事情。事实上，利用信息

不对称来"主导"业务协同在企业中经常发生。
- 自身工作的保障。大型企业中的分析师一般都会组建单独的部门（例如数据分析部），业务部门与数据分析部之间是协同关系。当数据部门的资源紧张时，业务部门的分析诉求就会出现响应不及时、排期甚至被拒绝等问题。如果业务部门有基本的数据能力，那么可以保障基础数据工作的落地，而不用事事都依赖"他人"。
- 数据化运营已经是运营的发展趋势。现在各个企业都在追求数据化运营，要求运营工作者必须懂数据，并做出基于数据驱动的最优决策。这是未来职业成长和竞争的利器。

至于业务方要掌握到什么水平，笔者给出如下建议。对应的详细学习资源，会在3.9节的"外部参考"中给出。
- 必要内容：基础统计分析概念、Excel 常见函数、数据处理、数据透视表、图表，常见网站分析工具（Google Analytics 以及各企业内部工具）报告的使用、指标涵盖和概念。
- 可选内容：数据挖掘算法的应用场景、概念和逻辑（不要求推导），Excel 中的数据分析模块、SPSS Modeler 工具的基本使用（本书会介绍常用且简单的用法）。

业务方的数据技能到底应该掌握到什么程度，这个因人、因场景而异。一般情况下，对于日常的数据拉取、分类汇总、基本清洗和统计分析工作，建议能够自主实现；对于简单的统计分析方法、工具和模型，建议能独立完成项目试验和解读。在此基础上，如果有精力，建议再了解下算法类的内容和工具。

## 3.9　本章小结

**内容小结**：本章介绍的内容主要围绕在营销渠道执行前的策划阶段的场景，涵盖了预算分配、媒体选择、效果预测、渠道组合等常见场景。

**重点知识**：3.2 节虽然简单，但很常用；3.3 节是每个电商企业流量运营时必须考虑的因素；3.4 节的效果预测与目标管理是电商企业的必备技能；3.6 节是预算分配的必要手段。

**外部参考**：这里推荐一些学习 Excel 和 Python 基本工具技能的常用资源。
- 《别怕，Excel 函数其实很简单》《Excel. 2010 数据透视表应用大全》是两本围绕 Excel 的功能介绍，函数和透视表是 Excel 数据处理的两个核心领域。
- 《谁说菜鸟不会数据分析（入门篇）》是以数据分析为视角的书籍，内容简单且基于 Excel 处理。
- Excel Home 是国内最全的 Excel 的学习、研究、交流的论坛，其中不乏精品课程、内容帖子等，各种问题都可以在此讨论。
- 《利用 Python 进行数据分析》，书中对 Python 中用于数据分析的库的讲解略粗，但全书的逻辑体系完整，适合数据分析和挖掘工作者作为入门读物。
- 《Python 数据分析与数据化运营》这是笔者的另外一本书，其中的内容以经验总结为主，适合在具有一定知识基础上做知识提升。

**应用实践**：笔者在数据领域工作超过 10 年，深深地感觉到数据在"事后分析"时的价值，但在最早的决策阶段的参与度仍然不够。希望读者在前期决策时考虑如何与本章的数据场景结合起来，并能真正给流量运营做出贡献。

第 4 章

# 媒体投放与执行管理

媒体投放与执行是营销落地的核心环节,主要工作可以用 5W1H 来概括:动机(Why)、对象(Who)、内容(What)、地点(Where)、时间(When)、方法(How)。其中动机是在第 3 章介绍的策划阶段确定的,这里不再讨论。内容指广告传播的信息,地点指广告传播的触达媒介,时间指传播排期因素,对象指投放人群,方法指具体实施的过程控制。

本章将按照 5W1H 来组织内容,介绍基于 Lookalike 的投放人群管理(对象)、基于用户喜好的投放内容管理(内容)、基于效果的广告触达媒介优选(地点)、广告投放排期因素管理(时间)、着陆页测试与优化以及具体实施过程的其他问题,包括渠道测试性投放、补量、扣量和余量等。本章所有的代码、执行输出及源数据,请见本书数据资源中的 "第 4 章 .xlsx" 和 "第 4 章 .ipynb"。

## 4.1 基于 Lookalike 的投放人群管理

投放人群是营销落地工作的对象。选择"正确"的人群是保障流量效果的关键因素之一。如果投放的人群与营销目标不匹配,无论后续如何运营都无法得到预期结果。

### 4.1.1 渠道投放人群概述

传统的渠道投放人群选择主要基于如下方式。
- ❑ 媒介的全部人群:媒介覆盖的人群即投放人群。
- ❑ 基于规则筛选的人群:通过媒体或营销渠道提供的管理工具,基于人群标签、画像、行为、预算等规则确定投放人群。
- 基于事件驱动的人群：将到达企业站点并达成特定目标的人群作为广告投放人群。
- 基于时间驱动的人群：将过去特定周期达成或未达成特定目标的人群作为广告投放人群，例如将过去 7 天内没有任何行为的流失人群作为渠道召回对象。
- 基于 Lookalike 的人群：基于特定种子用户群体，通过一定的算法模型来找到更多拥有潜在关联性的相似人群的方法，主要包括基于新人群与种子人群的相似度、对新人群预测这两种拓展方法。

上述除了"基于 Lookalike 的人群"的选择方式外，其余都是基于"经验驱动"。其优势是能将业务经验用于投放过程，但劣势在于经验的不可靠性、经验因人而异以及经验与目标之间是否有较强的相关性关系。基于 Lookalike 的方法能最大化降低"人"的不可靠因素的影响，并产生目标驱动的结果，因此大多数情况下投放效果更好。

对渠道进行投放人群管理，需要渠道具备对"一组人"甚至"单个人"进行精细化投放管理的能力。硬广告、MCN、CPS 由于自身渠道特点、合作模式等因素，在人群精细化管理上的应用较少。本节的内容主要适合在信息流、SEM、会员营销等精细化营销场景使用。

## 4.1.2 基于 Lookalike 的 ID 列表实现投放人群管理

通过 Lookalike 方法可以直接提取目标人群的 ID 列表。ID 列表指营销对"人"的识别标识，它可以是用户的注册 ID、手机号、E-mail 或 CookieID 等任意用户唯一标识。当获取到 ID 列表后，企业可通过如下两种方式精准触达用户。
- 企业可通过系统服务、手机号、E-mail、微信服务等方式将广告信息以系统通知、PUSH、消息、电话呼出、短信、邮件等方式推送到用户设备上。
- 当用户在外部广告渠道时，可通过打通企业的网站/App 的 Cookie 与外部渠道的 Cookie，并应用到外部营销网络中，以触达用户，例如 SEM、信息流等。

本案例以网站分析系统（Google Analytics）的流量数据为例，说明如何基于 Lookalike 方法得到目标投放人群的 ID 列表。本案例基于 Python 实现。

**第一步　导入库**

```
import pandas as pd                                              #①
from sklearn.compose import ColumnTransformer                    #②
from sklearn.preprocessing import OneHotEncoder                  #③
from sklearn.preprocessing import MinMaxScaler                   #④
from sklearn.linear_model import LogisticRegression              #⑤
```

```
from sklearn.model_selection import cross_val_score                    #⑥
```

代码①导入 pandas 库，用于数据读取、处理等；代码②导入 ColumnTransformer，用于分别对字符串和数值型特征处理的函数进行组合应用；代码③的 OneHotEncoder 是针对字符串特征的哑编码转换库；代码④的 MinMaxScaler 是针对数值型数据的标准化处理库；代码⑤的 LogisticRegression 是用于建模预测的逻辑回归库；代码⑥的 cross_val_score 用于对逻辑回归进行算法测试和评估，分析模型训练效果的检验库。

第二步　读取数据

```
df = pd.read_excel('第4章.xlsx',sheet_name='4-1',comment='#',nrows=18000)  #①
print(df.tail(3))                                                          #②
print(df.info())                                                           #③
```

代码①使用 pandas 库的 read_excel 方法读取名为第 4 章.xlsx 的数据文件，通过 sheet_name='4-1' 指定读取名为 4-1 的工作簿，comment='#' 设置#为注释行，nrows=18000 设置读取的总数据记录数为 18000（注意不算注释行），而非全部记录。代码②通过 df.tail(3) 输出最后 3 条数据结果。

如下结果显示了读取的数据文件信息，主要查看数据是否正确读取、字段值是否正确、数据是否存在乱码以及格式不正确等。通过结果看出此次读取正常。

```
            fullVisitorId  source    campaign  deviceCategory   cityID  \
17997  3549896342596736743  google   campaign3         desktop    city5
17998  3561274849141557412    bing   campaign6          mobile   city46
17999  9142061396880587298  google  campaign40         desktop  city558

       landingPage    exitPage  newVisits  visitNumber  hits  pageviews  \
17997      details    homepage          0           34   131         13
17998        story     details          0           17     9          4
17999 shoppingcart    homepage          0            5    69         14

       timeOnSite  hour  goalAchieve
17997         297    17            0
17998         207    22            0
17999        1133    12            1
```

该数据中各字段含义说明如下。

❏ fullVisitorId 为 Cookie ID，该 ID 可用于与站外广告渠道（Googel Ads）打通投放。

❏ source：流量来源渠道，通过 utm_source 或 Google Ads 的自动跟踪实现。

❏ campaign：自定义的广告活动，通过 utm_campaign 跟踪实现。

❏ deviceCategory：设备类型，例如 mobile、desktop。

- cityID：城市 ID，基于 IP 地址匹配到的城市 ID 值，这里出于信息保密进行了转换。
- landingPage：着陆页类型，例如 details、shoppingcart 等。
- exitPage：退出页类型，值分布与 landingPage 相同。
- newVisits：是否为新访问，值为 0 或 1。
- visitNumber：总会话次数，即第几次会话。
- hits：会话包含的总请求次数，包括所有的页面浏览、事件、搜索等请求类型。
- pageviews：会话中的网页浏览总数。
- timeOnSite：会话的总时长，以秒表示。
- hour：请求发生时间中的小时部分（介于 0 到 23 之间）。
- goalAchieve：是否达成目标，为通过事件跟踪得到的记录，标记为 0 或 1。

代码③通过 df.info( ) 输出数据框概要信息。由结果可知，总记录有 18000 条，包括 14 个字段且字段均没有缺失值。其中，source、campaign、deviceCategory、cityID、landingPage、exitPage 为字符串类型，newVisits、visitNumber、hits、pageviews、timeOnSite、hour 为数值型特征。数值类型将作为后续数据预处理的参考。

```
RangeIndex: 18000 entries, 0 to 17999
Data columns (total 14 columns):
 #   Column          Non-Null Count    Dtype
---  ------          --------------    -----
 0   fullVisitorId   18000 non-null    int64
 1   source          18000 non-null    object
 2   campaign        18000 non-null    object
 3   deviceCategory  18000 non-null    object
 4   cityID          18000 non-null    object
 5   landingPage     18000 non-null    object
 6   exitPage        18000 non-null    object
 7   newVisits       18000 non-null    int64
 8   visitNumber     18000 non-null    int64
 9   hits            18000 non-null    int64
 10  pageviews       18000 non-null    int64
 11  timeOnSite      18000 non-null    int64
 12  hour            18000 non-null    int64
 13  goalAchieve     18000 non-null    int64
dtypes: int64(8), object(6)
```

### 第三步　数据预处理

```
ct = ColumnTransformer([("OneHotEncoder", OneHotEncoder(), [1,2,3,4,5,6]),
    ("MinMaxScaler", MinMaxScaler(), [7,8,9,10,11,12])])         #①
x = ct.fit_transform(df)                                          #②
y = df['goalAchieve']                                             #③
print(x.shape)                                                    #④
print(x[0])                                                       #⑤
```

代码①是一个封装函数 ct，分别实现对字符串和数值型特征的处理，代码("OneHotEncoder", OneHotEncoder(), [1,2,3,4,5,6])表示功能名为 OneHotEncoder，函数对象为 OneHotEncoder()，要处理的数据的列索引是从 1 到 6（注意，由于 Python 默认索引从 0 开始，因此 1~6 对应从第二列到第七列）；代码("MinMaxScaler", MinMaxScaler(), [7,8,9,10,11,12])表示一个名为 MinMaxScaler 的函数，函数对象为 MinMaxScaler()，要处理的字段的列索引是从 7 到 12。

代码②表示 ct 对象调用 fit_transform 方法对原始数据框 df 进行处理，然后将结果赋值给对象 x。

代码③将原始数据框的最后一列 goalAchieve 单独取出，赋值给对象 y。x 和 y 是后续建模使用的特征和目标。

代码④打印输出 x 的形状，即 x 有多少行、多少列。结果为(18000, 1913)，表示这是一个 18000 行×1913 列的矩阵。代码⑤打印第一条 x，结果如下：

```
(0, 3)        1.0
(0, 121)      1.0
(0, 160)      1.0
(0, 1378)     1.0
(0, 1888)     1.0
(0, 1903)     1.0
(0, 1908)     0.25490196078431376
(0, 1909)     0.15165165165165165
(0, 1910)     0.07224334600760456
(0, 1911)     0.033188941266403364
(0, 1912)     0.9565217391304348
```

x 是一个压缩稀疏矩阵，其中"(0, 3) 1.0"表示第 1 行（索引为 0）第 4 列（索引为 3）的值为 1；"(0, 1908) 0.25490196078431376"表示第 1 行第 1909 列的值为 0.25490196078431376。x 有 1913 个列，其中最后 5 列是由原始数值型特征处理得到，值域为[0,1]；其余列则是由原始分类字符串经过哑编码转换得到。哑编码转换前后字段的变化如表 4-1 所示。

表 4-1 哑编码转换前后字段的变化

| 转换前的值 | | 转换后的值 | | | |
| --- | --- | --- | --- | --- | --- |
| 用户 ID | 性别 | 用户 ID | 性别_男 | 性别_女 | 性别_未知 |
| 001 | 男 | 001 | 1 | 0 | 0 |
| 002 | 女 | 002 | 0 | 1 | 0 |
| 003 | 未知 | 003 | 0 | 0 | 1 |

对比表 4-1 中转换前的值和转换后的值，原始字段值中的"性别"包含 3 个值，分别为男、女、未知，转换后变为 3 列，每个列表示一种性别，且值为 0 或 1。

**第四步 模型训练和交叉检验**

```
clf = LogisticRegression(random_state=0)                          #①
print(cross_val_score(clf, x, y, scoring='roc_auc', cv=3))        #②
clf.fit(x,y)                                                      #③
```

代码①建立逻辑回归模型对象 clf，random_state=0 表示控制随机种子为固定值，这样在同一台电脑上多次执行时就能得到相同的结果，便于数据参数调优和检验。

代码②通过调用 cross_val_score 实现交叉检验，检验对象是 clf，特征是 x，目标是 y，检验的评分标准是 roc_auc，检验次数为 3 次。交叉检验的基本原理是把数据分为不重复的两组，一组用于训练模型（称为训练集），一组用于测试模型（称为测试集）。在应用时先在训练集上训练模型，然后用训练好的模型对测试集做预测，将得到的预测结果与测试集实际结果比对，并评估模型效果。roc_auc 是评估分类算法的常用评估指标，它的取值范围是[0,1]，值越大说明模型越好。roc_auc 能有效兼顾样本不均匀分布的情况。通过打印结果发现，模型的评估得分都在 0.86 以上，在没有经过调整和参数配置的情况下，效果比较不错。

```
[0.86824877 0.87054155 0.86613707]
```

在代码②中，clf 的训练仅仅用于交叉检验，而不能共享给后续模型，因此需要在代码③对 clf 对象重新训练，即后续预测时要求 clf 对象必须预先经过训练。

**第五步 预测新数据**

```
#读取新的数据
new_df = pd.read_excel('第 4 章 .xlsx',sheet_name='4-1',
    comment='#',skiprows=18004)                                   #①
print(new_df.head(3))                                             #②
#数据预处理
```

```
new_x = ct.transform(new_df)                                              #③
#预测新用户的转化概率及标签
new_df['goalAchievePre'] = clf.predict(new_x)                             #④
pre_probs = pd.DataFrame(clf.predict_proba(new_x),
    columns=['prob_0','prob_1'])                                          #⑤
final_df = pd.concat([new_df,pre_probs],axis=1)                           #⑥
print(final_df[['fullVisitorId','goalAchievePre',
    'prob_0','prob_1']].head())                                           #⑦
```

代码①读取 Excel 中的测试数据，方法与之前相同，其中 skiprows=18004 表示跳过前 18004 条记录（之前是训练集数据），从第 18005 条开始读取到最后。代码②打印输出前 3 条结果，数据格式与训练集相同，但最后一列是空值。以下是本步骤要预测得到的结果：

```
        fullVisitorId  source   campaign  deviceCategory    cityID  \
0  6861776148871632947  google  campaign6          mobile   city867
1  6830283395692165532  google  campaign6          mobile  city1079
2  8656560179215917882  google  campaign3         desktop    city20

   shoppingcart  details  newVisits  visitNumber  hits  pageviews  \
0  shoppingcart homepage          1            1   118         21
1      homepage homepage          0          105   144         48
2       details homepage          0            3   633         26

   timeOnSite  hour  goalAchievePre
0        2103    13             NaN
1        2787    22             NaN
2        2712    19             NaN
```

代码③为数据预处理，预测数据必须保证与训练集的处理步骤、方法、流程甚至值域完全一致，否则会报错。这里通过调用训练阶段的 ct 对象的 transform 方法对新数据框进行转换。

代码④调用 clf 的 predict 方法，预测得到每个用户的目标转化标志（0 或 1），然后将其赋值给新读取数据中的最后一列 goalAchievePre，以替换其空值。

代码⑤实现新建一个数据框。使用 pandas 的 DataFrame 方法新建一个数据框，数据框的值为调用 clf 的 predict_proba 预测得到的转化概率，数据框的列名为 ['prob_0', 'prob_1']。

代码⑥调用 pandas 的 concat 方法，将上面两个数据框按列（axis=1）合并，即将转化标志和转化概率组合起来，方便后续做进一步分析和应用。

代码⑦将最终结果的 fullVisitorId、goalAchievePre、prob_0、prob_1 取出并展示前 5 行记录：

```
   fullVisitorId       goalAchievePre   prob_0    prob_1
0  6861776148871632947              1   0.411209  0.588791
1  6830283395692165532              0   0.839822  0.160178
2  8656560179215917882              0   0.908030  0.091970
3  2081651361473919640              0   0.555560  0.444440
4  2018404016669486482              0   0.912748  0.087252
```

其中 prob_0 和 prob_1 分别表示预测结果为未转化和转化的概率。结合 goalAchieve-Pre、prob_0 和 prob_1 可以了解到每个用户的转化标志以及概率，进而辅助确定营销人群列表。

例如，可以直接将 goalAchievePre 中值为 1 的用户作为人群列表并推送给 Google Ads 实现精准再营销；也可以将 prob_1 的概率大于 0.4 的用户作为再营销目标，以扩大营销范围。

### 4.1.3 基于 Lookalike 的人群规则实现投放人群管理

除了通过 ID 列表确定人群投放范围外，还可以通过人群规则的方式筛选人群，这是 SEM、信息流以及少数硬广告支持的主要人群投放模式。

本案例仍以网站分析系统（Google Analytics）的流量数据为例，说明如何基于 Lookalike 方法得到目标人群规则。

**第一步 导入库**

```
import pandas as pd                                                    #①
from sklearn.tree import DecisionTreeClassifier, plot_tree              #②
from sklearn.model_selection import cross_val_score                    #③
import matplotlib.pyplot as plt                                        #④
```

代码①导入 pandas 库，用于数据读取和处理。代码②中的 DecisionTreeClassifier 为决策树模型，用于建立模型并得到决策规则；plot_tree 用于展示决策树图形，辅助规则解读。代码③的 cross_val_score 用于决策树模型的效果交叉检验。代码④的 matplotlib.pyplot 用于建立展示对象，与 plot_tree 结合使用。

**第二步 读取数据**

```
df = pd.read_excel('第 4 章 .xlsx',sheet_name='4-1',comment='#',nrows=18000,
    usecols=[1,2,3,4,5,13])                                            #①
print(df.tail(3))                                                      #②
```

```
    print(df.info())                                                    #③
```

代码①读取第 4 章 .xlsx 中名为 4-1 的工作簿，注释行记录的符号为#，读取记录为 18000 行，使用其中第 2~6 列以及第 14 列的数据（注意在索引值基础上加 1）。代码② 打印数据最后 3 条记录。

```
       source   campaign  deviceCategory  cityID  landingPage   goalAchieve
17997  google   campaign3      desktop    city5      details          0
17998    bing   campaign6       mobile   city46        story          0
17999  google  campaign40      desktop  city558  shoppingcart          1
```

结果中包含 source、campaign、deviceCategory、cityID、landingPage 等特征。这里没有读取 fullVisitorId 是因为本案例不需要知道具体每个人能否转化，只需要提取规则即可。在上个案例中出现的 newVisits、visitNumber、hits 等特征通常无法直接在营销工具中使用，因此这里也不读取。最后的 goalAchieve 为本次预测的目标。

打印的数据框的信息如下，数据共 6 列：5 个特征列和 1 个目标列。5 个特征列均为字符串类型。数据中没有缺失值。

```
RangeIndex: 18000 entries, 0 to 17999
Data columns (total 6 columns):
 #   Column          Non-Null Count   Dtype
---  ------          --------------   -----
 0   source          18000 non-null   object
 1   campaign        18000 non-null   object
 2   deviceCategory  18000 non-null   object
 3   cityID          18000 non-null   object
 4   landingPage     18000 non-null   object
 5   goalAchieve     18000 non-null   int64
dtypes: int64(1), object(5)
```

#### 第三步　数据预处理

```
x = pd.get_dummies(df.iloc[:,:-1])                                      #①
y = df['goalAchieve']                                                   #②
print(x.shape)                                                          #③
print(x.head(3))                                                        #④
```

代码①调用 pandas 的 get_dummies 方法进行哑编码转换，得到特征 x。该方法的作用与上个案例中 OneHotEncoder 的作用基本一致。这里选择该方法的原因有两个：一是 pandas 库的 get_dummies 转换后能保留列名标记，利于后续分析特征重要性；二是后期不需要预测，因此无须保留预处理的 OneHotEncoder 对象。代码②将目标 goalAchieve 单独拿出来。代码③打印 x 的形状，结果为(18000,1895)，表示这是一个 18000（记录）×1895（特征量）的矩阵。代码④打印输出前 3 条记录：

```
   source_ask  source_bing  source_google  source_yahoo  campaign_campaign1
0       0            0             1              0              0
1       0            0             1              0              0
2       0            0             1              0              0
...
   landingPage_shoppingcart  landingPage_store  landingPage_story
0            0                       0                   0
1            0                       0                   0
2            0                       0                   0

[3 rows x 1894 columns]
```

这里为了节省版面，将实际打印结果的中间部分省略了。通过打印结果可以看出，转换后的列名是由原始特征和值组成。以原始特征 source 为例，该字段中包含 google、ask、bing、yahoo 四个值，转换后形成了四个新特征，包括 source_ask、source_bing、source_google、source_yahoo。

#### 第四步　模型训练和交叉检验

```
clf = DecisionTreeClassifier(random_state=0,max_depth=5)          #①
print(cross_val_score(clf, x, y, scoring='roc_auc', cv=5))        #②
clf.fit(x,y)                                                      #③
```

代码①通过 DecisionTreeClassifier 方法建立决策树对象 clf，其中 random_state=0 设置随机种子为固定值，max_depth=5 设置决策树控制最大树的深度为 5，以防止深度过大导致过拟合问题。

> **提示**　决策树是一个非常好的用于提炼规则的模型，但该模型最大的问题就是容易过拟合，即在训练集上学习到很多特征且表现很好，但在测试集上的效果就会非常差。因此防止决策树的过拟合是应用该算法的重要控制环节。

代码②通过调用 cross_val_score 实现交叉检验，检验对象是 clf，特征是 x，目标是 y，检验的评分标准是 roc_auc，检验次数为 5 次。通过结果可以看出，模型的效果不如上个案例，主要原因是去除了大量的用户行为特征。但结果均在 0.8 以上，用于提炼规则还是没有问题的。

```
[0.81237025 0.81799697 0.81544535 0.80009721 0.81622933]
```

代码③为重新训练模型。

### 第五步　汇总特征重要性规则

```
raw_impotrance=pd.DataFrame(
clf.feature_importances_.reshape(1,-1).T,columns=['importance'])    #①
raw_impotrance['split_feature'] = x.columns                         #②
raw_impotrance['raw_features'] = [i.split('_')[0] for i in x.columns]  #③
print(raw_impotrance.head())                                        #④
```

代码①通过 clf 的 feature_importances_ 属性将模型的特征重要性提取出来，该对象是 numpy 类型；通过 reshape(1,-1) 方法将 numpy 的形状转换为 1 行 N 列（-1 表示根据实际 numpy 的长度来判断 N）；T 是转置方法，假如原始的数据形状是 5 行 3 列，那么转置后的数据形状就是 3 行 5 列；然后基于转换后的对象建立一个数据框，指定列名为 importance。

代码②为特征重要性增加特征名，通过 x.columns 直接获取并新增 split_feature 列，以便与原始特征名称区分开。

代码③将新增的特征名中的前缀（原始特征名）提取出来并单独作为一列，名为 raw_features。

代码④打印前 5 条结果，如下所示：

```
   importance       split_feature    raw_features
0    0.000000         source_ask         source
1    0.000268         source_bing        source
2    0.000418         source_google      source
3    0.000000         source_yahoo       source
4    0.000000     campaign_campaign1     campaign
```

展示最重要的子特征，即拆分后的特征：

```
print(raw_impotrance.sort_values(['importance'],ascending=False).head())
```

上述代码表示按 importance 列倒序排列，然后输出前 5 条结果，执行结果如下：

```
      importance          split_feature         raw_features
1887    0.750216        landingPage_details       landingPage
159     0.104157        deviceCategory_mobile     deviceCategory
1884    0.069690     landingPage_catalogsearch    landingPage
1891    0.019386      landingPage_shoppingcart    landingPage
```

| | | | |
|---|---|---|---|
| 187 | 0.005845 | cityID_city1025 | cityID |

特征重要性的总和为 1。从结果中可以看出 landingPage 中的 landingPage_details 特征最重要，重要性高达 0.75；其次是 deviceCategory 中的 deviceCategory_mobile，重要性为 0.1。

汇总特征展示重要性，按原始特征类汇总统计。

```
print(raw_impotrance.groupby(['raw_features'],as_index=False)['importance']
.sum().sort_values(['importance'],ascending=False).head())
```

代码中通过 raw_importance.groupby(['raw_features'],as_index=False)['importance'].sum() 将 raw_importance 按照 raw_features 进行汇总，指定汇总计算的字段为'importance'，计算方法为求和。as_index=False 表示不将汇总后的 raw_features 作为索引值，而是单独字段。执行结果如下：

```
  raw_features  importance
3  landingPage    0.839292
2 deviceCategory  0.104157
1       cityID    0.051752
0     campaign    0.004113
4       source    0.000686
```

结果显示，在原始 5 个特征中，最影响转化效果的特征是 landingPage，其次是 deviceCategory。因此，后续应该着重分析和优化这两个特征。

#### 第六步　展示目标人群规则树

```
plt.figure(figsize=(35,15))                                          #①
plot_tree(clf,max_depth=3,feature_names=x.columns,filled=True,
impurity=False,lass_names=['non-goalAchieve','goalAchieve'],
proportion=True, rounded=True,fontsize=12,precision=2)               #②
```

代码①通过 plt.figure 建立一个画布，画布的尺寸为 35（宽）×15（高），单位是英寸。

代码②通过 plot_tree 展示决策树规则。clf 为训练后的决策树对象；max_depth=3 指定最大展示深度为 3 层，超过该层数（原始训练模型有 5 层）的信息则省略；feature_names=x.columns 设置图形特征的名字为训练集中的特征名；filled=True 设置填充图中不同性质的节点；impurity=False 设置不展示节点的纯度，默认的纯度指标是基尼系数；class_names=['non-goalAchieve','goalAchieve'] 设置每个节点的类别名称，分别表示未转化、转化；proportion=True 设置每个节点展示样本量分布的百分比，而非绝对值；

rounded=True 设置节点边为圆角并使用 Helvetica 字体；fontsize=12 设置图形字号为 12；precision=2 设置数字精度为小数点后 2 位。执行结果如图 4-1 所示。

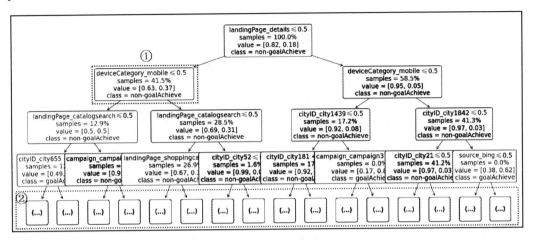

图 4-1　决策树规则图

在图 4-1 中，除最下面一层节点（图中②）因为图形设置只有三层而省略外，每个节点都有左右两个分支。以左侧第一个分支节点（图中①）为例，分析如下。

- deviceCategory_mobile≤0.5 表示条件，左侧的分支条件为 deviceCategory_mobile≤0.5（即 True），右侧为 deviceCategory_mobile>0.5（即 False）。由于实际特征的取值是 0 或 1，因此该规则可以这样表示，左侧分支条件为 deviceCategory_mobile=0，右侧分支条件为 deviceCategory_mobile=1。
- samples=41.5%表示满足该节点以及上层所有节点条件的样本量占比，即 landingPage_details≤0.5 且 deviceCategory_mobile≤0.5 的样本量占比为 41.5%。
- value=[0.63,0.37]表示在该条件下有 63%的人实际目标值为 0（未转化），37%的人实际目标值为 1（转化），即转化人群比例为 37%。
- class=non-goalAchieve 表示该节点对应的人群为 non-goalAchieve，即非转化人群，只有当转化人群比例超过 50%时，节点类型才属于 goalAchieve。

从决策树图形中找到有效决策规则，是决策树输出的主要目的。从顶部根节点开始，依次读取每层的左侧节点所组成的规则就是决策规则；规则深度越深（即规则越多），对应的人群精准度越高（即转化人群比例越高），但对应的人群规模也会越小。以本书提到的规则为例：

- 当 landingPage_details=0 时，转化人群比例为 18%；
- 当 landingPage_details=0 且 deviceCategory_mobile=0 时，转化人群比例为 37%；
- 当 landingPage_details=0、deviceCategory_mobile=0 且 landingPage_catalogsearch=0

时，转化人群比例为50%。

通过增大max_depth（例如从3改到5）的值，可以显示并使用更多的规则来筛选用户，并得到更精准的转化人群。

上述规则可直接应用到SEM的账户人群条件定位中，例如着陆页、设备类型、城市等。通过这种"属性+值"的方式进行人群定位是一种最通用且有效的人群定位方法。

### 4.1.4　知识拓展：在精准与规模之间寻找平衡点

4.1.3节提到条件规则越多，用户越精准。但是在实际营销投放时，需要在精准与规模之间取得平衡点：过于精准的条件控制必然会导致人群规模下降；而过于宽泛的人群规则又将导致转化效果不佳。

寻找平衡点的基本思路：从上到下依次将规则提取出来并应用到营销工具中进行人群筛选，如果营销工具能够预估投放人群，则基于不同数量的规则并综合人群规模（营销工具提供）和转化率（决策树模型提供）来评估转化效果是否达到预期；如果营销工具无法提供人群预估，则可以通过不同的条件组合进行测试性投放来找到人群转化的平衡点。举例如下。

- 通过landingPage_details=0且deviceCategory_mobile=0预计能覆盖1000万人，按照1%的点击率能够到达10万人；按照37%的转化比例，预计转化量为100000 * 37%=37000。
- 通过landingPage_details=0、deviceCategory_mobile=0且landingPage_catalogsearch=0预计能覆盖500万人，按照1%的点击率能够到达5万人；按照50%的转化比例，预计转化量为50000 * 50%=25000。

假设企业的营销目标转化量是30000，就需要选择第一种规则，该规则是满足营销目标转化量的最低保障；第二种规则虽然转化率高，但由于对应的投放人群太少，导致无法达到转化预期。

本案例及上个案例在演示规则提取时，仅使用了少量营销工具的通用人群筛选规则。读者可根据自己的营销工具或网站分析工具的实际数据，选择更多可控制的投放特征加入模型中，这样在投放管理时便可使用更多的规则来更精准地控制人群。

## 4.2　基于用户喜好的投放内容管理

内容是营销落地中的"What"。对正确的人投放正确的内容是保障广告转化的关键因素之一。根据投放目标用户喜好投放内容，是企业常用且最有效的内容策略。

### 4.2.1 投放内容管理概述

内容是广告传播的基本要素,没有内容就没有传播。

本节介绍的投放内容管理方式适用于所有营销渠道。商品是电商网站的核心,围绕商品转化的信息传达是投放内容管理的核心。本节主要围绕如何挖掘用户喜好的商品,以及如何找到这些商品的共性卖点或标签,来辅助站外广告信息内容的策划、制作和设计。

### 4.2.2 基于不同动作倾向的商品喜好

在电商网站上,用户对商品的喜好可以表现为多种行为,例如浏览、加入购物车、收藏、购买等。基于这些行为可以找到特定用户群体都喜欢的商品并将该商品作为营销渠道的广告传播主体。本案例以网站分析系统(Google Analytics)的流量数据为例,说明如何实现该过程。

**第一步 导入库**

```
import pandas as pd
```

本案例需要导入 pandas 库,以实现数据读取、处理和统计汇总。

**第二步 读取数据**

```
df = pd.read_excel('第4章.xlsx',sheet_name='4-2')      #①
print(df.head(3))                                      #②
print(df.info())                                       #③
```

代码①使用 pandas 的 read_excel 方法读取名为第 4 章.xlsx 的数据文件,通过 sheet_name='4-2' 指定读取名为 4-2 的工作簿。代码②通过 df.head(3) 输出前 3 条数据结果。代码③通过 df.info() 输出数据框概要信息。

```
      fullVisitorId                                    pageTitle  \
0  2587093347786175522  BEST CHEAP STRAIGHT LACE WIGS,REMY LACE FRONTA...
1  1355854501784979069  SHORT HUMAN HAIR WIGS,LACE FRONT SHORT WIGS FO...
2  8603340122755098149  SHORT HUMAN HAIR WIGS,LACE FRONT SHORT WIGS FO...

               eventAction   eventCategory   eventLabel  productSKU
0             WIG,STRAIGHT     PRODUCTLIST  PRODUCTVIEW       48760
1  WIG,SHORT HUMAN HAIR WIGS  PRODUCTLIST  PRODUCTVIEW       79631
2  WIG,SHORT HUMAN HAIR WIGS  PRODUCTLIST  PRODUCTVIEW       89050
```

该数据基于网站的事件跟踪产生,具体包括如下字段。

- fullVisitorId：Cookie ID。
- pageTitle：触发事件的页面的名称。
- eventAction：事件跟踪的动作，具体数据为商品 URL 的字符串拼接而成的内容。
- eventCategory：事件跟踪的类型，具体数据为商品事件的页面分类。
- eventLabel：事件跟踪的标志，具体数据为商品事件的动作类型。
- productSKU：发生事件的商品 SKU。

如数据框的概要信息所示，总记录是 5728 条，共 6 个字段，所有字段都没有缺失值。

```
RangeIndex: 5728 entries, 0 to 5727
Data columns (total 6 columns):
 #   Column         Non-Null Count  Dtype
---  ------         --------------  -----
 0   fullVisitorId  5728 non-null   int64
 1   pageTitle      5728 non-null   object
 2   eventAction    5728 non-null   object
 3   eventCategory  5728 non-null   object
 4   eventLabel     5728 non-null   object
 5   productSKU     5728 non-null   int64
dtypes: int64(2), object(4)
```

### 第三步　对商品做分类统计

```
gb_df = df.groupby(['productSKU','eventLabel','eventCategory'],
    as_index=False)['fullVisitorId'].count()                          #①
print(gb_df.head(3))                                                  #②
print(gb_df[['fullVisitorId']].describe().T)                          #③
```

代码①使用数据框的 groupby 方法对 productSKU、eventLabel、eventCategory 做分类汇总，计算的字段为 fullVisitorId，计算方法为计数，as_index=False 指定分类汇总字段不作为索引，而是普通的字段输出。代码②输出前 3 条结果，如下所示：

```
   productSKU  eventLabel   eventCategory  fullVisitorId
0       11495  PRODUCTVIEW  PRODUCTLIST                1
1       11579  PRODUCTVIEW  SEARCHRESULT               1
2       11586  PRODUCTVIEW  PRODUCTLIST                1
```

代码③先筛选出汇总计算字段 fullVisitorId，通过数据框的 describe 方法做描述性统计，然后将结果转置（目的是节省版面空间），结果如下：

```
              count     mean       std      min   25%   50%   75%   max
fullVisitorId 5595.0   1.023771   0.154678  1.0   1.0   1.0   1.0   3.0
```

结果显示了分类汇总计算字段的最大值为 3，最小值为 1，均值 ≈ 1，说明大多数商品基于页面类型和动作类型汇总后都只发生了 1 次。

**第四步　为商品增加权重**

不同的页面和动作对应的商品的得分权重影响应该是不同的，因此该步骤主要用于增加权重。

**1）找到互动发生的类型和页面。**

```
print(gb_df['eventLabel'].unique())                             #①
print(gb_df['eventCategory'].unique())                          #②
```

代码①先将 eventLabel 列取出，然后调用 unique 方法，输出唯一字符串值：['PRODUCTVIEW' ' PRODUCTPURCHASE' ' PRODUCTCHECKOUT' ' PRODUCTCLICK' 'PRODUCTADD' 'PRODUCTADD_QUICKVIEW']。

代码②先将 eventCategory 列取出，然后调用 unique 方法，输出唯一字符串值：['PRODUCTLIST' 'SEARCHRESULT' 'OTHERPAGE' 'HOMEPAGE' 'CARTCHECKOUT' 'PRODUCTDETAIL' 'MY ACCOUNT']。

**2）定义不同类型和场景的权重。**

```
prd_type = {'PRODUCTVIEW':0.05,'PRODUCTPURCHASE':0.4,
    'PRODUCTCHECKOUT':0.3,'PRODUCTCLICK':0.05,'PRODUCTADD':0.1,
    'PRODUCTADD_QUICKVIEW':0.1}                                 #③
prd_page = {'PRODUCTLIST':0.1,'SEARCHRESULT':0.1,
    'OTHERPAGE':0.05,'HOMEPAGE':0.05,'CARTCHECKOUT':0.25,
    'PRODUCTDETAIL':0.15,'MY ACCOUNT':0.3}                      #④
```

代码③通过字典定义了不同互动事件类型的权重。权重的总得分为 1，排序逻辑是 PRODUCTPURCHASE（订单）> PRODUCTCHECKOUT（结算）> PRODUCTADD（加车）= PRODUCTADD_QUICKVIEW（查看购物车）> PRODUCTVIEW（普通的商品浏览）= PRODUCTCLICK（商品点击）。

代码④定义了发生商品互动事件的不同页面场景的权重。权重的总得分为 1，排序逻辑是 MY ACCOUNT（个人中心）> CARTCHECKOUT（加车）> PRODUCTDETAIL（商品详情页）> PRODUCTLIST（商品列表页）> SEARCHRESUL（搜索结果列表页）> OTHERPAGE（其他页面）= HOMEPAGE（首页）。

**3) 将权重合并到数据框。**

```
gb_df['eventLabel_w']=gb_df['eventLabel'].apply(lambda x:prd_type[x])      #⑤
gb_df['eventCategory_w']=
    gb_df['eventCategory'].apply(lambda x:prd_page[x])                      #⑥
gb_df['score']=gb_df['fullVisitorId']*
    gb_df['eventLabel_w']*gb_df['eventCategory_w']                          #⑦
print(gb_df.head(3))                                                        #⑧
```

代码⑤取出数据框的eventLabel，调用apply方法进行权重匹配，通过lambda匿名函数实现。该函数表示从eventLabel字段中依次读取每个值，然后通过prd_type[x]返回字段对应的权重并赋值给一个新的名为eventLabel_w的列。

代码⑥的逻辑与代码⑤完全一致，区别在于处理字段为eventCategory，最终新增名为eventCategory_w的权重列。

代码⑦通过3个字段的乘积得到加权得分score，即通过分类汇总后的fullVisitorId（计数值）×eventLabel_w（eventLabel权重）×eventCategory_w（eventCategory权重）得到。

代码⑧输出前3条结果，如下所示：

```
   productSKU  eventLabel  eventCategory  fullVisitorId  eventLabel_w  \
0       11495  PRODUCTVIEW  PRODUCTLIST               1          0.05
1       11579  PRODUCTVIEW  SEARCHRESULT              1          0.05
2       11586  PRODUCTVIEW  PRODUCTLIST               1          0.05

   eventCategory_w  score
0              0.1  0.005
1              0.1  0.005
2              0.1  0.005
```

**第五步　计算总商品得分**

```
sku_score=gb_df.groupby(['productSKU'],as_index=False)['score'].sum()       #①
print(sku_score.sort_values(['score'],ascending=False).head(3))             #②
```

代码①调用数据框的groupby方法，对productSKU分类汇总，计算字段为score（综合权重得分列），计算方式是求和。代码②按照分类汇总求和的字段score倒序排列，输出前3条记录：

```
      productSKU  score
2257       47885  0.085
```

| | | |
|---|---|---|
| 4113 | 78561 | 0.080 |
| 3654 | 70824 | 0.080 |

通过上述过程，可以综合商品发生的页面场景和互动类型的不同权重，得到这类群体对商品的喜好排名，而具体选择哪些商品作为投放内容，可以参照该排名选择。

在选择原始数据涉及的用户范围时，可参考 4.1 节中的方法，这样内容精准度和匹配度更高。

### 4.2.3 基于目标商品提炼的共性标签

4.2.2 节已经确定了应该围绕哪些商品展开内容策划，本节将针对这些商品提炼共性标签，用于促销语制作、Slogan 挖掘、卖点展示等。本案例将在上个案例的基础上执行。

**第六步　导入额外库**

```
from sklearn.feature_extraction.text import TfidfVectorizer
```

tf-idf 库用于提炼关键字标签。提炼关键字标签通常有两种方法：TF 以及 TF-IDF 方法。

- TF（Term Frequency），即词频，是将分词后的词按频率进行统计，然后按频率从高到低提取热门关键字的方法。
- TF-IDF（Term Frequency-Inverse Document Frequency），是在 TF 的基础上，增加了 IDF（逆文档频率）过程。它的基本逻辑是关键字的重要程度跟它在文档中出现的次数成正比，但跟它在其他文档中出现的频率呈反比。

以英文关键字提取为例，在 TF 模式下，出现频率最高的词是 an、a、the 等。这些词出现的频率非常高，但对于表达内容并没有实质意义。只有那些在一篇文档中出现频率高，在其他文档中却很少出现的关键字，才具有区分不同文档的能力，也就越重要。

**第七步　获得 SKU 标题数据**

```
sku_text = df.groupby(['productSKU'])['pageTitle'].apply(
    lambda x:''.join(list(x))).reset_index()                    #①
sku_text.head(3)                                                #②
```

由于标题中已经包含了商品的名称、卖点、促销语、属性等信息，因此可以通过商品标题来提取关键字信息。代码①将一个 SKU 在多个页面上的网页标题合并为一个字符串，便于后续分词。使用数据框的 groupby 方法对 productSKU 做分类汇总，汇总的字段是 pageTitle；后续的汇总计算方式是通过 apply 方法配合 lambda 形成的匿名函数实现多行字符串的合并：匿名函数分别从 pageTitle 读取每个标题，然后将 productSKU 相同的标题合并为一个列表（lisx(x)），并通过".join(list(x))将列表转换为字符串；reset_index 实现重建数据框索引。代码②输出前 3 条结果，如下所示：

```
     productSKU                                          pageTitle
0        11495    QUALITY VIRGIN PERUVIAN HAIR BUNDLES,100% HUMA...
1        11579                          CREATE NEW CUSTOMER ACCOUNT
2        11586    BUY BEST CHEAP 3 BUNDLES HUMAN HAIR WEFT WITH ...
```

### 第八步　SKU 标题获取标签

```
vectorizer = TfidfVectorizer(stop_words='english',max_features=100)          #①
sku_tags = pd.DataFrame(vectorizer.fit_transform(sku_text
    ['pageTitle']).toarray(),columns=vectorizer.get_feature_names())         #②
sku_tags['productSKU']=sku_text['productSKU']                                #③
print(sku_tags.shape)                                                        #④
print(sku_tags.head(1))                                                      #⑤
```

代码①通过 TfidfVectorizer 方法建立 TF-IDF 模型对象，参数 stop_words = 'english'指定去除的停用词类型是英文，max_features = 100 指定提取的标签最大数量为 100。

代码②先通过 vectorizer 的 fit_transform 方法对 pageTitle 字段做分词，再使用 TF-IDF 方法获得关键字；toarray 表示将提取后的关键字从稀疏矩阵转换为数组；然后使用 pd.DataFrame 方法创建数据框 sku_tags，指定数据为提取后的关键字数组，列名为通过 vectorizer.get_feature_names() 获得的 100 个 TOP 关键字特征。

代码③在 sku_tags 中新增一列商品 SKU 值，直接从 sku_text 中复制 productSKU 值。

代码④打印 sku_tags 的形状为(5540,101)，即有 5540 条商品 SKU，共 101 个字段（其中一个字段是商品 SKU，其他 100 个字段是提取的关键字标签）。

代码⑤输出第一条数据。

```
        100    10a    13    13x4   360    4x4    7a    8a    account    active  ...  \
0    0.167449   0.0   0.0    0.0   0.0    0.0    0.0   0.0      0.0       0.0   ...

      virgin   water   wave   weave    weft   wholesale   wig    wigs    women   \
0    0.251652   0.0    0.0   0.160574   0.0      0.0      0.0    0.0      0.0

    productSKU
0      11495

[1 rows x 101 columns]
```

### 第九步  计算特定商品的典型特征

```
top100_sku = sku_score.iloc[:100,0]                                    #①
top100_sku_tags = sku_tags.merge(top100_sku,on='productSKU',
    how='right')                                                       #②
print(top100_sku_tags.shape)                                            #③
print(top100_sku_tags.head(3))                                          #④
```

单个商品标签适用于单品营销或需要重点突出特定商品的卖点的场景中。代码①从上个案例的 sku_score 中，通过 iloc 方法获取前 100 条得分最高的 SKU，并只保留第一列 SKU 值，保存为 top100_sku。代码②将 top100_sku 与本案例得到的商品关键字标签关联起来，关联的主键是 productSKU，关联方式是右关联。代码③打印关联后的数据形状，结果为 (100,101)，说明关联模式和值输出正确。代码④打印前 3 个商品的标签信息，结果如下：

```
        100       10a    13     13x4   360    4x4   7a    8a   account   active  ... \
0   0.167449     0.0    0.0    0.0    0.0    0.0   0.0   0.0  0.000000     0.0  ...
1   0.000000     0.0    0.0    0.0    0.0    0.0   0.0   0.0  0.492245     0.0  ...
2   0.000000     0.0    0.0    0.0    0.0    0.0   0.0   0.0  0.000000     0.0  ...

    virgin     water   wave    weave      weft   wholesale   wig   wigs   women  \
0  0.251652     0.0    0.0   0.160574  0.000000     0.0     0.0   0.0    0.0
1  0.000000     0.0    0.0   0.000000  0.000000     0.0     0.0   0.0    0.0
2  0.000000     0.0    0.0   0.000000  0.550135     0.0     0.0   0.0    0.0

    productSKU
0     11495
1     11579
2     11586

[3 rows x 101 columns]
```

top100_sku_tags 可以筛选出得分最高的用户喜好的 100 个商品的标签特征。以 SKU 为 11495 的商品为例，可通过如下代码筛选商品特征并排序输出：

```
top100_sku_tags[top100_sku_tags['productSKU']==11495].sort_values([0],axis
    =1,ascending=False)
```

top100_sku_tags[top100_sku_tags['productSKU']==11495] 表示从数据框中过滤出 'productSKU'=11495 的数据；sort_values([0],axis=1,ascending=False) 表示按第一行（索引为 0），针对列（axis=1）进行倒序排列。结果如图 4-2 所示。

| productSKU | peruvian | quality | virgin | hair | 100 | weave | bundles | human | sale | ... |
|---|---|---|---|---|---|---|---|---|---|---|
| 0 | 11495 | 0.831061 | 0.320705 | 0.251652 | 0.183907 | 0.167449 | 0.160574 | 0.138394 | 0.137081 | 0.132544 | ... |

图 4-2 输出特定商品 TOP 关键字

结果显示了该商品最重要的关键字标签：peruvian 和 virgi 表示该商品的款式特性，quality 表示质量。如果需要，还可以结合后续更多标签提炼卖点。通常情况下，站外广告中的卖点不会太多，否则会导致内容传播时没有聚焦点。

**第十步　计算 TOP 100 商品的共性特征**

```
tag_score = pd.DataFrame(top100_sku_tags.iloc[:,:-1].sum(),
    columns = ['score'])                                          #①
print(tag_score.sort_values(['score'],ascending=False).head(10))  #②
```

除了提取特定单品信息，还可以对 TOP100 单品标签进行汇总，得到热门内容的共性信息。代码①中 top100_sku_tags.iloc[:,:-1]. 表示对所有记录，除了最后一列（SKU ID）外的所有特征求和（sum），然后建立数据框，指定列名为 score。代码②按 score 倒序排列并输出 TOP 10 关键字信息：

```
          score
hair      23.129739
human     18.769937
virgin    13.924521
remy      12.795018
bundles   11.750541
weave     11.358103
sale      10.131547
closure   10.079777
100       10.028601
cheap     9.49021
```

这些 TOP 100 商品的共性特征，可以为促销活动整体（而不是单个商品）内容传播时提供信息点，除了用于站外广告，还可以用于站内着陆页的卖点设计中。

> **提示**　本案例中的卖点信息是直接从原始内容中的商品标题提取；也有很多企业把卖点写在单独的商品描述、详情介绍或标签中，而这些描述、介绍等都可以被用作标签。

### 4.2.4 知识拓展：广告内容个性化与动态素材管理

传统的基于人群细分条件的广告投放，广告内容一般都是统一的。在精准广告投放时，广告内容通常也需要精准化、个性化，即让不同的人看到不同的广告内容。现在很多企业都在根据用户在企业平台或营销生态内的行为，动态、个性化地进行内容创建、投放管理。

Google 的动态广告会发掘广告用户的搜索意图，将用户查询的内容与网站上的内容进行匹配；同时结合搜索意图和网页内容等因素，自动生成广告标题，使得用户点击站外广告后就会进入与其最相关的着陆页。通过"机器学习"的能力来让内容管理更加智能化、自动化，能最大限度地降低人力成本，并最终提升广告效果。

将企业内部的数据与营销生态内的数据打通，并基于完整的数据流预测用户最喜欢的广告，并结合用户站内、站外的行为喜好、商品喜好、价格喜好、促销喜好、决策喜好等，自动化地将信息整合到投放内容中，形成一体化、智能化的广告投放与管理机制，是广告内容管理的趋势。

## 4.3 基于效果的广告触达媒介优选

渠道和媒介是营销落地中的"Where"。当投放渠道中有多个投放媒介可供选择或优化时，基于效果的触达媒介选择（即优先选择效果好的媒介）是最常用的方法。这里的子媒介可以是投放渠道，也可以是进行细分控制的投放载体，例如内容联盟、CPS 等联盟类的广告网站、CPD 广告类的基于不同页面或位置的广告等。

### 4.3.1 广告触达媒介优选概述

当营销部门预算有限或需要优化投放媒介时，会考虑渠道下投放媒介的投放调整问题。以 Google Ads 为例，在投放网络中可以选择 Google 搜索、搜索网络合作伙伴和展示广告网络。但是，当整体效果不佳时，如何根据效果调整投放网络的预算甚至进行取舍？

本节的内容适用于硬广告、信息流、SEM、CPS 等营销渠道，适用于在渠道中拥有多个子级别投放网络、渠道、媒介、广告位且可以进行选择性投放、费用优化等的精细化营销投放。

### 4.3.2 使用方差分析确定媒介效果的差异性

本节案例以 Google Ads 投放数据为例，说明如何对比和评估不同投放网络的效果差异性。源数据和结果见本书数据资源中 Excel 文件 "第 4 章" 的 4-3。原始数据如图 4-3 所示，数据中按日期展示搜索网络合作伙伴和展示广告网络的点击量、曝光量和点击率。

| | A | B | C | D | E |
|---|---|---|---|---|---|
| 1 | 日期 | 投放网络（含搜索网络合作伙伴） | 点击量 | 曝光量 | 点击率 |
| 2 | 2020/6/4 | 搜索网络合作伙伴 | 48996 | 1126908 | 4.35% |
| 3 | 2020/6/4 | 展示广告网络 | 37103 | 3408876 | 1.09% |
| 4 | 2020/6/5 | 搜索网络合作伙伴 | 65311 | 5094258 | 1.28% |
| 5 | 2020/6/5 | 展示广告网络 | 25160 | 1736531 | 1.45% |
| 6 | 2020/6/6 | 搜索网络合作伙伴 | 89178 | 29341364 | 0.30% |
| 7 | 2020/6/6 | 展示广告网络 | 29147 | 36672755 | 0.08% |
| 8 | 2020/6/7 | 搜索网络合作伙伴 | 81498 | 10811643 | 0.75% |
| 9 | 2020/6/7 | 展示广告网络 | 64919 | 1605112 | 4.04% |
| 10 | 2020/6/8 | 搜索网络合作伙伴 | 64549 | 1439723 | 4.48% |
| 11 | 2020/6/8 | 展示广告网络 | 26688 | 1745053 | 1.53% |
| 12 | 2020/6/9 | 搜索网络合作伙伴 | 91061 | 10231791 | 0.89% |

图 4-3　Excel 原始数据

**第一步　汇总投放网络的点击量和曝光量**

一般情况下，在对比两个渠道时会先将各个渠道每天的数据汇总起来，然后对比两个渠道的点击率均值。在 Excel 中的操作过程如图 4-4 所示。

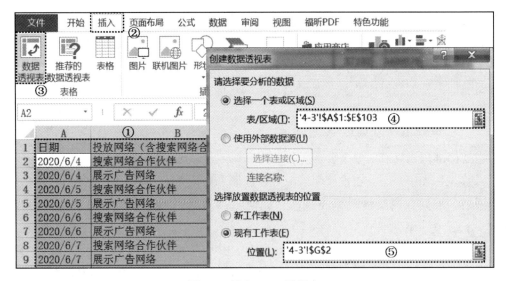

图 4-4　插入 Excel 透视表

全选数据（可使用快捷键 Ctrl+A，图中①），点击顶部菜单栏 "插入"（图中②）→ "数据透视表"（图中③），在弹出的窗口中的 "选择一个表或区域" 对应刚才全选的数据（图中④），在 "选择放置数据透视表的位置" 中，选择 "现有工作表"，点击选择

G2 位置（图中⑤）。

设置数据透视表字段，如图 4-5 所示。点击透视表区域，在右侧"数据透视表字段"中，将"投放网络"拖入"行"，将"点击量"和"曝光量"拖入"值"。默认会对点击量和曝光量做求和汇总。

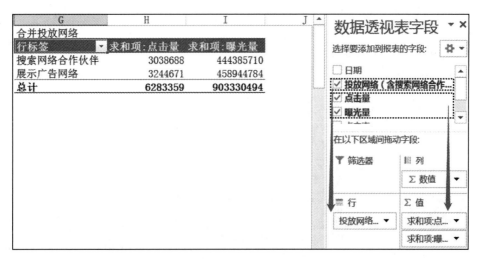

图 4-5　合并投放网络数据

**第二步　为投放网络新建计算字段"点击率"**

点击率需要基于新的点击量和曝光量重新计算，接下来新建点击率字段，如图 4-6 所示。

图 4-6　新增点击率计算字段

点击数据透视表数据区域（图中①），点击透视表顶部菜单中的"分析"（图中②）→"字段、项目和集"（图中③），在弹出的窗口中输入名称和公式，名称可任意设置。这里为了区别于原始点击率，输入"点击率_new"，公式输入：点击量/曝光量。

完成上述操作后，数据透视表便新增了"求和项：点击率_new"字段，数据显示搜索网络合作伙伴的点击率为 6.8%，展示广告网络的点击率为 7.1%（四舍五入后的结果）。

**第三步　按日汇总的投放网络点击率**

如果单纯从结果看，展示广告网络的点击率要高于搜索网络，二者具有较大的差异性。但真实结果如何，需要通过数据检验进一步验证。新建一个数据透视表，按天将两个网络渠道的点击率展示出来，新建过程与图 4-4 一致。在配置数据透视表字段时，过程如图 4-7 所示。

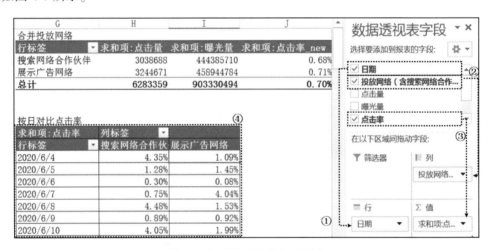

图 4-7　新建按天的数据透视表

将"日期"拖入"行"（图中①），"投放网络"拖入"列"（图中②），"点击率"拖入"值"（图中③），结果显示每日搜索网络合作伙伴和展示广告网络的点击率对比（图中④）。为了让点击率更容易观察，可将小数点的表示方式设置为百分比方式。

**第四步　通过方差分析检验点击率差异性**

该步骤通过 Excel 自带的数据分析模块实现。启用该模块的方法可参照 3.6.3 节中的过程，在"加载宏"中勾选"分析工具库"即可。新建方差分析的过程如图 4-8 所示。

点击顶部菜单中的"数据"（图中①），选择右侧"分析"模块中的"数据分析"（图中②），在弹窗中选择"方差分析：单因素方差分析"（图中③）；在弹出的窗口中，设置输入区域为上一步建立的数据对比透视表（图中④），勾选"标志位于第一行"

(图中⑤)，设置输出区域为当前工作簿中的 G62 单元格，点击“确定”得到如图 4-9 所示结果。

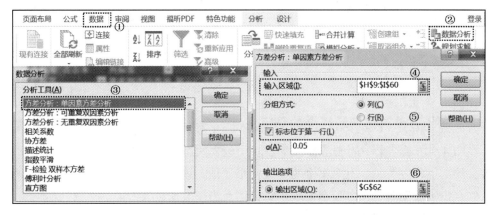

图 4-8　新建方差分析

方差分析：单因素方差分析

SUMMARY

| 组 | 观测数 | 求和 | 平均 | 方差 |
|---|---|---|---|---|
| 搜索网络合作伙伴 | 51 | 1.906225151 | 0.037376964 | 0.003433547 |
| 展示广告网络 | 51 | 1.584499153 | 0.031068611 | 0.004223326 |

方差分析

| 差异源 | SS | df | MS | F | P-value | F crit |
|---|---|---|---|---|---|---|
| 组间 | 0.001014781 | 1 | 0.001014781 | 0.265063956 | 0.6078 | 3.936142986 |
| 组内 | 0.382843667 | 100 | 0.003828437 | | | |
| | | | | | | |
| 总计 | 0.383858448 | 101 | | | | |

图 4-9　方差分析结果

单因素方差分析多用于对比两组数据之间是否具有显著差异性。考虑到结果中指标较多，本案例主要通过 F、P-value 和 F crit 三个值判断两者的差异性。

- F 表示实际检验统计量。
- P-value 表示观测到的显著性水平。
- F crit 代表对应到图 4-8 中 α 默认值下的临界值标准。

通过对比 F 和 F crit 再结合 P-value 值即可判断两组数据差异是否显著。

- 如果 F>F crit，且 P-value<0.05（图 4-8 中 α 默认值），表示两组数据差异性在 0.05 水平上显著。
- 如果 F<F crit，且 P-value>0.05（图 4-8 中 α 默认值），则表示两组数据无显著差异。

在本案例中，F(0.265063955765934)<F crit(3.93614298631266)，且 P-value>

0.05，说明搜索网络合作伙伴和展示广告网络不具有显著的差异性，因此也就不建议作为优化或取舍的判断依据。

提示 从严格意义上看，方差分析之前需要先检验数据分布模式，以确保样本近似服从正态分布。这里为了业务应用的简单明了，"忽略"了数据科学的严谨性，请读者知悉。

### 4.3.3 基于方差对比判断媒介的稳定性

在图4-9所示结果中的SUMMARY模块中包含两组数据的方差，它评估的是两组数据各自的离散程度。结合上个案例的投放网络评估，该数据可以理解为，方差越小表示每日的点击率波动越小，方差越大表示每日的点击率波动越大。

如表4-2所示，将投放网络的点击量、曝光量、点击率和方差整合到一个表中，对比发现：二者在点击和曝光量方面的数据量级相当，具备直接的方差可比性；搜索网络合作伙伴的方差要小于展示广告网络，说明搜索网络合作伙伴的效果更加稳定，不容易受到外部因素的干扰进而导致数据（点击率）强烈变化，因此更具有"稳定性"特征。

表4-2 投放网络方差对比

| 投放网络 | 点击量 | 曝光量 | 点击率 | 方差 |
| --- | --- | --- | --- | --- |
| 搜索网络合作伙伴 | 3038688 | 444385710 | 0.68% | 0.003433547 |
| 展示广告网络 | 3244671 | 458944784 | 0.71% | 0.004223326 |

但是，渠道稳定并不代表优质。图4-10中两个渠道的方差均为0.065866538；渠道2和渠道1的点击率均值分别为1.41和0.41。但结论的区别在于：渠道2是"稳定且好"，渠道1是"稳定且差"。

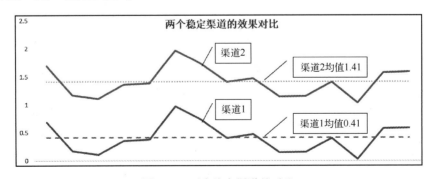

图4-10 两个稳定渠道的对比

因此，在判断媒介效果时，需要综合"稳定性"以及其他指标，例如之前提到的爆发能力、流量成本、效果、转化等。

### 4.3.4 知识拓展：假设检验在业务场景中的应用

假设检验是一种常见的统计推断方法。常用的假设检验方法有 Z 检验、T 检验、卡方检验、F 检验（方差分析）等。在实际业务中，假设检验的应用场景主要有两类：第一类是样本与总体之间的差异性检验，第二类是不同样本之间的差异性推断。

#### 1. 样本与总体间的差异性检验

样本和总体的差异性检验主要用在"抽样"场景下，用于检验二者是否一致。此类检验可以应用的场景举例如下。

- 基于样本的统计结论推广到总体。例如通过调研问卷得到的 1 万条样本的性别来分别推测所有会员的性别分布，对基于标准正态分布得到的正常、异常样本分布区间的判别等。
- 应用特定的模型的基础。不同的算法和模型对数据分布有特定要求，例如聚类算法要求数据的分布是簇状或聚集型分布模式，否则聚类结果可能与实际误差很大。

#### 2. 样本与样本间的差异性检验

不同样本间的差异可以理解为群组的差异，这是应用最为广泛的一类场景，举例如下。

- 同一主体不同成分间的差异：例如不同地域、不同用户分组、不同品牌间的客单价、销售额、利润率差异，以及不同成分对目标是否具有显著性影响以及差异性大小。
- 同一主体不同时间周期的差异：例如不同年份下 618 活动结果差异，不同阶段渠道测试性投放结果差异，改版前后不同时间的效果差异等。
- 不同主体间的差异：例如检验 AB 测试中两个版本效果的差异，检验营销效果与目标是否一致（是否达成），检验不同广告版本点击率差异是否显著等。

## 4.4 广告投放的排期要素管理

排期是营销落地中的"When"。在大型营销活动时，广告排期主要与营销节奏保持一致，按营销需求带量是营销的基本要求；在常规性广告投放时，广告排期则可以根据用户喜好、季节和时间性因素、转化效果和目标等综合选择恰当的时间来投放广告。

## 4.4.1 广告投放的排期要素管理概述

排期要素包括周几、月份、季度、是否工作日等按日产生的因子,是本节的重点内容。

> **提示** 除了日期类要素外,还有更细化的时间性要素,例如小时、分钟等。大多数渠道能控制的粒度主要是日期。按小时、分钟的汇总分析逻辑与日期类似,因此本节不做介绍。

在营销渠道中,除了部分硬广告在媒介采买时就已经确定了投放日期和时间外,其他硬广告、信息流、SEM 广告可根据企业营销需求进行日期和时间控制,因此本节内容的应用主要集中在可控投放日期和时间的硬广告、信息流和 SEM 等广告渠道。其他渠道例如 CPS、MCN、社群媒体、会员等也可参照本节的方法来管理日期和时间。

## 4.4.2 不同日期维度下的影响分析

本节案例以 Google Ads 投放数据为例,说明如何对日期性要素进行评估。源数据见本书数据资源 Excel 文件"第 4 章"的 4-4。原始导出的数据包括日期、时段、点击次数、展示次数和点击率。

### 第一步 新增衍生日期字段

本步骤通过 Excel 函数实现基于日期的衍生信息,包括周几,是否工作日,月份,季度,月内第几天,月内上、中、下旬,以便多维度分析日期性因子。计算过程如图 4-11 所示。

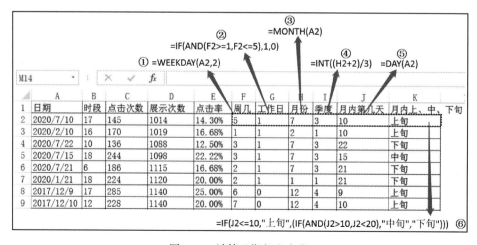

图 4-11 计算日期衍生字段

在图 4-11 中,所有日期特征衍生都基于 A 列以及 A 列的衍生列产生。

- F 列表示周几,值从 1~7 分别表示星期一到星期日,函数公式为=WEEKDAY(A2,2),其中第二个参数 2 表示一周从星期一开始,如图中①。
- G 列表示工作日,判断逻辑为如果周几(F 列)的值在 1~5 就属于工作日,否则(6/7)就属于休息日,函数公式为=IF(AND(F2>=1,F2<=5),1,0),如图中②。
- H 列为月份,值从 1~12 表示 1 月到 12 月,函数公式为=MONTH(A2),如图中③。
- I 列为季度,值从 1~4 表示第一季度到第四季度,由于 Excel 暂时没有季度函数,这里通过月份计算得到,函数公式为=INT((H2+2)/3),如图中④。
- J 列为月内第几天,默认从 1~31,函数公式为=DAY(A2),如图中⑤。
- K 列为月内上、中、下旬,直接使用字符串表示含义,这里基于月内第几天产生,默认逻辑是前 10 天为上旬,中间 10 天为中旬,后面为下旬,函数公式为=IF(J2<=10,"上旬",(IF(AND(J2>10,J2<20),"中旬","下旬"))),如图中⑥。

**第二步　新建透视表并分析不同日期维度下的效果**

由于本书之前已经多次介绍过新建透视表的过程,因此这里直接展示透视表配置和完成后的结果。读者可翻看 4.3.2 节中的第一步查看新建过程。配置如图 4-12 所示。

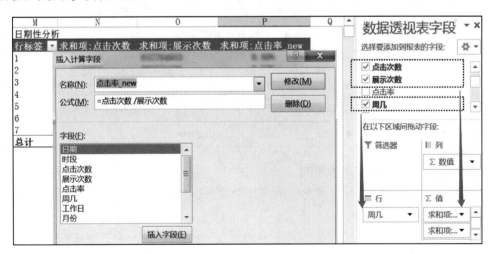

图 4-12　日期性分析透视表

透视表中将"周几"拖入"行",将"点击次数"和"展示次数"拖入"值",然后按照 4.3.2 节中第二步的方法,新增计算字段,定义新的点击率计算公式。

**（1）分析周几对点击率的影响**

完成上述操作后，周几的点击率分布数据如表4-3所示。数据中：从周一到周五的点击率逐渐提升，并在周五达到顶峰；周末的点击率效果极差，远低于周一到周五。因此后续投放时可针对性调整周几的投放排期、预算控制或出价等。

表4-3 周几点击率分布

| 行标签 | 求和项：点击次数 | 求和项：展示次数 | 求和项：点击率_new |
|---|---|---|---|
| 1 | 3787482 | 491375322 | 0.77% |
| 2 | 4532615 | 570987019 | 0.79% |
| 3 | 5194806 | 652704953 | 0.80% |
| 4 | 5023074 | 605871528 | 0.83% |
| 5 | 5031923 | 573951628 | 0.88% |
| 6 | 1464303 | 234327343 | 0.62% |
| 7 | 1147983 | 217434308 | 0.53% |
| 总计 | 26182186 | 3346652101 | 0.78% |

按照相同的操作，下面分别分析其他日期性因素对点击率的影响。

**（2）分析工作日对点击率的影响**

表4-4显示了工作日的点击率远高于休息日，这点与表4-3的数据结论方向一致。

表4-4 工作日点击率分布

| 行标签 | 求和项：点击次数 | 求和项：展示次数 | 求和项：点击率_new |
|---|---|---|---|
| 0 | 2612286 | 451761651 | 0.58% |
| 1 | 23569900 | 2894890450 | 0.81% |
| 总计 | 26182186 | 3346652101 | 0.78% |

**（3）分析月份对点击率的影响**

表4-5显示了月份对点击率的影响，其中3月、4月、5月效果非常差，这可能与农历新年之后的"消费后遗症"有关，即年前已经完成提前消费或透支消费，年后短期内消费疲软是整个行业的现状。月份中的6月、11月的点击率达到顶峰，这与行业特性有关（618、双11）。不同行业在月份上可能有不同的规律。由于广告投放时，一般很少调节到月份粒度的周期，因此一般会在这些月份下，手动削减预算或进一步优化人群来降低广告支出，而不是暂停账户投放。

表 4-5　月份点击率分布

| 行标签 | 求和项：点击次数 | 求和项：展示次数 | 求和项：点击率_new |
| --- | --- | --- | --- |
| 1 | 1888647 | 180324607 | 1.05% |
| 2 | 540450 | 32124410 | 1.68% |
| 3 | 730555 | 120640749 | 0.61% |
| 4 | 11323516 | 2192976815 | 0.52% |
| 5 | 1238719 | 155053933 | 0.80% |
| 6 | 896143 | 40846854 | 2.19% |
| 7 | 908426 | 43853386 | 2.07% |
| 8 | 681622 | 41842636 | 1.63% |
| 9 | 2430271 | 196628298 | 1.24% |
| 10 | 2459629 | 141051326 | 1.74% |
| 11 | 1298804 | 64083621 | 2.03% |
| 12 | 1785404 | 137225466 | 1.30% |
| 总计 | 26182186 | 3346652101 | 0.78% |

（4）分析季度对点击率的影响

表 4-6 显示了上半年（尤其是第二季度）的点击率效果较差，下半年的效果提升迅速，从第三季度开始提升，到第四季度达到顶峰，这点与表 4-5 的数据结论方向一致。

表 4-6　季度点击率分布

| 行标签 | 求和项：点击次数 | 求和项：展示次数 | 求和项：点击率_new |
| --- | --- | --- | --- |
| 1 | 3159652 | 333089766 | 0.95% |
| 2 | 13458378 | 2388877602 | 0.56% |
| 3 | 4020319 | 282324320 | 1.42% |
| 4 | 5543837 | 342360413 | 1.62% |
| 总计 | 26182186 | 3346652101 | 0.78% |

（5）分析月内第几天对点击率的影响

使用趋势图展示月内第几天点击率分布。如图 4-13 所示，当前 1 号到 8 号以及 29 号左右的点击率效果较好，中间部分的点击率较差，因此应该着重把精力放在月度的收尾时间上做优化。

（6）分析月内上、中、下旬对点击率的影响

表 4-7 显示了月内上、中、下旬对点击率的影响，其中上旬效果较好，下旬和中旬

效果一般,这点与图 4-13 的数据结论方向一致。

图 4-13　月内第几天点击率趋势

表 4-7　月内上、中、下旬点击率分布

| 行标签 | 求和项:点击次数 | 求和项:展示次数 | 求和项:点击率_new |
| --- | --- | --- | --- |
| 上旬 | 7444346 | 741805537 | 1.00% |
| 下旬 | 9012733 | 1216327313 | 0.74% |
| 中旬 | 9725107 | 1388519251 | 0.70% |
| 总计 | 26182186 | 3346652101 | 0.78% |

### 4.4.3　通过日历标记管理日期性要素

通过 4.4.2 节得到的日期规律,无法(也没有必要)通过人脑记住。此时可以使用日历标记法对规律进行有效管理。其中 6 个日期因素可使用最细粒度的三个因素表示:周几、月份、月内第几天,其他要素都基于这三个要素产生。

**第一步　建立未来日期日历记录**

在新的工作薄中,建立新的日期。然后分别使用 WEEKDAY(不要忘记在参数中将星期一作为第一天)、MONTH、DAY 函数得到星期几、月份和月内第几天。结果如表 4-8 所示。

表 4-8　未来日期日历

| 日期 | 周几 | 月份 | 月内第几天 |
| --- | --- | --- | --- |
| 2021/6/1 | 2 | 6 | 1 |
| 2021/6/2 | 3 | 6 | 2 |

（续）

| 日期 | 周几 | 月份 | 月内第几天 |
|---|---|---|---|
| 2021/6/3 | 4 | 6 | 3 |
| 2021/6/4 | 5 | 6 | 4 |

### 第二步　复制权重到单元格

将 4. 4. 2 节中第二步中的三个日期的点击率复制到单独的单元格，作为日期要素的权重。结果如表 4-9 所示。

表 4-9　三个日期要素的点击率权重

| 周几 | 周几点击率权重 | 月份 | 月份点击率权重 | 月内第几天 | 月内第几天点击率权重 |
|---|---|---|---|---|---|
| 1 | 0. 007707921 | 1 | 0. 010473596 | 1 | 0. 010132419 |
| 2 | 0. 00793821 | 2 | 0. 016823655 | 2 | 0. 009145429 |
| 3 | 0. 007958889 | 3 | 0. 006055624 | 3 | 0. 007469664 |
| 4 | 0. 008290659 | 4 | 0. 005163537 | 4 | 0. 01183399 |
| 5 | 0. 008767155 | 5 | 0. 007988956 | 5 | 0. 01155092 |
| 6 | 0. 006248963 | 6 | 0. 021939095 | 6 | 0. 014226337 |
| 7 | 0. 005279677 | 7 | 0. 020715071 | 7 | 0. 012608411 |

### 第三步　匹配权重到未来日期记录

使用 Vlookup 函数，将周几、月份和月内第几天的权重匹配到未来的新的日期记录。如图 4-14 所示，以 E3 单元格为例，公式 = VLOOKUP(B3,I:J,2,0) 表示针对 B3 单元格（周几），到 I:J 两列中查找匹配记录，返回 I:J 的第 2 列（J 列）匹配结果，匹配模式为近似匹配（或模型匹配）。

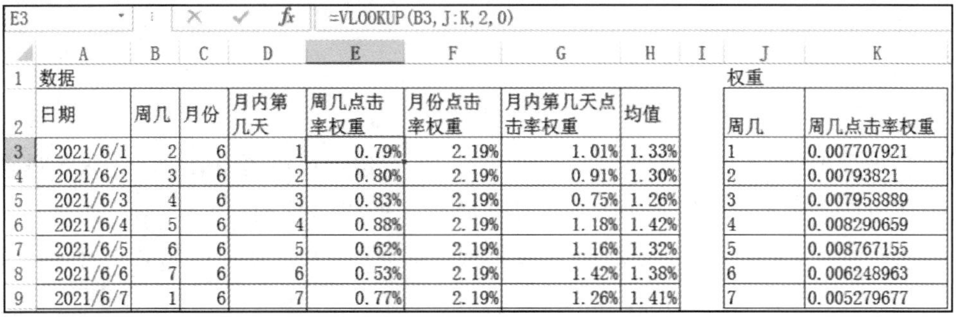
E3　=VLOOKUP(B3, J:K, 2, 0)

| | A | B | C | D | E | F | G | H | I | J | K |
|---|---|---|---|---|---|---|---|---|---|---|---|
| 1 | 数据 | | | | | | | | | 权重 | |
| 2 | 日期 | 周几 | 月份 | 月内第几天 | 周几点击率权重 | 月份点击率权重 | 月内第几天点击率权重 | 均值 | | 周几 | 周几点击率权重 |
| 3 | 2021/6/1 | 2 | 6 | 1 | 0. 79% | 2. 19% | 1. 01% | 1. 33% | | 1 | 0. 007707921 |
| 4 | 2021/6/2 | 3 | 6 | 2 | 0. 80% | 2. 19% | 0. 91% | 1. 30% | | 2 | 0. 00793821 |
| 5 | 2021/6/3 | 4 | 6 | 3 | 0. 83% | 2. 19% | 0. 75% | 1. 26% | | 3 | 0. 007958889 |
| 6 | 2021/6/4 | 5 | 6 | 4 | 0. 88% | 2. 19% | 1. 18% | 1. 42% | | 4 | 0. 008290659 |
| 7 | 2021/6/5 | 6 | 6 | 5 | 0. 62% | 2. 19% | 1. 16% | 1. 32% | | 5 | 0. 008767155 |
| 8 | 2021/6/6 | 7 | 6 | 6 | 0. 53% | 2. 19% | 1. 42% | 1. 38% | | 6 | 0. 006248963 |
| 9 | 2021/6/7 | 1 | 6 | 7 | 0. 77% | 2. 19% | 1. 26% | 1. 41% | | 7 | 0. 005279677 |

图 4-14　匹配权重到未来日期记录

完成上述操作后，得到三列新的基于点击率匹配的权重。在最后一列新增名为“均值”的列，使用 AVERAGE 函数计算三个权重的均值，以 H3 为例，公式为 = AVERAGE

(E3:G3)。由此得到未来每日的日期性要素的权重。

**第四步　基于权重标记未来日期**

得到均值权重后，将不同日期标记出来，目的是根据权重标记来确定不同日期的重要性，重要性越高就应该投入更多精力进行投放管理。这里使用 Excel 自带的"条件格式"实现。

如图 4-15 所示，先点击单元格的 H 列选中该列所有数据；点击顶部菜单"开始"→"条件格式"，选择"色阶"，并从右侧窗口中选一种色阶模式。"均值"列通过颜色来区分权重，颜色越深表示值越大，在对应日期下就应该加大投放资源，例如增加预算、延长投放时间等。这种可视化方式便于按日期进行管理，且整合了不同日期性因素的影响，相比单个要素的调节和控制更加科学。该结果见本书数据资源中 Excel 文件"第 4 章"的 4-4_date，读者可查看详细信息。

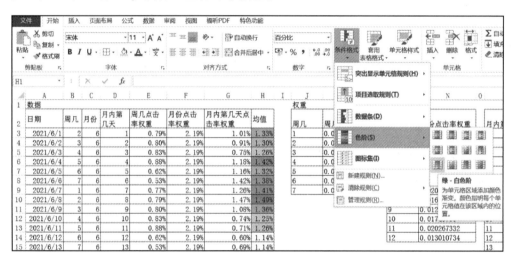

图 4-15　使用条件格式标记权重

### 4.4.4　知识拓展：基于组合媒体的排期管理

广告排期决定了广告展示的时间和周期，除了可以从单一渠道效果进行媒体排期管理外，还可以基于多个渠道的实际组合转化路径安排整体排期策略。图 4-16 是网站分析工具中统计到的转化路径数据，该路径转化量最多且占比较高，排期时需要综合考虑用户的实际媒体衔接模式和行为习惯。

图 4-16 中的路径包含 3 个媒介，分别是 ad1、ad2、ad3。在用户在 3 个媒介之间的访问间隔大概是 4 天、3 天。在安排广告投放时需要兼顾 3 个媒体的广告访问间隔。广告排期大致如表 4-10 所示。

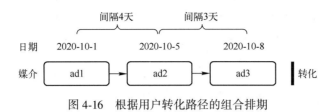

图 4-16　根据用户转化路径的组合排期

表 4-10　基于用户转化路径的媒体组合与排期

| 日期<br>媒介 | 7-1 | 7-2 | 7-3 | 7-4 | 7-5 | 7-6 | 7-7 | 7-8 | 7-9 |
| --- | --- | --- | --- | --- | --- | --- | --- | --- | --- |
| ad1 | ■ |  |  |  |  |  |  |  |  |
| ad2 | ■ | ■ | ■ | ■ | ■ |  |  |  |  |
| ad3 |  |  |  |  | ■ | ■ | ■ | ■ |  |

在表 4-10 所示的排期策略上，当 7-1 的 ad1 曝光后，需要同步从 7-1 到 7-5 投放 ad2 且投放时间要持续在 4 天左右；在 ad2 曝光后，从 7-5 到 7-8 要衔接 ad3 的广告，同时需要 3 天左右的广告排期。由于在广告曝光后无法保证用户一定会点击广告，因此还需要根据实际的广告点击率预估广告曝光频次或曝光周期，以最小的曝光成本确保用户发生点击。

这种基于媒体组合的排期策略，广泛适用于企业站点中多个渠道共同发挥作用的场景，相关数据可在网站分析工具的多渠道转化路径（或热门转化路径）中获取。当然，为了更好地梳理渠道组合规则，可以将多渠道的组合拆分为两两渠道间的组合，具体可参考 3.7 节介绍的方法。

## 4.5 着陆页测试与优化

着陆页测试和优化是营销落地中"How"的组成部分，也是决定流量到站效果的关键影响因素之一。很多营销转化目标是在着陆页上完成，在这种情况下，着陆页几乎是营销活动成功与否的决定性因素。

### 4.5.1 着陆页优化概述

着陆页是广告引流的承载页面，主要包括 Minisite 和网站页面两类。Minisite 指独立于企业站点之外的单独服务于特定营销活动的页面；网站页面是在整个企业站点架构之内的页面。着陆页可以包括活动主会场页、商品详情页、列表页、首页等。

着陆页优化是所有营销渠道效果优化和提升最重要的因素之一,也是广告投放前的必要工作环节。本节内容适用于所有渠道。

### 4.5.2 着陆页测试的 3 种类型

着陆页测试根据不同的场景可分为 3 种类型。

#### 1. A/B 测试

A/B 测试也叫作 A/B/N 测试。在 A/B 测试中,保持页面上其他所有的元素相同,只测试其中的一个元素的两个(多个)版本的效果,是最常用的一种方式。这种方式能够最大程度地保证每次测试中优胜方案的可理解性和可解释性。

例如,测试两种标题文案或两幅不同的着陆页图片素材,可以知道哪种文案或图片素材对着陆页的优化更重要。

#### 2. 多变量测试

多变量测试是在同一个页面上同时测试更多个不同的元素。这种测试方式适用于同一页面上不同元素的组合过多并且时间有限的场景。

例如,页面上有 5 个元素需要测试,如果通过 A/B 测试分别对 5 个元素进行测试,那么需要很长的周期才能得到测试结果;但如果通过多变量测试,对 5 个元素综合起来设计多个(例如 6 个)测试版本,只需要一次性测试多个版本的效果对比即可。但这种测试方式可能不会得到"最优"的组合,原因是这 6 个版本可能无法覆盖每个元素的最优解的场景。

例如,假设 5 个元素中每个元素都有 2 个变量方案可供测试(与 AB 测试逻辑一致),那么 5 个元素下的组合有 32 个版本(即 2×2×2×2×2),而设计的 6 个版本可能无法保证一定包含最优变量组合。

#### 3. 重定向测试

重定向测试是对两个不同 URL 或页面的测试。比如针对营销活动的着陆页,开发设计了两个完全不同的版本,此时适合用重定向测试进行测试。

例如,在图 4-17 中,左侧为原始着陆页,页面 URL 地址为 http://www.example.com/original?s1 = v1&s2 = v2,右侧为新的着陆页,URL 地址为 http://www.example.com/destination?s3 = v3&s1 = v3&s2 = v2#dest。通过在 A/B 测试工具或网站服务器中定义重定向规则,实现从原始页面 URL 到新页面 URL 的跳转。此时可分别对比 http://www.example.com/original?s1 = v1&s2 = v2 和 http://www.example.com/destination?s3 = v3&s1 = v3&s2 = v2#dest 的效果,快速找到哪个版本更好。

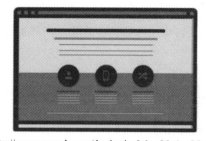

图 4-17　两个不同着陆页页面

### 4.5.3　着陆页测试的 8 类主要对象

在着陆页测试中，主要应用的测试对象包括 8 类，分别是着陆页面、页面结构与布局、内容信息元素类、导航类、表单类、按钮类、流媒体类、性能类。

- 着陆页面：对整体页面的测试，不区分具体内部每个元素的差异，用来快速对比不同页面的效果差异。
- 页面结构与布局：只针对页面结构和布局的测试而与内容无关。例如图 4-18 显示了 3 种不同的页面布局，通过测试找到哪种布局结构更加合理。

图 4-18　三种页面布局结构

- 内容信息元素类：这是 A/B 测试中最常用的一类测试，通过内容的差异找到哪些内容对于转化更有帮助。例如：带有"15 天免费退换货"与不带该字样的内容对比、"15 天免费退换货"与"7 天免费退换货"的对比、"全场 5 折"与"满 100 减 50"的对比、将"全场 5 折"设计为黑体 15 磅与宋体 24 磅的对比等。
- 导航类：在大型营销活动中常见，尤其在着陆页内容较多时是必要功能。如图 4-19 显示了三种导航设计方案，通过测试可以找到哪种方案具有更好的分流效果。
- 表单类：表单是复杂转化流程中的必备环节，在注册、登录、交易、留资等场景下必不可少，因此针对表单的测试非常重要。图 4-20 显示了两种表单设计，左侧表单的所有信息都是必填项，右侧表单只有电话是必填项，且通过文字说明信息用途。通过 A/B 测试可以找到更好的留资表单设计方案。

图 4-19　三种导航分流方案

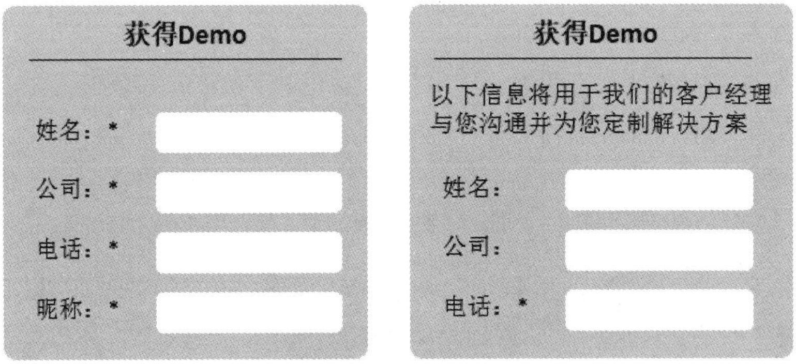

图 4-20　两种表单设计

- 按钮类：按钮是转化的关键动作载体，是任何具有事件互动目标场景的必需对象。按钮类功能以及体验的好坏往往是决定转化的"最后一步"，因此至关重要。
- 流媒体类：在内容型、品牌宣传型等场景下，经常需要通过不同的富媒体对象展示广告内容。针对这些对象的测试也非常常用。
- 性能类：性能类对象大多是 IT 层面更关注的问题，在普通业务场景下关注较少，除非着陆页性能已经严重影响了流量转化时才会获得业务层面的关注。

表 4-11 列出了在着陆页测试中常用的测试对象以及适用的测试类型。

表 4-11　常用测试对象及适用测试类型

| 测试对象 | 说　　明 | 适用测试类型 |
| --- | --- | --- |
| 着陆页面 | 测试不同的页面，到底哪些页面作为测试页更好，例如单品页、搜索列表页、主页等 | 重定向测试 |

(续)

| 测试对象 | 说　　明 | 适用测试类型 |
|---|---|---|
| 页面结构与布局 | 测试不同的页面设计结构、模式，例如图文随机混排结构、上中下结构，以及测试不同的页面长度、设计风格等 | 重定向测试 |
| 内容信息元素类 | 用来增加转化的信息元素，包括质量说明、安全认证、社交评价、隐私保护、价格保护、退换货政策、商品卖点、价格折扣、优惠促销、Slogan、免费试用等，主要涉及文案、位置、字体、内容组合、大小、样式、版式、设计等 | A/B测试（少量元素）、多变量测试（多元素） |
| 导航类 | 主要针对带有分流功能的活动主会场、活动专题页面，包括文字和图片类的导航，内容涉及主、次级导航策略，入口顺序策略、组合策略、位置策略，以及图文的大小、字体、样式等 | A/B测试（少量元素）、多变量测试（多元素） |
| 表单类 | 主要针对站内着陆页以及站外 Minisite 类，测试表单字段数量、字段值排列和组合、多表单流程和逻辑等 | A/B测试 |
| 按钮类 | 关键按钮的测试，通常具有 Call to Action 类功能，例如购买、注册、留资、查看详情等，测试按钮位置、大小、尺寸、颜色、样式、动态/静态、交互，以及与其他图文的配合等 | A/B测试 |
| 流媒体类 | 针对视频和音频类流媒体，包括标题、内容介绍、缩略图、资源主题、媒体资源时长、前 $N$ 秒内容（前 $N$ 秒决定用户留存）、页面内位置以及功能按钮的大小、位置等 | A/B测试（少量元素）、多变量测试（多元素） |
| 性能类 | 测试页面的加载性能，目标是提升页面加载效率。通常需要针对前、后台所有元素。前台对象包括页面板式和布局设计、图像压缩、文本内容量、页面长度；后台对象包括 HTTP 请求数量、CSS/JS 位置、GZip 压缩、HTML/CSS/JS 的合并与压缩、HTML/CSS/JS 语法、页面重定向、CDN 与缓存等 | 多变量测试 |

### 4.5.4　着陆页测试的4个实施要素

着陆页测试涉及的实施要素主要包括测试目标、测试人群、时间周期、测试阶段。

**1. 测试目标**

目标是决定测试版本是否胜出的唯一标志。在着陆页中，常用的目标是带有转化性质的动作，例如购买、注册、留资、查看详情、浏览活动等。也有些着陆页不带有明确的转化目标，而是希望用户在着陆页留存下来，进而查看或浏览页面更多信息。

对于第一类有特定动作事件的目标，可将事件的完成数量或比例作为目标。对于第二类没有特定动作事件的目标，可将辅助于后续转化的指标作为目标，例如页面平均停留时间、访问深度、跳出率、到达特定页面主题的用户比例等作为目标。当然，也可以使用直接贡献评估的指标，例如页面带来的用户的注册率、加车率、订单转化率、支付转化率等。

**2. 测试人群**

人即测试的对象，细分要素包括细分条件、测试规模、测试比例。

**(1) 人群细分条件**

着陆页测试可以针对全部人群，也可以只选择符合条件的部分人群。例如：针对新用户留存的营销活动,测试人群应该是新用户而不应该包含老用户。

**(2) 人群测试规模**

具有一定样本量的测试结果是保证测试成功的必要条件。测试规模受限于三个条件:总体流量、测试比例和测试周期,每个版本的测试规模计算公式为:测试规模=每日总体流量×测试比例×测试周期。通常,测试样本至少是在"几千"级别,理想情况下应该以万为单位。

**(3) 人群测试比例**

人群测试比例的选择与测试阶段、版本数量、风险考虑等因素有关。

- 多轮测试中的样本比例,一般会按照从少到多的比例逐渐增大,例如10%→20%→50%递增。
- 人群测试比例的最大值=100%/版本数量。例如同时存在两个在线版本,那么每个版本的测试比例最高是50%。此外,在线版本越多,每个版本可占用的比例越小。
- 一般情况下不会直接测试所有用户,主要原因是希望将测试失败或测试中的潜在问题的影响控制在一定范围之内。

提示 在任何比例下,一般都会选择随机的方式来保障不同版本之间的样本是均匀分布,而不是经过特定"分拣"的。

### 3. 时间周期

时间周期中包含两个要素:开始时间和持续时间。

这两个要素共同影响样本量规模和样本内部构成。时间周期对样本量规模的影响在上文已经介绍,这里不再重复。时间周期对样本内部构成的影响是指不同时间下测试可能受到不同外部因素的干扰。一般的小型测试持续时间在1到2周左右,大型项目则需要更长测试周期。

### 4. 测试阶段

一般的小型测试只需要经过简单测试便能达到预期;而某些重要的信息点则可能需要多轮测试来保证无论在何种情况下测试结果依然稳定且可信。在多轮测试下,一般最多按照5%、10%、20%、50%四个阶段滚动测试。

## 4.5.5 着陆页测试的贝叶斯评估方法

效果评估主要用来评价测试结果,包括不同版本基于目标的胜出情况、是否可信等。通过网站分析工具或A/B测试工具采集的数据,包括各版本对应的参与样本规模、目标完成数量和比例等,可用来对比二者是否具有差异性,以及差异程度是否显著。

这里我们介绍一种重要的评估方法——贝叶斯方法。本案例基于某网站的着陆页测试数据，数据来源于网站日志。源数据见本书数据资源中 Excel 文件"第 4 章"的4-5。原始数据包括用户 ID、版本、是否转化三个字段。本案例基于 Python 实现。

#### 第一步　导入库

```
import pandas as pd                                               #①
import pymc3 as pm                                                #②
import numpy as np                                                #③
import matplotlib.pyplot as plt                                   #④
```

pandas 库用于读取和处理数据；pymc3 为贝叶斯库，如果读者当前环境中没有该库，可通过 pip install pymc3 安装；numpy 为数据计算库；matplotlib.pyplot 为画图用库。

#### 第二步　读取数据

```
df = pd.read_excel('第4章.xlsx',sheet_name='4-5')                  #①
print(df.head(3))                                                 #②
print(df.info())                                                  #③
print(df.groupby('版本').agg({'用户ID':'count','是否转化':'mean'}))   #④
```

代码①读取附件第 4 章.xlsx 中名为 4-5 的工作簿。代码②打印数据前三条结果，用户 ID 为数值类型；版本为字符串类型，分为实验版本和原始版本；是否转化有两个值，1 表示转化，0 表示未转化。预览结果如下：

```
   用户ID    版本    是否转化
0   695   实验版本    1
1  1035   实验版本    0
2  2371   原始版本    0
```

代码③打印数据框信息，数据中的三列均读取正确。结果如下：

```
RangeIndex: 2200 entries, 0 to 2199
Data columns (total 3 columns):
 #   Column    Non-Null Count  Dtype
---  ------    --------------  -----
 0   用户ID      2200 non-null   int64
 1   版本        2200 non-null   object
 2   是否转化      2200 non-null   int64
dtypes: int64(2), object(1)
```

代码④对版本字段做分类汇总，具体通过 agg 指定基于用户 ID 做计数，基于是否转化求均值，进而得到每个版本下有多少人参与以及转化率。数据结果显示了每个版本有大概 1000 多人参与，原始版本和实验版本的转化率分别为 40%、43%（四舍五入结果）。

| 版本 | 用户 ID | 是否转化 |
| --- | --- | --- |
| 原始版本 | 1098 | 0.397086 |
| 实验版本 | 1102 | 0.431034 |

**第三步　数据处理**

```
observations_A = df[df['版本'] == '实验版本']['是否转化'].values            #①
observations_B = df[df['版本'] == '原始版本']['是否转化'].values            #②
```

代码①通过数据框的条件过滤，基于字段"版本"将值为"实验版本"的数据过滤出来，然后只取出"是否转化"这一列的值。代码②的逻辑与代码①相同，区别仅在于过滤条件改为"原始版本"。

**第四步　构建贝叶斯模型**

```
with pm.Model() as model:                                              #①
    p_A = pm.Uniform("p_A", 0, 1)                                      #②
    p_B = pm.Uniform("p_B", 0, 1)                                      #③
    delta = pm.Deterministic("delta", p_A/p_B)                         #④
    obs_A = pm.Bernoulli("obs_A", p_A, observed=observations_A)        #⑤
    obs_B = pm.Bernoulli("obs_B", p_B, observed=observations_B)        #⑥
    trace = pm.sample(1000, step=pm.Metropolis())                      #⑦
    burned_trace=trace[500:]                                           #⑧
```

代码①通过 with 方法建立一个 pm.Model() 的上下文环境，后续功能都在该上下文环境内构建。

代码②和代码③是设置贝叶斯的先验经验，这里建立 A 和 B 两个版本转化率的概率分布模型（即转化率如何分布），通过 pm.Uniform 将两个版本设置为等概率分布模式（即转化率分布是均等的）。pm.Uniform("p_A",0,1)等同于 pm.Beta("p_A",1,1)。

代码④通过 pm.Deterministic 建立一个确认函数，该函数用来优化模型。其中的 p_A/p_B 是函数体本身，表示 A 版本转化率除以 B 版本转化率。

代码⑤和⑥设置两个实际测试数据的观测样本点。样本点的分布模式为伯努利分布（又称两点分布或者 0-1 分布），因此使用 pm.Bernoulli 构建。其中的 p_A 和 p_B 是最开始构建的概率分布模型，observations_A 和 observations_B 则是两个版本的实际测试数据（是否转化）。

代码⑦通过 pm.sample 设置采样方法，其中的 1000 表示通过 MCMC（Markov Chain Monte Carlo，马尔科夫链蒙特卡洛）方法采样出的样本数量；step 表示 MCMC 的采样算法，例如 NUTS、Metropolis、Slice、HamiltonianMC、Metropolis 等。这里设置的 Metropolis 表示离散变量采样。整个代码⑦的含义是为贝叶斯指定 MCMC 优化方法，通过 Metropolis 采样获得后验分布来逼近真实的采样值。代码⑧为从总体返回的模型结果中，只保留从第 500 个点开始之后的结果作为参考，忽略前面对结果参考意义不大的样本，原因是基于初始先验经验的迭代观察中会存在较大的误差，而后面的数据会随着样本量的增加趋向准确。

**第五步　输出两个版本转化率的分布**

```
pm.plot_posterior(burned_trace,hdi_prob=0.95,
    point_estimate='median')                                              #①
plt.show()                                                                #②
print("实验比原始版本好的概率:%.3f" % np.mean(burned_trace['delta']>=1))  #③
```

代码①通过 pm.plot_posterior 展示后验概率图，其中 burned_trace 为第四步中获得的从第 500 个数据点开始的结果；hdi_prob=0.95 表示设置高密度区间 HDI（Highest Density Interval）的边界值为 0.95，即观察 95% 概率区间下样本点的分布情况；point_estimate='median' 输出观测点中的中位数（而非均值），以观察数据的集中度趋势。结果如图 4-21 所示。

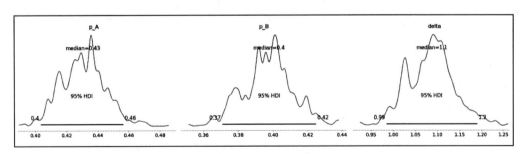

图 4-21　后验数据结果输出图

从图 4-21 中看出 A（实验版本）的转化率中位数为 0.43，95% 区间下的分布集中在 0.4~0.46；B（原始版本）的转化率中位数为 0.4，95% 区间下的分布集中在 0.37~0.42；确定函数的中位数为 1.1，95% 区间下的分布集中在 0.99~1.2。这说明在大部分情况下，A 版本的转化率要高于 B 版本。

代码③打印输出实验版本（A）比原始版本（B）好的概率，结果如下：

实验比原始版本好的概率：0.949

上述结论显示：应该选择实验版本作为最终着陆页的版本或下个阶段测试的基准。

 提示　贝叶斯方法中先验经验的设定是一个重要环节。一般情况下，"较好的先验经验+少量样本的迭代"与"较差的先验经验+较多样本的迭代"都能得到较为理想的效果。因此只要样本量较大，不必太过于担心先验经验的设定问题，贝叶斯方法会通过更多的样本观察来"学习"更多经验以"弥补"先验经验中的问题。

### 4.5.6　知识拓展：着陆页个性化设计策略

个性化的着陆页设计是解决用户需求个性化的核心。着陆页的个性化实施包含三个层次。

**第一层次　着陆页页面的个性化**

即使所有的广告活动都指向相同的着陆页，但可以通过到站后重定向的二次跳转实现着陆页的个性化。这种方式可以保障不同的人在到达页面时看到正确的内容。例如重定向到特定的商品详情页、活动主会场、特定商品列表页等，这些页面都是通过实时到站的用户 ID 匹配以及来源广告活动的识别而为用户"量身定制"的页面。

**第二层次　着陆页内容的个性化**

同一个页面上的内容排布也可以体现个性化。例如 A、B 两用户分别对手机和数码感兴趣，当 A 用户到达着陆页时应该优先展示手机类商品，当 B 用户到达着陆页时优先展示数码类商品。这种内容的个性化展示仅仅是通过对内容的重新排序产生。事实上，个性化推荐的本质就是一个重新排序的过程，即同样的商品列表对不同的用户展示的排序是不同的。

**第三层次　着陆页的卖点个性化**

当着陆页的页面以及商品都相同时，不同的用户在面对同一个商品时的诉求可能存在差异。例如 A 和 B 用户都喜欢荣耀 30 手机，但是 A 用户对价格敏感，此时卖点信息应该主要体现在折扣力度、优惠券、价保等内容上；B 用户对商品质量、续航、拍照敏感，此时应该主要体现这类内容。这些信息的个性化将体现在文本标题、卖点、图像文案、促销方案和形式等内容上。

## 4.6　渠道测试性投放

渠道测试性投放也是营销落地中"How"的组成部分。通过前期测试能够让企业对新渠道的效果、特征有更好的把控，为后续正式合作提供谈判依据，是保障企业利益的重要方式。

### 4.6.1 渠道测试性投放概述

渠道测试性投放是在企业与第三方渠道或媒介在正式营销合作前的测试性活动，在大型企业中尤为常见，主要集中在硬广告类等费用或资源投入较多的渠道。

本节的测试性投放，特指企业与大型营销渠道（主要是硬广告类）在正式合作之前的测试性投放活动。对于企业通过自己控制的广告媒体（例如信息流和SEM），例如通过不同广告版本的迭代来测试投放人群、素材、文案等，以实现广告效果的提升的活动，更多是属于落地过程中的测试及优化操作，不在本节内容范畴内。

### 4.6.2 测试性投放中的噪声控制

在测试性投放过程中，企业不可避免地会受到"噪声"影响，这些"噪声"会干扰最终结果的评估与判断。测试性投放中常见的"噪声"包括如下几种。

- 内部运营因素：企业在不同时间下可能有不同的内部运营活动，这会直接影响内部的转化评估。例如电商企业从6月份开始618促销季，而前期都是预热活动。如果测试期横跨5/6两个月份就会导致转化效果差异极大。
- 客观日期和季节性因素：在日期和季节性因素上，如果测试期覆盖节假日、周末等时间，会导致与正常工作期间的流量和转化效果差异极大。
- 网站功能变化：每个企业的网站或App都会定期改版，大型页面或整站级别的改版周期可能是半年到一年，而小功能的迭代却可能总是在线。如果期间涉及关键功能（例如加车、收藏、提交订单）的改版和测试，就会直接影响改版前后的测试渠道的转化效果。
- 投放内容及着陆页：在测试性广告投放中，外部的渠道、媒体及媒介是企业与渠道方共同确定的，但不同测试期间的广告素材、文案甚至着陆页均可能发生变化，这会影响渠道的流量效果以及到站后的转化效果。

### 4.6.3 测试性投放的效果一致性验证

测试性投放的过程可能是一轮，即企业与渠道进行一次性测试即可验证效果；也可能是多轮，此时需要将多次效果加以对比。基本实施思路是：先小规模投入资源（或费用）进行测试，如果效果达标再扩量进行二次测试，如果效果仍然达标则确认合作关系。当然，根据不同的测试模式和目标，企业可能选择更多轮次的测试。

多次测试需要通过数据来验证不同测试期间的效果具有一致性，即保证每次的投放效果一样好。(当然,如果效果测试越来越好是最好的,但这种场景很少发生。) 通过方差分析可以观察不同波次下的效果指标是否一致。

本案例基于某渠道的三次测试性广告投放的数据,数据从 Google Analytics 中获取。源数据见本书数据资源中 Excel 文件"第 4 章"的 4-6。原始数据包括三个波次下的 UV 量、跳出率、UV 成本、订单转化率四个维度,每个波次投放时间为 7 天。原始数据如图 4-22 所示。

| | A | B | C | D | E | F | G | H | I | J | K | L | M |
|---|---|---|---|---|---|---|---|---|---|---|---|---|---|
| 1 | | UV量 | | | 跳出率 | | | UV成本 | | | 订单转化率 | | |
| 2 | 日期 | 第一波 | 第二波 | 第三波 | 第一波 | 第二波 | 第三波 | 第一波 | 第二波 | 第三波 | 第一波 | 第二波 | 第三波 |
| 3 | 第一天 | 316217 | 452058 | 328066 | 76% | 65% | 65% | 0.50 | 0.32 | 0.50 | 0.70% | 0.67% | 0.61% |
| 4 | 第二天 | 363355 | 465243 | 379100 | 72% | 72% | 79% | 0.47 | 0.58 | 0.38 | 0.80% | 0.57% | 0.84% |
| 5 | 第三天 | 443477 | 435993 | 292590 | 74% | 68% | 80% | 0.50 | 0.31 | 0.47 | 0.79% | 0.67% | 0.84% |
| 6 | 第四天 | 335833 | 449759 | 391032 | 76% | 77% | 67% | 0.51 | 0.43 | 0.45 | 0.80% | 0.78% | 0.62% |
| 7 | 第五天 | 292410 | 349995 | 334118 | 74% | 65% | 79% | 0.58 | 0.51 | 0.58 | 0.73% | 0.85% | 0.69% |
| 8 | 第六天 | 248558 | 495493 | 336193 | 72% | 67% | 61% | 0.48 | 0.47 | 0.56 | 0.71% | 0.65% | 0.58% |
| 9 | 第七天 | 321448 | 251153 | 273031 | 71% | 64% | 61% | 0.53 | 0.34 | 0.56 | 0.53% | 0.69% | 0.57% |

图 4-22 测试投放效果对比数据

关于方差分析的基本用法,已经在 4.3.2 节的第四步介绍过。这里将介绍主要过程,重复内容不再赘述。由于本次的投放涉及 4 个指标,且 4 个指标间不具有直接一起检验的前提,因此,这里分别对每个指标的三个波次效果进行检验。

**1. UV 量方差分析**

以 UV 量检测为例,设置过程如图 4-23 所示。选择三列 UV 量列,从 B2 到 D9,勾选标志位于第一行,设置置信水平为 0.05。结果如图 4-23 左侧部分所示。

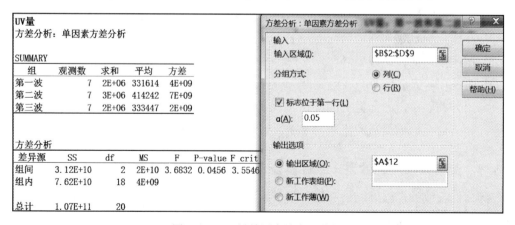

图 4-23 UV 量单因素放方差分析

从图 4-23 中看出 F(3.68)>F crit(3.55)且 P-value(0.0456)<设置的 0.05,说明三个波次下的 UV 量指标存在显著差异性。接下来分别对每两个波次进行单独的方差分

析，以找到是哪两个（也可能是三个）波次之间具有显著的差异性。对第一波和第二波、第二波和第三波、第一波和第三波进行方差分析的结果如表4-12所示。

表4-12 三个波次两两检验结果

| | F | P-value | F crit |
|---|---|---|---|
| UV量：第一波和第二波 | 4.384062076 | 0.058180176 | 4.747225347 |
| UV量：第二波和第三波 | 5.091355564 | 0.043492156 | 4.747225347 |
| UV量：第一波和第三波 | 0.004267726 | 0.948988699 | 4.747225347 |

由表4-12可知，"UV量：第二波和第三波"之间具有显著差异性，表现为$F(5.09)>F crit(4.75)$且P-value(0.043)<设置的0.05。再结合图4-23的结果中的SUMMARY，可以看到第二波的均值和方差要远大于其他两次，说明第二波的均值较高，且波动程度更加明显。

### 2. 跳出率、UV成本、订单转化率方差分析

按照UV量的方差分析步骤，分别对跳出率、UV成本、订单转化率做单因素方差分析，得到如图4-24所示结果（只选择其中部分关键字段）。

数据显示三波测试下的跳出率、UV成本、订单转化率虽然在均值和方差上都有一定的差异，但差异都不具备显著性。

通过上述分析发现三个波次在UV量指标上具有较大差异性，而在跳出率、UV成本、订单转化率等指标上不具有差异性。UV量的差异主要是UV均值在第二波次的增大以及方差较大，如果忽视该信息，可以认为渠道效果的一致性较强且效果和成本指标相对稳定；否则就要重新进行商务谈判或测试。

| 跳出率 方差分析：单因素方差分析 | | | UV成本 方差分析：单因素方差分析 | | | 订单转化率 方差分析：单因素方差分析 | | |
|---|---|---|---|---|---|---|---|---|
| SUMMARY | | | | | | | | |
| 组 | 平均 | 方差 | 平均 | 方差 | | 平均 | 方差 | |
| 第一波 | 0.74 | 0.00 | 0.51 | 0.00133 | | 0.00721 | 9.1E-07 | |
| 第二波 | 0.68 | 0.00 | 0.42286 | 0.01079 | | 0.00698 | 8.1E-07 | |
| 第三波 | 0.70 | 0.01 | 0.5 | 0.00523 | | 0.00679 | 1.3E-06 | |
| 方差分析 | | | | | | | | |
| 差异源 | F | P-value F crit | F | P-value F crit | | F | P-value F crit | |
| 组间 | 1.46502 | 0.2573 3.5546 | 2.75144 | 0.0906 3.5546 | | 0.30676 | 0.7396 3.5546 | |

图4-24 跳出率、UV成本、订单转化率方差分析

### 4.6.4 知识拓展：基于渠道相似性的策略应用

渠道测试性投放的主要目的是确定营销渠道的质量、流量规模、爆发能力、流量成本以及效益等，在测试期结束后，除了确定是否合作外，也可以有进一步的渠道策略应用。假如测试结果是后续可以进一步合作，那么可以计算渠道测试期间的效果数据与其他大类别渠道下（例如硬广告）的媒体效果的相似度，并基于相似媒体的历史投放策略作为该渠道未来的策略参考。

例如，新渠道在目标转化率、每日 UV、爆发指数、UV 成本、ROI 几个方面的指标与渠道 A/D/E 最相似，那么渠道 A/D/E 的渠道投放策略可以为新投放渠道在以下几个方向上提供参考。

- ❏ 渠道定位与选择。定位该渠道在流量渠道中的能力，当涉及相关流量目标时，重点考虑该渠道的媒体选择与预算倾斜。
- ❏ 媒介投放组合。设定其他渠道与投放渠道的组合规则。
- ❏ 渠道投放执行。在投放时间、人群、素材、着陆页等方面参考之前已有的策略。

 提示　这种应用逻辑成立的前提是，新的测试性渠道与之前的渠道具有很高的相似度。"历史上类似"的渠道的经验和教训，可作为新流量运营的参考，而无须从 0 开始。

## 4.7 渠道补量、扣量和余量

受企业内外部多种因素的影响，营销执行时经常会遇到补量、扣量和余量等问题。正确地认识并处理好这些问题是营销效果保障的重要内容，同时也是维护企业权益的重要支撑。

### 4.7.1 渠道补量、扣量和余量概述

补量，就是广告投放效果没有达到预期或少于正常数据的情况，需要渠道或媒体多提供一些数据量。补量一般都集中在大型广告主或企业上，原因是"不足量"的营销渠道如果不"补量"，后期就可能丧失继续合作的机会。根据不同的渠道特点，"数据量"有不同的定义目标，列举如下。

- ❏ 以流量规模为主的补量，例如 UV 量或 Session 量，主要集中在硬广告类渠道。
- ❏ 以销售规模为主的补量，例如销售量或订单量，主要集中在 CPS 类渠道。
- ❏ 以销售线索为主的补量，例如留资量，主要集中在 CPA 类渠道。

- 以用户规模为主的补量，例如注册量、回访量、下载量、激活量、安装量等，可能涉及各个类型的广告渠道，包括硬广告、信息流、SEM、CPA、CPS 等渠道。

扣量是指媒体或广告主扣取渠道实际投放的数据量，最终提供的数据比实际投放的数据要少。

余量是指媒体或广告主撤销投放之后仍然存在一部分数据。

### 4.7.2 补量的两种操作方式

媒体端补量可通过正常补量和作弊两种方式实现。

#### 1. 正常补量

正常补量就是通过增加媒体排期或广告位等方式，实现正常流量数据的弥补。虽然补量一般都是剩余流量，但这种操作方式仍然会消耗更多媒体资源投入并导致媒体合作风险增加。如图 4-25 所示，1 月 1 日到 1 月 5 日为正常投放排期，通过效果核对发现不足量，此时通过沟通可以让媒体方在 1 月 8 日和 1 月 9 日在原有或相关媒体资源上额外增加 2 天的广告投放来弥补。

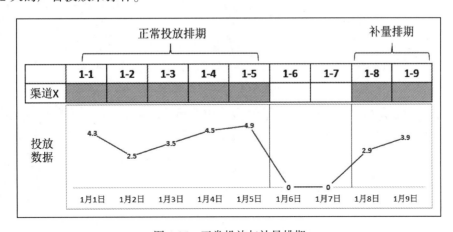

图 4-25 正常投放与补量排期

在图 4-25 中，1 月 1 日到 1 月 5 日为正常媒体投放的结果，1 月 8 日和 1 月 9 日则为补量操作后的投放结果。在评估渠道 X 的总体效果时，需要将正常投放和补量期间的数据汇总到一起做分析。

#### 2. 作弊补量

作弊补量主要通过程序作弊、人工作弊以及与第三方渠道合作等方式实现。这种方式立竿见影、效果相对有保证但风险较大。以转化为目标的营销渠道，如果通过正常媒体补量无法达成预期结果，那么大概率就会采用作弊的方法。这种作弊方法既包含线上的流量转化作弊，又包含线下的转化作弊。

例如，通过程序可以模仿人类行为来实现转化动作，通过嵌入 iFrame 来增加广告曝光，通过雇佣第三方作弊组织、团队实现规模化以达成转化目标（可以是线上交易、注册、下载 App、线下销售线索等）。

作弊检测和分析是营销分析中的难点，原因是作弊和反作弊是天然矛盾的，通过将反作弊中的应对策略和思路不断融入作弊规则中，作弊识别将越来越难；甚至当机器作弊无法完美达成目标时，通过人工作弊的方式结合反作弊措施能够很好地避开各种识别机制。当一个人以正常的方式完成转化后，如果没有更多转化落地的数据支撑，要判断该行为是否作弊产生将非常困难。针对作弊判断的更多内容，在第 7 章有详细介绍。

### 4.7.3　广告主扣量的优化价值

媒体方扣量只要不影响企业的合作就不会产生问题，而广告主扣量的结果通常是需要媒体后续补量，因此广告主扣量是广告主自身利益最大化的一种优化方式。

例如，媒体投放的广告带来 1000 万 UV，但广告主经过特殊操作，扣除了其中 10% 的数据量，结果检测到的 UV 量只有 900 万。如果广告主与媒体方约定 UV 量目标为 1000 万，那么媒体方需要再通过其他方式补足 100 万 UV 量"缺口"。对广告主而言，通过扣量增加了额外的 100 万 UV，将带来广告各个方面的效果提升，直接提升为 UV 量级的提升、UV 成本的下降，间接提升为目标转化率提升、ROI 提升等。

广告主实现扣量的方式多种多样，从数据跟踪到识别标志处理，从数据抽样到条件筛选，从数据处理到报告处理，只要数据系统在广告主手中，便可以在很多环节实现扣量的目的。

### 4.7.4　余量的数据反馈及成因

由于余量不是在正常广告投放期间产生的数据，因此通常情况下可能不会将余量与正常投放期间的数据放到一起做评估。

图 4-26 为某次营销活动后某渠道的余量数据。从 8 月 1 日到 9 日是正常渠道投放时间，但在 8 月 10 日渠道停止投放后，该渠道仍然有一部分余量数据（图中①）。

余量的出现主要与几个方面因素有关。

**1. 浏览器补足机制**

很多读者可能都有类似经历，在浏览器输入 URL 的一部分时，浏览器会自动补足完整的 URL 信息。如果 URL 中带有已经下线的渠道标记，此次进入网站的流量仍然归属于该已经下线的渠道，如图 4-27 所示。

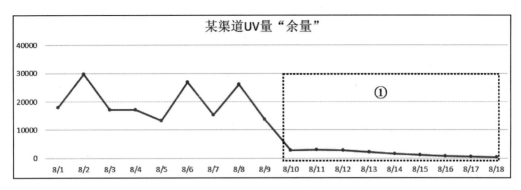

图 4-26　某渠道 UV 量余量

图 4-27　浏览器补足的 URL

### 2. SEO 索引机制

某些情况下，搜索引擎会索引带有站外广告标记参数的 URL，此时即使广告活动已经下线，如果企业 SEO 部门没有处理好跟踪参数的标记，也会导致从 SEO 进入的流量被识别为标记参数的来源渠道。

### 3. 用户收藏夹

用户从站外广告渠道进入网站后，可能会直接收藏该特定页面以便后续使用。当收藏的 URL 中带有渠道标记参数时，再次点击收藏夹中的该 URL，也会导致余量的产生。

### 4. 错误的站外广告数据标记

少数情况下，当广告渠道的其他部门使用已经下线的标记代码来识别其渠道时，也会导致标记数据的混乱以及余量产生。

### 5. 广告下线时间的不一致性

当某些渠道的投放广告较多且企业方无法做到"一键下架"时，该渠道的不同广告媒介的广告就可能在不同时间内分别下降，在时间上就具有先后顺序，从而产生余量。

### 6. 用户端的缓存

当用户将带有广告的页面被缓存到浏览器或本地时，再次点击页面上的广告链接，可能也会触发已经下架的广告标记信息并识别为标记的渠道。

### 7. 服务器端的缓存或 CDN

当广告媒体端的媒体网络较广时，为了加快用户端的浏览体验，一般都会通过服务器缓存或 CDN（Content Delivery Network，内容分发网络）来加速内容展示，当这些信息没有及时更新时，用户可能会看到这些广告并点击。此时当用户到达广告着陆页后会发现这些广告已经下架或者过期，但是从企业端的数据表现来看，下架或过期的广告仍然产生了流量数据。

### 4.7.5　知识拓展：数据度量标准与数据差异性原因

补量、扣量和余量的数据基准一般来源于广告主自己的网站分析系统，少数情况下也会以"公正的"第三方广告检测工具为参考。广告主的网站分析工具与第三方工具（包括第三方广告检测工具、媒体方工具）的数据经常会出现不一致的情况，以"点击量"为例，主要影响因素分析如下。

- 对比指标不同：媒体提供的指标一般是广告点击量，而网站分析工具的指标则可能包括访问量、进入次数、页面浏览量等，没有站外广告本身的点击量。
- 测量的时机不同：媒体统计的是在用户点击时的数据，而网站分析工具统计的是点击之后到达网站的数据。不同的测量时机会导致数据的不一致。
- 网络丢包的问题：丢包无法控制，也无法避免。
- 去重机制的问题：很多广告媒体对点击都有去重机制，主要用来屏蔽垃圾点击、恶意点击或蜘蛛点击等作弊行为，而网站分析工具不会主动去重。
- 用户中途退出的问题：当用户不小心点击了广告之后，第一反应是立即关掉广告和对应的着陆页，此时媒体端会统计到点击数据，但网站分析工具一般无法统计到数据。
- 页面跟踪加载问题：在加载页面时，用户可能在跟踪代码加载完成前（大多数跟踪代码在页面底部）就已经关掉页面，此时网站分析工具无法测量到数据。
- 动机导致的数据夸大：大多数广告媒体是相对客观的，但不排除部分广告媒体存在恶意报量、夸大效果的问题，这点以展示类广告（例如门户、Banner、弹窗等）最为严重。

根据笔者的经验，以到达率为例（到达率=到达数/点击数），硬广告类渠道的到达率为 50%~60%；CPS 的到达率为 60%~80%；信息流和 SEM 的到达率为 80%~90%；其他渠道由于通过付费到达网站的流量较少，在此不做统计。

## 4.8　数据使用注意

在用数据度量媒体投放执行的效果时，经常会受到多种数据结果、小样本量的困扰。本节介绍两个数据使用注意事项。

### 4.8.1 多个数据系统的数据误差

本章提到了广告主的数据度量标准一般都是自己的网站分析系统或数据系统，但很多企业内部也可能存在多个数据系统。以流量监测为例，企业可能同时拥有 Google Analytics 和百度统计两个数据系统。某些场景下可能会遇到同一个指标在两个系统中的结果不一样的问题，此时营销人员可能会纠结于二者的差异并对数据可信度产生质疑。

图 4-28 显示了对于同一个网站，相同日期范围内百度统计与 Google Analytics 的数据差异。如何看待该问题？

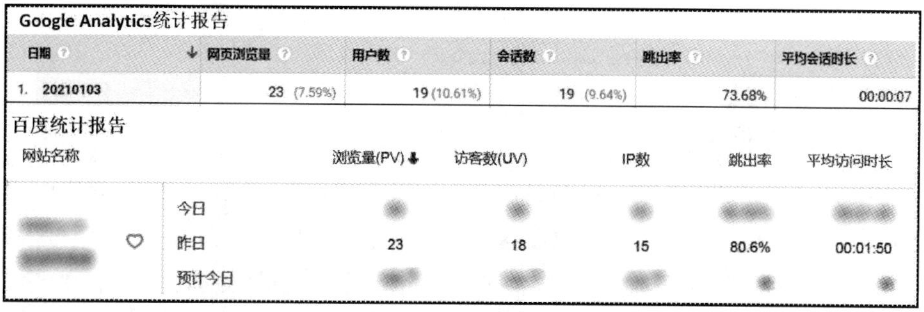

图 4-28　百度统计和 Google Analytics 的数据差异

**首先，不同流量数据系统间的差异不可避免**。主要原因分析如下。

- 指标定义不同。不同系统对于同一个指标的定义可能不同，在某些特定逻辑下会有差异。图中百度统计的 IP 数，在 Google Analytics 中无对应指标，因此使用了会话数作为参考。
- 采集机制不同。采集逻辑、触发机制、异常处理等数据采集机制会影响数据本身。百度统计对于跳出或退出页面的停留时长的计算逻辑是取前 1 个页面的停留时长；而 Google Analytics 则直接将最后一个页面的停留时间计为 0（原因是没有后续页面访问时间，也就无法通过访问时间差来计算上一个页面的停留时间，因此，某些页面内的页面停留时间会是 0）。
- 系统过滤规则不同。流量系统都允许用户自定义过滤器或规则来保留或去除特定数据。例如百度统计和 Google Analytics 都会设置不同的过滤器、IP 地址过滤等来过滤特定流量。
- 更新时间不同。不同更新周期（2 小时更新和 1 天更新）下的数据结果的差异难以避免。百度和谷歌都能看到截止到昨天的统计报告，在百度统计中的实时报告为每分钟更新一次，Google Analytics 的实时报告则可以实现秒级别更新。
- 监测位置不同。位置对于数据监测的影响主要体现在代码触发时机上。通常，放在页面顶部的监测代码将比放在底部的监测代码监测到的数据多。

**其次，流量系统间的差异比例应该在可接受的范围内**。一般情况下，流量类指标的误差应该控制在 5%~10% 甚至更低，而涉及订单、注册和目标转化等核心指标的误差必须控制在 5% 以内。图 4-28 中网页浏览量、用户数（访客数）和 IP 数的差异可以接受，但在跳出率和平均会话时长上则需要区分。笔者在日常工作中使用 Google Analytics 较多，所以更认可其数据计算逻辑和结果。

**第三，流量系统间的差异比例应该是相对稳定的**。同一个指标在不同流量系统中的差异必须相对稳定。以会话数为例，如果二者的误差为 5%，那么这个比例无论在任何情况下都需要相对稳定，不能出现这个月误差为 5%，下个月误差为 3%，再下个月误差为 8% 的情况。

### 4.8.2 小样本数据

基于数据驱动的媒体管理，在理想情况下，是当数据端发现媒体执行异常时，立即调整投放策略和执行要素，以最大限度降低异常问题带来的负面影响。但是，这种侧重于"实时"或"准实时"的应用需要数据样本量具备一定规模且具有可信度，否则可能产生误导问题。

例如 A 渠道从上午 8 点开始投放，在 8 点到 9 点之间的站外广告点击率明显低于历史同期，此时，营销人员有两种选择：
- 一是继续观察数据，分析之后时间点的点击率是否有所改善；
- 二是立即调整站外素材、人群定位等，再观察点击率变化。

上述两种思路如何选择主要取决于场景。假如站外广告的曝光量超过 1 万时，那么第二种思路是正确的；假如曝光量只有几百，那么第一种思路是正确的。选择方案的主要决定性因素就是分析数据量是否具有足够的可信度来支持决策。在数据"单位质量"不变的情况下，数量越多，数据结论的可信度越高。一般情况下只有几百的样本量难以得出有效且可信的结论。

## 4.9 本章小结

**内容小结**：本章介绍的内容主要围绕营销渠道执行时的落地场景，涵盖了人群管理、内容管理、媒介管理、排期、着陆页管理以及渠道的测试性投放、补量、扣量、余量等话题。

**重点知识**：本章内容落地性较强，核心内容集中在 4.1、4.2、4.3、4.4、4.5 五个章节，读者可参考相应内容并应用到各自负责的营销执行环节中。

**外部参考**：本章中存在较多提到但是没有深入讲解的内容。其中，假设检验和贝叶斯方法是数据工作中使用频率非常高且非常实用的知识点。推荐大家通过其他途径学习假设检验，以及参考《贝叶斯思维：统计建模的 Python 学习法》了解更多原理、推导和工程化细节。

**应用实践**：本章的价值点在于直接跟营销执行挂钩，但受限于不同营销媒体的"触点"丰富度、原始数据权限和数据粒度等因素，并不是所有内容都能完整落地。不过这并不妨碍读者的知识学习和储备，随着数字媒体的生态完善及数据驱动的功能性的增强，落地场景会逐渐丰富。

# 第 5 章
# 执行常见问题的排查与解决

在执行营销活动时,经常会通过数据发现各种异常情况。及时确定问题、找到问题根源并止损,能最大程度保障营销效果。本章所提到的执行常见问题指通过实时数据检测发现的数据异常,主要是核心 KPI 的异常波动,例如骤增或骤降。

围绕该内容,本章将介绍渠道执行问题排查常用维度、排查实时流量骤降的原因并做好预防、排查实时流量骤增的原因并解除异常、排查流量下滑原因并找到优化点、排查 ROI 下降的原因并找到问题点这几方面内容,并提供相应的解决思路和参考。

## 5.1 渠道执行问题排查常用维度

在渠道业务执行遇到问题时,可按照特定的方法和逻辑进行排查,这种按图索骥的方式能极大提升排查效率。

### 5.1.1 渠道执行问题概述

本章所讲的渠道执行问题,特指基于数据反馈形成的基本问题(流量下降、ROI 下跌等),不包括媒体执行涉及的业务性问题(例如如何操作或设置营销系统或工具)。因此,本章属于"问题驱动",即企业实际监测到数据出现问题,基于数据探索找到问题根源,落地点是相关营销负责人员可以有针对性地调整营销计划和落地细节以解决问题。

### 5.1.2 渠道执行问题排查的常用维度

排查问题的常用维度包括数据因素、内部因素、外部因素、其他因素 4 个方面。

1. 数据因素

数据因素指由于数据的监测、采集、逻辑处理、汇总机制等因素产生的数据噪声或异常，主要涉及以下方面。

- 数据埋码采集。埋码采集是获得渠道数据的基础，也是反映问题的第一步。监测代码缺失或实施错误都将导致数据异常。
- 数据工具。网站分析工具或流量系统本身可能存在问题，例如数据延迟、少数情况下的系统 Bug、服务策略的调整、兼容性问题、数据处理逻辑的更新、工具映射字典的更新等。
- 数据汇总统计。数据汇总统计指汇总统计的逻辑、方法、口径发生变更，导致变更后的数据与之前的数据出现较大误差，因此导致数据异常。这在企业中也时有发生。

2. 内部因素

内部因素是指企业内部运营部门对营销渠道带来影响的因素，主要包括执行端、着陆页和网站端、内部运营端。

- 执行端：营销人员在广告表现形式、传播形式、触达频率、人群覆盖与定向匹配、采买计划、广告素材、广告排期等方面的调整会直接导致数据异常。其中，有两类因素尤为常见：一是营销人员调整时未及时告知其他相关人员而导致信息不一致，被误以为是数据异常波动；二是执行人员错误配置或使用营销工具而导致不可预料的异常结果。
- 着陆页和网站端：着陆页和网站端的前端页面功能、转化流程以及后端系统运维等会影响营销效果，其中页面/功能改版或升级、新功能发布、服务器响应不及时甚至高并发时无响应、页面加载时间长、网站内部 A/B 测试对营销渠道的影响最大。
- 内部运营端：企业内部非营销部门的业务动作也会影响执行效果，尤其是涉及商品（例如价格变化、库存数量）、促销活动（例如折扣力度变动、活动周期长短）、会员（例如关怀或营销对象、范围或内容的变动）时更为明显。

3. 外部因素

外部因素是指企业无法直接控制但在某些情况下影响却可能极大的因素，主要包括媒体端、竞争对手端、用户端以及行业环境。

- 媒体端：投放媒体自身的业务形态、运营活动、广告系统状态等经常会导致渠道执行问题。例如广告物料审核周期或策略的变化，媒体内部流量二次分配策略的变更等。
- 竞争对手端：竞争对手的活动直接影响企业渠道执行效果，该因素在大型促销、新品发布、爆款打造等场景下经常出现，例如对手的新品发布时间比自己的提前1周、商品促销价格比自己的低等。
- 用户端：如果企业对目标用户的短期行为变化不敏感，在投放中只使用"长期经验"进行营销管理，那么会导致无法根据用户的新近喜好而精准调整广告策略。
- 行业环境：行业环境的变化属于不可抗力因素，其中既包括企业所在的经营环境的改变，又包括营销媒体的此消彼长。

**4. 其他因素**

其他因素涉及的范围比较广，例如公司财报发布对流量的影响、线下活动或PR事件对线上流量的拉动、国家政策变化对企业甚至行业的影响、区域性政策或数据隐私法规的出台、投资者带来的产业链上的异业或生态合作等。

### 5.1.3 渠道执行问题排查的先后逻辑

当渠道执行出现问题时，可参照5.1.2节的内容进行排查。

**第一步 排查数据本身的问题**

既然问题基于数据反馈出来，那么首先要验证数据及数据结果本身有没有问题。

首先，定义问题，查看数据系统（通常是网站分析系统）的结果是否准确。可通过多个维度对比的方式判断数据是否真的异常。该环节通常由数据部门负责。

其次，排查从数据埋码采集、数据工具到数据汇总统计的完整链路，分析发生异常的时间点都出现了哪些新的或跟之前不同的动作。该环节需要数据部门和营销部门配合实现：营销部门负责确认外部广告媒体埋码，数据部门负责确认广告着陆页、网站埋码采集以及数据处理逻辑。

**第二步 排查企业内部因素**

首先，检查营销部门相关内容的执行或营销系统本身是否有变动或异常，该环节由营销部门负责。然后，检查着陆页和网站端是否存在异常，该环节通常由数据部门协同IT部门、营销部门、网站产品和用户体验部门一起实现。最后，与内部运营端的各个部门沟通是否存在特殊的业务动作，该环节可由营销部门或数据部门发起，然后协同其他各个部门逐一沟通确认。

**第三步 排查企业外部因素**

从媒体端、竞争对手端、用户端、行业环境等角度分析外部因素对营销执行是否有影响。需要注意的是，如果是外部环境因素所致，那么大概率也会影响该行业内的所有企业（包括竞争对手）。该环节可由营销部门和数据部门分别从营销角度和数据角度两个方面协同排查。

### 5.1.4 知识拓展：排查问题时的 5 种思维模式

大多数情况下，按照本章提到的内容能够定位问题以及导致问题发生的主要因素。问题发现及排查可以概括为五种思维模式：细分、对比、关联、因果、趋势。

- 细分：将一个维度细化到下一级维度。如果硬广告模块发现问题，那么细分到二级（广告渠道）、三级（广告媒介）甚至更细粒度，便能快速定位问题所在。
- 对比：在同一个维度下对比其他对象。这种思路尤其适用于特定渠道的效果变化。以着陆页为例，如果 A 渠道跳出率增加，而 B 渠道跳出率正常，那么可以认为不是着陆页本身的问题，否则 B 渠道跳出率也会增加。基于这个事实，可以知道大概率是 A 渠道的站外广告信息与着陆页匹配、人群定向模式等方面的问题。对比是发现异常的基本方法，包括内部成分对比、跨主体对比、时间上的环比和同比、定基比等。
- 关联：某些情况下可能无法找到根源性问题，但是可以找到与之相关的其他变化的因素，将这些因素组合起来可以缩小问题范围。例如 A 渠道进行了站外素材更换后发现购物车内转化率下降，通过更多数据发现 B 渠道的购物车内转化率也在下降，说明不是 A 渠道的站外素材更换导致购物车内转化率下降，而大概率是站内有其他问题。
- 因果：发现因果关系是排查问题的终极目标。例如 0 点开始的网站服务器宕机导致大量的营销流量无法被采集到，此时的服务器宕机和流量数据下降之间属于因果关系。因果关系虽然有效，但在大多数情况下，无法直接将问题完全归属于某个因素，而是由多个因素共同导致。例如转化率的下降不是一个因素的结果，而可能是多个内、外部因素共同作用的结果。
- 趋势：通过分析不同主体在较长时间内的变化趋势也能找到问题根源。例如简单的环比、同比可能很难发现问题，但将时间趋势拉长到一个月、一个季度、一年甚至更长周期，则可能会发现数据在缓慢下降。与此类似的还有季节性、周期性甚至年度性的异常。

## 5.2 排查实时流量骤降的原因并做好预防

在进行营销活动时，如果流量骤降，意味着发生了重大的异常情况。需要快速找到流量骤降的原因并做好预防性措施，防止未来再次发生类似的恶性事件。

### 5.2.1 流量骤降概述

流量骤降是指正常情况下入站的流量（指衡量流量规模类的指标，例如 UV、会话数等）突然下降，且下降比例非常高（例如超过50%）。骤降的对比方式一般是基于相同时间周期的环比。例如按小时的会话数的流量骤降，对比的时间周期就是上个小时或者昨日此时。

流量骤降需要在实时关注流量的前提下才能发现，时间的实时性要到小时、分钟甚至秒级别。该场景通常发生在有大型事件、重要促销活动的场景下，例如企业的周年庆、行业的618或双11大促、新品发布活动、企业主导的行业事件等。

### 5.2.2 如何获得实时流量数据

发现实时流量骤降的前提是企业已经有实时流量监测与采集系统。监测与采集流量通常有两种方式：通过第三方网站分析工具或者通过企业自建的流量分析系统。

**1. 第三方网站分析工具**

通过第三方网站分析工具获得实时流量数据的方式最为常用，这种方式的好处是开箱即用，而且无须为实时流量额外付费，具有性价比高、无实时计算成本、监测效果较有保障等特点，因此适合大多数的大、中、小型企业。

图 5-1 是 Google Analytics 的实时流量概览，它提供了同时在线人数、每分钟和每秒钟的浏览量分布、热门引荐来源、热门社交流量、最常见关键字、热门活跃页面、最常见地点等实时报告。

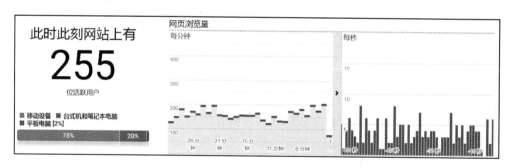

图 5-1 Google Analytics 的实时流量概览

实时流量概览报告能够帮助企业实时监测并快速定位问题，但需要用户登录 Google Analytics 实时报告并持续观察才能发现问题。考虑到营销或数据人员不可能一直用肉眼盯着数据变化，Google 提供了针对实时流量报告的 API。该 API 用于请求 Google Analytics 中的实时流量数据，然后根据企业需求定制开发实时预警功能。

 提示　Google Analytics 对实时 API 的默认请求限制为每日每个数据视图 10000 次的上限，可以满足每9秒一次的不间断请求。该数据更新的频率已经到秒级别，足以满足大多数企业实时流量汇总、分析与异常监测的基本需求。

## 2. 企业自建的流量分析系统

部分企业选择自建流量分析系统，通过网页埋点+大数据平台实现数据的自主采集、统计和分析。这种模式由于涉及实时数据采集和同步、大数据平台构建和开发、集群采购和运维等因素，对企业的资金、技术、人员和经验的要求较高，只适合行业中综合实力非常强的大型和超大型企业甚至集团使用。

### 5.2.3 排查流量骤降的 4 个步骤

通过实时流量报告发现流量骤降后，可通过如下步骤排查原因。

**第一步　排查是否丢数**

丢数，即数据丢失，是导致流量骤降的主要原因之一。丢数主要发生在数据采集阶段，其排查逻辑如图 5-2 所示。

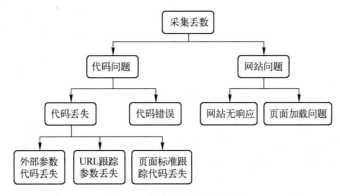

图 5-2　排查是否丢数逻辑

首先，排查是否为代码问题。代码问题包括代码丢失和代码错误两类。代码问题排查需要营销人员和数据方配合。

代码丢失指采集代码的部分或全部丢失，导致无法跟踪或识别来源。主要包括 3 个场景，分析如下。

- 外部参数代码丢失，指在营销工具中配置的广告着陆页的链接上缺少或丢失跟踪参数。
- URL 跟踪参数丢失，指站外广告着陆页中配置了跟踪参数，但是在到达着陆页之后丢失，导致数据无法关联到渠道。该问题产生于有中间跳转的营销渠道，主要集中在 CPS、CPA 等联盟、网盟类渠道中。
- 页面标准跟踪代码是所有网站页面在加载时默认调用的跟踪代码，URL 中的跟踪参数必须与页面的标准跟踪代码配合才能实现代码跟踪且正确识别来源，二者缺一不可。除了标准跟踪代码外，如果着陆页上的目标事件没有提前实时跟踪代码也会导致数据丢失。

代码错误是指实施站外 URL 跟踪代码时出现错误标记，导致数据无法正确识别的情况。一旦代码标记错误，后续很难通过数据清洗还原正确的来源标记。代码错误包括在一开始标记就发生错误以及后续调整错误两种情况，原因一般是营销人员直接复制粘贴其他来源，而没有严格按照跟踪实施的计划进行。

其次，排查是否为网站问题。如果是网站问题，则可能包含网站无响应和页面加载问题。该问题需要营销人员、网站产品经理、用户体验设计师，甚至前端开发人员协调解决。

- 网站无响应：服务器无法正常响应前端用户请求，一般出现在流量并发超过网站服务器负载的情况下。在这种情况下，全站所有的页面都无法正确加载。
- 页面加载问题：着陆页单页面发生加载问题，通常是指页面代码或功能调整以及页面尺寸过大等导致无法正常加载网页内跟踪代码而丢数据的问题。

上述两部分内容，第二部分的问题比较容易确认，当网站或页面无法加载时，通过测试比较容易判断，但这种问题发生的概率较小；第一部分的问题则更为普遍，涉及网站端（负责网站内部代码部署）、营销业务端（负责 URL 埋码）、媒体端（将 URL 提交给第三方媒体）等众多协作对象，在排查时相对复杂。

**第二步　排查业务因素**

业务因素是指业务方的特定操作导致流量下降的因素，包括人为因素和营销工具因素。该因素需要由营销人员排查，过程如图 5-3 所示。

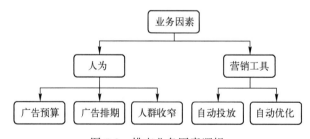

图 5-3　排查业务因素逻辑

人为因素主要包含广告预算、广告排期和人群收窄三个因素。
- 缩减广告费用：降低广告费用会直接导致流量骤降。
- 广告排期：当广告排期结束或广告投放停止后，流量自然下降。
- 人群收窄：在营销工具中的人群定向条件或规则增加，导致人群收窄。

营销工具因素主要包含自动投放、自动优化两个因素。
- 自动投放：营销工具提供的广告、素材、广告活动自动上下线，按日期或时段的投放暂停，基于预算阈值控制的投放暂停等。这些一般是营销人员用来管理广告投放的自动功能，很多时候可能连营销人员自己也会忘记曾经设置过特定规则。
- 自动优化：一般是营销工具提供的基于特定目标的自动优化机制，该机制直接以优化目标的达成为参考，也可能带来流量的异常降低。

这部分因素的排查相对容易，在数据方和业务方之间建立通畅的信息交流渠道即可解决信息不对称导致的问题。

### 第三步　排查数据加工、处理和汇总逻辑

如果数据系统、数据报告在数据加工、处理和汇总逻辑上发生变更，也可能导致数据流量的骤降；该因素主要出现在数据方，包括数据工程部门、数据分析部门、数据产品部门。正常情况下，这类逻辑的变更会提前告知相应的业务部门。

这部分排查过程相对隐蔽，一般只有对应的负责人或操作人才可能找到问题。因此，除了通常的信息交流渠道外，还需要对应的负责人或操作人将具体实施文档、操作说明、使用手册等相关文档整理出来，并以正式文档的方式公布出来，这样才有可能找到问题所在。

### 第四步　排查其他因素

某些特殊情况下，也可能有其他因素。
- 网络服务商的问题：服务商无法正常提供服务，例如域名服务、服务器资源、宽带服务等。
- 网站服务器异常：网站服务器被攻击、后台数据或服务被入侵并异常修改等。
- 网站服务器所在的机房问题：服务器所在的机房宽带、网络、水电、火灾等问题；机房内其他服务器异常导致机房整体安全策略调整。

这类场景是小概率事件，一般不容易出现。即使出现问题，企业内部 IT 部门或外部服务商也会第一时间告知企业相关部门，因此比较容易发现问题。

## 5.2.4　预防流量数据丢失的 4 个步骤

数据丢失不可恢复，因此防止数据丢失是确保数据工作正常进行的必要条件。通过如表 5-1 所示的 4 个步骤能最大程度降低流量数据丢失的问题。

表 5-1　预防数据丢失的 4 个步骤

| 工作步骤 | 工作目标 | 工作内容 | 协同工作部门 |
| --- | --- | --- | --- |
| 第一步 | 预测流量并发情况 | 预估未来特定日期的流量尖峰并提供细到小时级别的流量并发数据 | 数据部门、营销部门、运营部门 |
| 第二步 | 确保 IT、技术部门知晓流量尖峰并进行有效应对 | 通过会议、邮件、备忘录等方式，书面通知 IT 和技术部门并提出需要注意的异常流量高峰点 | 数据部门、IT 运维部门、数据产品部门 |

(续)

| 工作步骤 | 工作目标 | 工作内容 | 协同工作部门 |
| --- | --- | --- | --- |
| 第三步 | 确保跟踪代码正确实施 | 站外广告渠道代码、着陆页标准跟踪代码正确实施、测试与确认 | 数据部门、营销部门、IT 前端开发部门 |
| 第四步 | 确保整个数据链路的正常工作,并满足广告投放需求 | 测试范围包括服务器并发测试、着陆页加载测试、站外广告链接点击测试、着陆页跟踪代码测试 | 数据部门、营销部门、IT 前端开发部门、营销部门 |

上述四个步骤中一般由数据部门发起并与其他部门协同完成:数据部门负责完成数据相关的内容(例如预测流量并发情况)以及整个过程活动推进,其他内容则由对应模块的部门负责。

下面以笔者之前的工作经历介绍该过程。基本背景是笔者服务的企业(简称 E)采购的是第三方网站分析工具(简称 W),笔者在数据部门工作。

第一步,预测流量并发情况。大概在营销活动开始前的 1~2 个月,数据部门就已经通过前期的营销沟通,了解到营销活动可能带来的流量尖峰日期以及时间点。其中关于流量预测的实现部分,请参考 3.4 节和 3.5 节,流量尖峰日期和时间点的部分则主要受营销活动的排期影响。

第二步,确保 IT、技术部门知晓流量尖峰并进行有效应对。流量高峰会对网站的服务器带来极大的并发挑战,而恰好企业 E 在高流量并发下经常面临网站响应慢甚至无响应的情况。在图 5-4 所示的实时流量中,左侧的页面浏览量显示了从最近 12 分钟之前开始,页面浏览量从最高峰的 16788 下降到现在的一半左右;右侧的最近 1 分钟内的流量分部二也显示了流量呈现明显的下滑趋势,该趋势与网站正在进行的营销活动是不一致的。

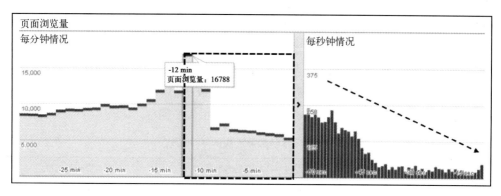

图 5-4 网站服务器响应问题导致的流量下降

因此,通过将流量尖峰的日期和时刻点以及可能出现的流量尖峰的数据告知 IT 部门,让 IT 部门可以有更多的时间和资源调配来应对流量尖峰时刻的高并发情况。

此外，除了网站本身需要面对流量尖峰外，网站分析工具由于数据采集的需要，也会面临流量尖峰的挑战。由于企业 E 采购的是基于云服务的第三方网站分析工具，理论上云服务商会根据请求并发情况自动调整资源分配，但笔者建议最好能提前将可能出现的流量尖峰时刻点以及流量并发情况告知第三方网站分析厂商，然后让厂商确保在高并发下有足够的资源支撑数据采集发起的请求量。因此，笔者还会通过邮件的方式正式告知服务商以及网站分析工具厂商 W 该问题。

第三步，确保跟踪代码正确实施。为了降低人工代码实施出错的概率，在代码实施过程中企业 E 已经尽量将代码实施过程工具化和模板化。例如，在创建站内页面时，都默认添加标准跟踪代码，这样能避免站内页面错加或漏加的问题；在标记站外 URL 参数时，使用 Excel 模板来统一生成 URL 跟踪链接，如图 5-5 所示；在站外广告插码实施后，通过业务方手动点击配合程序化代码执行触发测试；最后，通过在网站分析工具 W 中查看数据来验证数据能否被正确标记和采集。

| G | H | I | J | K | L | N |
|---|---|---|---|---|---|---|
| 填写区 |||||| 生成区 |
| 活动地址 URL | *来源 utm_source | *媒介 utm_mediu | *活动名称 utm_campa | 搜索关键字 utm_term | 内容 utm_conten | 最终URL |
| www.abc.com | baofeng | tanchuang | 618 | 0601-0610 | pro01 | www.abc.com?utm_source=baofeng&utm_medium=tanchuang&utm_campaign=618&utm_term=0601-0610&utm_content=pro01 |

图 5-5　Excel 中用于 URL 标记的自动生成规则

第四步，确保整个数据链路的正常工作，并满足广告投放需求。上述所有测试都没有问题后，出于保险起见，笔者一般都会选择在流量预估阶段，在占流量 80%的主要渠道（根据二八法则原理，选择主要的流量渠道即可；当然如果有足够精力，测试所有的渠道所得的结果更有保证）再进行一次人工手动测试。关于二八法则的具体实施过程，请见 6.7.3 节中的相关内容。

提示　这类跨中心级别的部门协作，通常需要总监级以上的领导协调推进；只靠数据或业务部门执行人员直接跟进会面临很大阻力。

## 5.2.5　知识拓展：采集端数据丢失产生的影响

当采集端发生数据丢失的问题后，企业将永远无法回溯并找回丢失的数据。这里的丢失指的是整条数据记录完全丢失，而非数据标记错误。数据丢失会影响发生丢失事件当日以及所有相关的数据的统计分析工作。

- 汇总年度的按日流量分布时会发现特定日期的数据流量异常低，原因可能是当日丢失了数据。

- 按日汇总周、月、季度、年度数据时，很多指标都会受到影响，例如均值可能会非常小，因为均值容易受极值影响，这里表现为丢失数据的时间会出现数据极小值。
- 分析丢失当日活动的专题活动效果时，需要对当日的特定渠道或来源的数据做特殊处理。
- 分析特定渠道流量时需要将丢失当日的数据去除，或使用特定分析方法实现数据"修补"。

除了真正意义上的数据丢失外，还可能包括根据业务需求新增的采集内容的丢失。这部分数据由于在新采集方案实施前未曾采集，因此在新方案实施之前就没有数据，数据结果也类似于"数据丢失"。对数据部门来说，在合法、合规的前提下，一般会尽量多地采集数据以防止类似事件发生。

## 5.3 排查实时流量骤增的原因并解除异常

企业也会遇到实时流量骤增的情况，但如果流量骤增不是预期的，那么也需要对其加以分析并及时解决。

### 5.3.1 流量骤增概述

流量骤增与流量骤降的状态相反，指流量（例如 UV、会话数等）异常增加的状态，表现为增长的比例较大且不在预期范围之内。大多数情况下我们希望数据越多越好，但前提是这些数据是正常数据。

### 5.3.2 排查流量骤增的 4 个步骤

排查流量骤增的 4 个步骤包括依次排查采集问题、营销投放、数据逻辑和其他因素，如图 5-6 所示。

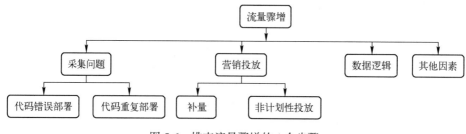

图 5-6 排查流量骤增的 4 个步骤

**第一步 排查采集问题**

采集问题可能涉及代码错误部署以及代码重复部署两类。该问题由数据部门协同 IT 部门、业务部门解决。

- 代码错误部署：没有按照设计方案中的触发条件和实施规则进行部署，这种情况较多。例如部署规则是基于事件触发，但如果在页面加载时就触发，会导致采集到的数据虚高；又如在站外 URL 中插码时直接复制其他渠道的跟踪信息，会导致被复制渠道的流量骤增；再如代码实施中通过虚拟页面的方式跟踪事件，会导致页面浏览量的虚高。部署中主要排查的是代码触发时机、发送方式、请求类型、传值方式和规则等。
- 代码重复部署：跟踪代码的重复实施导致同一条数据被多次发送。重复部署主要出现在网站内部页面中。例如页面内有两套相同功能的跟踪代码，当页面加载一次时会发送两条页面浏览信息。

**第二步 排查营销投放**

营销投放中涉及流量骤增的，主要是补量和非计划性投放两个因素。该问题主要发生在以流量规模为主的硬广告、SEM 或信息流渠道。

- 补量在第 4 章介绍过，当营销渠道或媒体补量时会导致流量增加。
- 非计划性投放指某些渠道的广告投放不在计划排期之内的情况，当这类渠道突然投放时会导致流量异常增加。另外，其中也可能包含渠道测试性投放的流量。

> 提示：极少数情况下，也会出现正常合作渠道流量骤增而营销人员没有提前知晓的情况，这类情况需要营销人员直接跟媒体或渠道方沟通。

**第三步 排查数据逻辑**

与流量骤减的逻辑类似，当数据加工处理、统计分析中的某些逻辑发生变更而未告知应用方时，会因信息不对称导致流量骤增。

**第四步 排查其他因素**

线下活动会为线上引流，电视、广播、报纸等传统大众媒体投放对于线上流量也有贡献，公司 PR 公关导致的事件和热点会对引流起促进作用，政府特殊政策或规定对于企业利好也会导致流量骤增，财报发布对流量亦有贡献，等等。

### 5.3.3 案例：某次大型促销活动流量骤增 100 倍

该案例是笔者之前服务过的企业（简称 A 企业）真实遭遇的流量骤增场景。

1. 案例背景

A 企业当时在举办一次超大型促销活动，当日的广告预算也达到了千万级别。A 企业采购的第三方网站分析工具及其配套服务商是全世界最好的。除了功能全面、性能强大且配置灵活，该网站分析工具最引人关注的一点是支持分钟级别的全报表数据的更新，因此它是日常情况下 A 企业查看数据、跟踪实时数据的核心工具。

#### 2. 数据未更新

活动当日从上午 8 点开始起量，UV 量在以指数级的方式增长（意料之中）。但不幸的是，从 10 点开始数据不再更新且该问题已经持续超过 2 个小时。我们知道，该网站分析工具会在 1 个小时内更新完所有报表，超过 2 个小时则说明出大问题了。

#### 3. 排查问题

按照正常的工作流程，数据部门立即展开排查和调研工作。具体包括如下几项内容。

- 跟网站分析工具的服务商以及厂商分别致电、发邮件反馈问题，确认工具本身是否有问题。
- 确认活动的核心页面、着陆页的插码和跟踪问题，分析数据采集是否正常。
- 与所有营销部门沟通以确认外部广告投放、执行、排期、着陆页跟踪链接等方面是否有问题。
- 与 IT 部门沟通以确认是否存在网站宕机或请求被限制的问题。

完成上述标准流程后，厂商、服务商以及企业内各部门负责人都表示各自负责的模块没有问题。

#### 4. 通过数据发现流量骤增页面

于是数据部门发动全员点击翻看了网站分析工具中的所有报表。由于数据是按时段出现异常的，因此按小时粒度分别对所有维度做同比和环比分析。最终，在"网站页面"报表中发现了一个新的、当日流量巨大的页面，该页面的标题中包含了"暴风"字样。

根据以往的营销渠道数据经验，数据部门立即找到营销部门广告投放人员，通过沟通得到与"暴风"相关的信息：暴风是站外硬广告的一个流量渠道，该渠道在站外以客户端弹窗的方式曝光广告，当用户点击该广告时会直接落地到活动着陆页。

#### 5. 页面从流量骤增到渠道流量骤增

经过后续的数据分析，进一步得到两点信息。

- 营销渠道的投放数据应该反馈到流量来源中，表现为从暴风来的渠道的流量增长。但查看流量来源后发现"暴风"渠道的流量增长虽然巨大，但都在正常预期范围内。
- 站外广告渠道的流量不应该显示在"网页"报表中，原因是"网页"报表只能显示网站内部所有页面的流量情况，而"暴风"明显不属于网站内部页面。

数据部门仔细排查了"暴风"渠道的跟踪参数实施、广告配置、着陆页以及站外广告曝光页面（即弹窗），最终发现问题所在：弹窗页面本身是一个类似于 Minisite 的小型网页，该网页内部嵌入了 A 企业用于跟踪网站内部页面的标准跟踪代码，导致每次站外的弹窗出现一次，A 企业的网页报表中该"页面"（弹窗页）的曝光就会记录一次。因此，我们看到的带有"暴风"字样的"网页"浏览量实际上就是站外"弹窗"的广告曝光量。

获得外部广告渠道的真实曝光量是个意外收获。硬广告类渠道的广告点击率非常低，将暴风渠道的着陆页的进入次数与"暴风网页"的真实曝光汇总计算，得出该弹窗广告的点击率在万分之零点五左右。这意味着当暴风渠道点击进入的次数为 1 万时，"暴风网页"的页面浏览量为 2 亿。

### 6. 网站分析工具无法有效处理骤增流量

A 企业采购的工具为 SaaS（Software as a Service）模式的，即所有的数据都在云端进行采集、汇总和处理。日常情况下，A 企业的日均页面浏览量在千万量级。受到当日近 5 个小时的"暴风网页"异常流量的影响，A 企业当日的全站页面浏览量骤增近 100 倍，达到 10 亿级别。这大大超过了网站分析工具日常处理数据任务的资源承受能力，直接导致数据到第二天才更新完成。

### 7. 事故总结

这件事虽然没有直接影响业务，但却阻碍了数据部门的数据实时跟踪监测、统计分析、效果评估等工作的正常开展。

事后我们分析了为什么用于站内的普通网页跟踪代码会出现在站外的广告弹窗网页中并还原了过程：当确认与暴风渠道合作后，营销部门提出使用 A 企业自己的页面作为站外弹窗内容；在营销部门制作页面的过程中，首先跟 IT 前端沟通并要到了一个网页模板，然后在这个模板中自行设计并制作了网页内容，最后将网页提交给暴风媒体审核并通过。其中最关键的环节是从 IT 前端获得的网页模板中默认带有网站标准跟踪代码。

有了前车之鉴，后续每次活动时数据部门都会提前跟所有与流量相关的后端支持、前端开发、用户体验、业务运营等持续沟通并确认数据从采集、处理、统计到汇总的所有链路都没有问题。同时，鉴于营销部门在实际执行时仍然可能出现的"不可抗力"因素，数据部门还跟网站分析工具的服务商及厂商建立了"流量预警"机制，即提前将可能发生流量高峰的日期和时刻点告知并分享出来，让它们在云服务器资源上提前做资源统筹和管理，以确保数据采集的节点响应正常（响应海量跟踪请求）、数据工具应用正常（面对海量数据存储、处理和计算时保持足够资源投入）。

### 5.3.4 知识拓展：消除流量骤增对后续流量运营的影响

异常流量骤增的主要影响是噪声问题，它会影响效果评估、分析以及业务结算等。消除影响（即降低噪声干扰）的主要模式分为两种。

**第一种　增加数据清洗条件并重新执行任务**

该方式适合企业自建流量系统或使用本地部署的第三方网站分析系统的场景。根据流量噪声的规则单独建立清洗规则并重新执行当日任务即可。以案例中的数据为例，在数据清洗阶段，增加一个规则：去除请求中页面标题包含"暴风"字符串的所有数据并应用到后续所有报表处理中。

任务的重新执行可能会带来一些负面问题：
- 打乱 IT 部门既定的任务调度计划，同时给现有资源的分配、任务管理等带来干扰。
- 影响基于流量数据的其他系统的应用，例如精准营销、个性化推荐等，导致后续系统任务可能由于噪声的出现而失准，甚至重新执行。
- 需要谨慎评估重新调度是否会干扰其他高优先级任务。

**第二种　通过高级分析过滤掉噪声数据**

几乎所有的第三方 SaaS 模式的网站分析工具都不支持"重新跑数据"，此时可以通过高级细分过滤掉噪声数据。但本质上"噪声"数据仍然存在于网站分析系统中，我们仅仅是屏蔽了噪声而已。

图 5-7 显示了在 Google Analytics 中建立高级细分的过程，其中设置的条件是仅包含"网页标题不包含暴风"的会话。需要注意的是，暴风弹窗中的"网页"与企业自己的"网页"不在一个域内，因此二者不会产生共同会话，即当用户从暴风弹窗的网页点击到达企业的真正网页时，会出现 2 个会话，因此过滤器的范围选择"会话"不会影响正常流量。

图 5-7　在 Google Analytics 中建立高级细分

## 5.4 排查流量下滑渠道并找到优化点

流量下滑是营销部门要 100% 负责的问题，因为营销对流量规模负责。找到流量下滑渠道并确定优化点是营销部门经常会做的工作。

### 5.4.1 流量下滑概述

流量下滑是指流量规模的下滑，度量指标是 UV 或会话数。下滑基于特定的对比逻辑产生，例如环比、同比等。本节的流量下滑指正常业务执行的反馈结果，不包含流量骤增或流量骤降中的数据采集、加工处理、工具等方面的异常情况。

流量下滑可能出现在任意数据场景中，例如实时流量监测、每日统计分析、季度汇总报告以及数据报表中。

### 5.4.2 细分并找到主要下滑渠道

发生流量下滑时，排查问题的思路是从大到小，从整体到个体。这样做的好处是能从整体上把控全局主要渠道的数据走向，并利用不同渠道层级的管理和监督职能跟踪和落实执行效果。

下面演示如何通过细分定位下滑渠道。数据见本书数据资源中 Excel 文件"第 5 章"的 5-4。

**第一步　建立数据透视表**

选择全部数据，并新建数据透视表。如图 5-8 所示，将图中①的流量部门、流量类型和来源拖入"行"区域，将前日会话数、昨日会话数拖入"值"区域。

**第二步　新建变化量和变化率字段**

依次点击图 5-8 顶部菜单中的分析（图中③）→字段、项目和集（图中④）→计算字段（图中⑤），并在弹窗的名称中输入"变化量"、在公式中输入"昨日会话数-前日会话数"，得到基于昨日与前日会话数的差值；按照同样的方法，建立变化率字段，公式为昨日会话数/前日会话数-1。

**第三步　按变化量排序**

点击图 5-9 中的数据（图中①），再点击顶部菜单"数据"（图中②），并选择从小到大排序的方式（图中③）。

**第四步　分析下滑渠道**

根据图 5-9 中的数据，可以发现"硬广告"和"SEM"的下滑量最大。点击图 5-10 中硬广告左侧的展开按钮（图中①），扩展细分渠道；点击图中②选中数据，依次点击顶部菜单数据（图中③），并选择从小到大排序（图中④）。

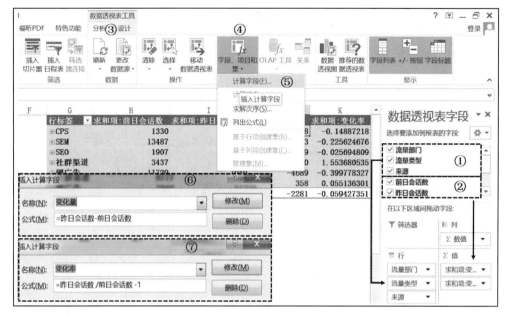

图 5-8　新建并配置数据透视表

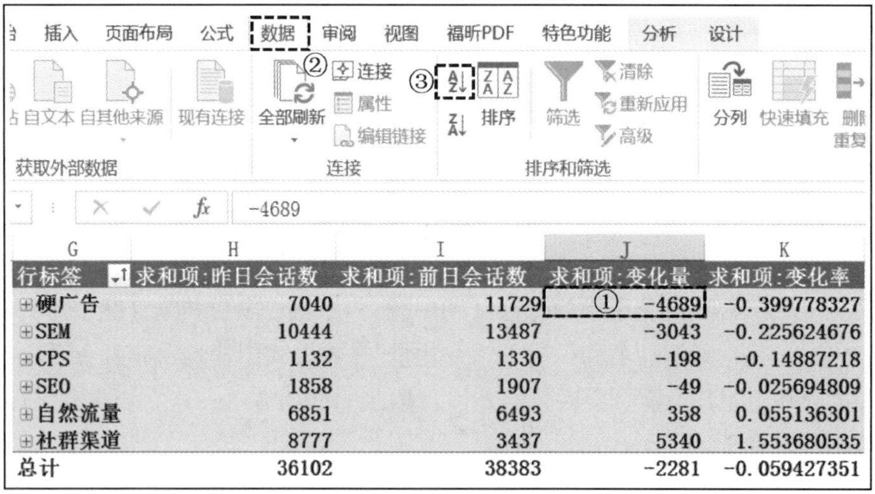

图 5-9　数据透视表排序

完成上述操作后，可以看到下降最多的渠道在最顶部，细分 ocpm 扩展出 facebook 和 pinterest。按照同样的方法细分 SEM，发现 SEM 中 google 的流量下降最严重。至此，我们找到了从整体到局部的影响因素，后续需要在业务负责人的支持或跟踪下，确认这些渠道的流量是自然下降还是由于特定业务操作导致，以及是否需要优化等。

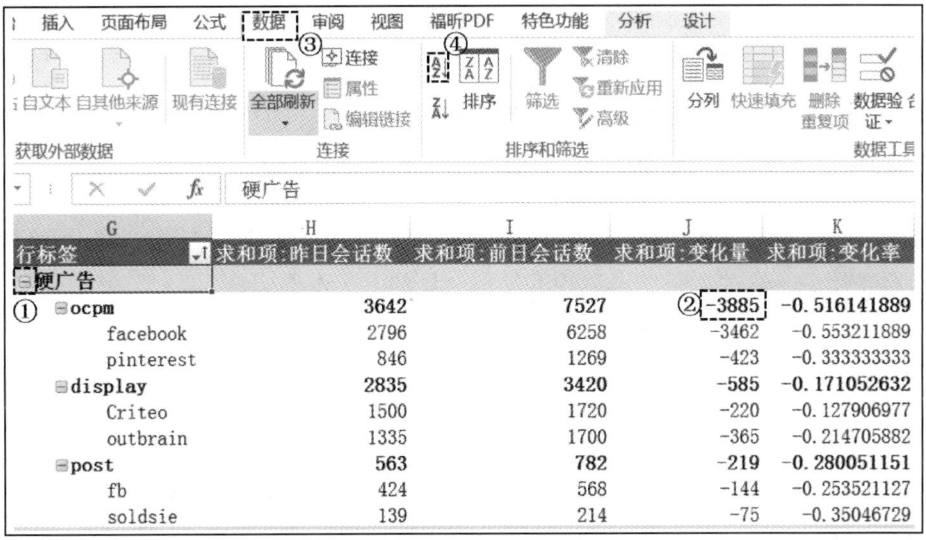


| 行标签 | 求和项:昨日会话数 | 求和项:前日会话数 | 求和项:变化量 | 求和项:变化率 |
|---|---|---|---|---|
| 硬广告 | | | | |
| ocpm | 3642 | 7527 | -3885 | -0.516141889 |
| facebook | 2796 | 6258 | -3462 | -0.553211889 |
| pinterest | 846 | 1269 | -423 | -0.333333333 |
| display | 2835 | 3420 | -585 | -0.171052632 |
| Criteo | 1500 | 1720 | -220 | -0.127906977 |
| outbrain | 1335 | 1700 | -365 | -0.214705882 |
| post | 563 | 782 | -219 | -0.280051151 |
| fb | 424 | 568 | -144 | -0.253521127 |
| soldsie | 139 | 214 | -75 | -0.35046729 |

图 5-10　透视表二次排序

## 5.4.3　找到与下滑趋势相反的异常渠道

根据流量下滑找到主要问题渠道后，还可以通过特定方法找到与下滑趋势相反的异常渠道。从 5.4.2 节的整体趋势排序结果的最末端即可找到这些异常渠道，举例说明如下。

如果整体趋势是上升的，总体排序规则是按倒序排列，即增量变化量越大的渠道分组、渠道会排在最上面；此时，增量变化最小的甚至是负向变化（下降）的渠道就排在最末端，如图 5-11 中的左侧的数据。

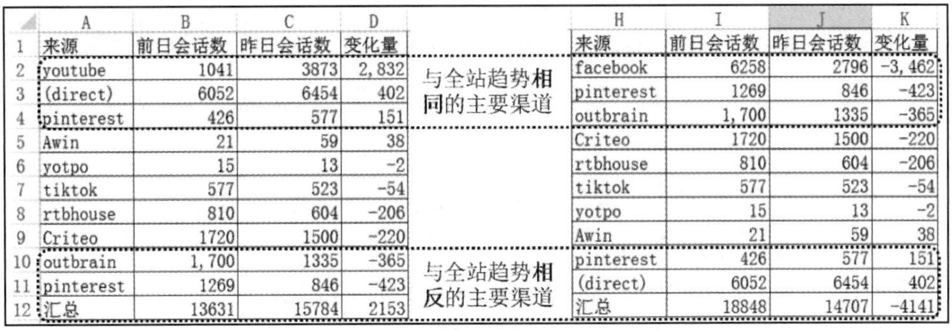

| 来源 | 前日会话数 | 昨日会话数 | 变化量 |
|---|---|---|---|
| youtube | 1041 | 3873 | 2,832 |
| (direct) | 6052 | 6454 | 402 |
| pinterest | 426 | 577 | 151 |
| Awin | 21 | 59 | 38 |
| yotpo | 15 | 13 | -2 |
| tiktok | 577 | 523 | -54 |
| rtbhouse | 810 | 604 | -206 |
| Criteo | 1720 | 1500 | -220 |
| outbrain | 1,700 | 1335 | -365 |
| pinterest | 1269 | 846 | -423 |
| 汇总 | 13631 | 15784 | 2153 |

与全站趋势**相同**的主要渠道

与全站趋势**相反**的主要渠道

| 来源 | 前日会话数 | 昨日会话数 | 变化量 |
|---|---|---|---|
| facebook | 6258 | 2796 | -3,462 |
| pinterest | 1269 | 846 | -423 |
| outbrain | 1,700 | 1335 | -365 |
| Criteo | 1720 | 1500 | -220 |
| rtbhouse | 810 | 604 | -206 |
| tiktok | 577 | 523 | -54 |
| yotpo | 15 | 13 | -2 |
| Awin | 21 | 59 | 38 |
| pinterest | 426 | 577 | 151 |
| (direct) | 6052 | 6454 | 402 |
| 汇总 | 18848 | 14707 | -4141 |

图 5-11　找到与整体趋势相反的异常渠道

如果整体趋势是下降的，总体排序规则是按正序排列，即下降变化量越大的渠道分组、渠道会排在最上面；此时，下降变化最小的甚至是正向变化（上升）的驱动，就排在最末端，如图 5-11 中右侧的数据。

细心的读者可能会发现一个问题：上一节的数据显示全站会话数下降了 2281，而渠道中 facebook 和 google 共下降了 6630（3462+3168），这说明在整体下降的趋势下，仍然有一部分渠道是正向增长的。

查找最底部（数据最大的行），如图 5-12 所示，发现社群渠道中 email 里面的 Klaviyo 渠道增长了 2715，说明该渠道的营销活动带来的流量增长较大。但是由于整站的趋势是下降的，这些增长的渠道很容易被全局的下滑现象掩盖。

| 社群渠道 | | | | |
|---|---|---|---|---|
| blogger | 4458 | 1822 | 2636 | 1.4467618 |
| instagram | 62 | 204 | -142 | -0.696078431 |
| tiktok | 523 | 577 | -54 | -0.093587522 |
| youtube | 3873 | 1041 | 2832 | 2.720461095 |
| email | 4319 | 1615 | 2704 | 1.674303406 |
| Klaviyo | 4281 | 1566 | 2715 | 1.733716475 |
| loyaltylion | 25 | 34 | -9 | -0.264705882 |
| yotpo | 13 | 15 | -2 | -0.133333333 |

图 5-12  细分社群渠道流量增长

在日常数据分析中，我们很容易陷入"就问题而只分析问题"的逻辑中。除了"就问题分析问题"达到基本目标外，还可以发现数据中问题以外的信息。这些与整体趋势不同的"异常"信息，可能是企业某些业务模块的价值显现（例如本节中的 email 模块），也可能是某些业务的探索结果（例如某些业务自行探索的业务实践的评估），还有可能是与整体趋势相近但却不是一类问题的反馈（例如本节中的会话数可能下降，但如果从 UV 量来看却可能基本上没有太大变化）。这些信息都能帮助我们建立全面的数据洞察视角。

### 5.4.4　知识拓展：构建完整的渠道跟踪结构

细分渠道的关键是建立清晰、完整的渠道结构。渠道结构的划分一般会考虑如下几个因素。

- ❏ 绩效统筹。便于后期按业务线、中心、部门、小组级别分别统计其绩效数据。
- ❏ 方便扩展。适配企业的发展和变化，保留未来可拓展的空间。
- ❏ 关系唯一性。企业中的营销渠道一般都有明确的职能体系，上下级间的隶属关系是唯一的，该关系需要与渠道结构相对应。

这里是笔者汇总的渠道结构层次和逻辑，供大家参考。

- ❏ 第一层是流量域主题。由于现在的趋势是融合所有企业站点的服务，因此流量域主题包括网站、移动站、小程序、App 等。

- 第二层是营销部门。该部门主要以企业营销中心或品牌中心划分为依据，包括硬广告、SEM、信息流、CPS、EDM、社群渠道、SEO、App 等流量渠道，以及可能发生流量的 MCN、PR 公关、BD 商务合作、快应用、二维码等渠道。
- 第三层是渠道对应的媒体。以 SEM 为例，包括百度、360、Google、搜狗、Bing 等。
- 第四层是媒体细分的媒介类型。以百度为例，包括品牌专区、百度蹊径、关键字、网盟和再营销等。
- 第五层到第七层是进一步细分渠道的要素。以百度关键字为例，这三层分别是广告系列、广告组和关键字；如果是其他渠道，则填写页面、屏幕位置、广告位置等。

上述七层主要是广告渠道的垂直层级结构。除了层次信息外，还需要增加一个广告 ID 标志，该标志是每次广告投放的唯一标志。每次广告投放时，只要一个广告要素发生变化（例如素材、着陆页、广告活动、促销活动等），都会生成一个新的 ID。该 ID 可用于后期扩展更多信息，例如素材的大小、尺寸、颜色、主要卖点、内容主题等。

## 5.5 排查 ROI 下降的原因并找到问题点

ROI 是营销渠道的核心评估指标之一，ROI 下降是营销活动中经常遇到的问题。ROI 下降问题排查无法像流量排查一样，通过简单的细分找到问题，而是要综合成本和收益两个因素，综合评估每个渠道在这两个因素上的变化贡献。

### 5.5.1 ROI 下降概述

ROI 下降是流量运营中经常遇到的问题，该问题与流量下滑的现象类似，差异点在于 ROI 是通过多个指标综合计算得到的，无法直接通过细分获得结果。

ROI 下降排查主要应用于活动执行期间或者活动结束后立即需要给出问题点的场景，因为该问题将直接影响营销部门的目标达成和绩效考核。本节数据见本书数据资源中 Excel 文件"第 5 章"中的 5-5。

### 5.5.2 通过缩小 ROI 下滑渠道的范围确定问题渠道

ROI 的主要因子是收入和营销费用。以表 5-2 为例，ROI＝收入/费用，ROI 环比＝（昨日 ROI/前日 ROI）-1。本节所有数据保留 2 位小数。

表 5-2 ROI 变化拆分

| 来源 | 前日收入 | 前日费用 | 前日 ROI | 昨日收入 | 昨日费用 | 昨日 ROI | ROI 环比 |
|---|---|---|---|---|---|---|---|
| Criteo | 153080 | 129000 | 1.19 | 130720 | 88500 | 1.48 | 24% |
| facebook | 511994 | 173352 | 2.95 | 406770 | 184536 | 2.20 | −25% |
| google | 908942 | 857426 | 1.06 | 768120 | 847792 | 0.91 | −15% |
| instagram | 17748 | 3720 | 4.77 | 24449 | 4836 | 5.06 | 6% |
| pinterest | 21300 | 34238 | 0.62 | 23004 | 42121 | 0.55 | −12% |
| tiktok | 54815 | 48116 | 1.14 | 30581 | 48094 | 0.64 | −44% |
| youtube | 102018 | 316951 | 0.32 | 126813 | 399554 | 0.32 | −1% |
| 汇总 | 1574016 | 1159778 | 1.36 | 1305610 | 1120828 | 1.16 | −14% |

数据显示昨日 ROI（1.16）比前日 ROI（1.36）降低了 14%，由于 ROI 是比例值，因此无法直接通过各渠道的 ROI 环比得出结论。例如表中的 tiktok 虽然环比下降 44%，但由于收入和费用值较低，因此不是构成全站 ROI 下降的主要因素。

排查 ROI 下降的第一步是缩小下滑 ROI 渠道的范围。将所有渠道按 ROI 环比降序排列，并只保留 ROI 与全站趋势一致（下降）的渠道，如表 5-3 所示。

表 5-3 导致 ROI 下降的问题渠道

| 来源 | 前日收入 | 前日费用 | 前日 ROI | 昨日收入 | 昨日费用 | 昨日 ROI | ROI 环比 |
|---|---|---|---|---|---|---|---|
| tiktok | 54815 | 48116 | 1.14 | 30581 | 48094 | 0.64 | −44% |
| facebook | 511994 | 173352 | 2.95 | 406770 | 184536 | 2.20 | −25% |
| google | 908942 | 857426 | 1.06 | 768120 | 847792 | 0.91 | −15% |
| pinterest | 21300 | 34238 | 0.62 | 23004 | 42121 | 0.55 | −12% |
| youtube | 102018 | 316951 | 0.32 | 126813 | 399554 | 0.32 | −1% |

如果数据量较小且特征差异明显，那么在缩小范围之后能够比较容易地找到问题渠道。问题渠道的基本特征是收入和费用的变化比较大。以原始 ROI = 100(收入)/50(费用)为例，问题渠道状态可能包括如下几种：

❑ 收入不变但费用增加，例如变为 100(收入)/100(费用)；
❑ 收入下降但费用不变或增加，例如变为 50(收入)/50(费用)或 50(收入)/100(费用)；
❑ 收入下降但降幅大于费用的降幅，例如变为 50(收入)/80(费用)；
❑ 收入增加但增幅小于费用的增幅，例如变为 200(收入)/400(费用)。

表 5-3 中很多渠道的数据量变化都比较大，无法直接得出结论，因此需要使用其他方式进一步判断。

## 5.5.3 通过计算收入和费用因子得分找到问题渠道

一般电商企业中都会有很多投放渠道,通过肉眼观察难以得到结果,此时可通过计算收入和费用因子得分找到问题渠道。

**第一步 计算收入得分**

基于渠道的收入变化量计算重要性因子得分。表 5-4 是收入得分的计算过程。

表 5-4 针对收入的数据处理

| 来源 | 收入变化量 | 标准化 | 二次缩放 | 取倒数 | 再次标准化-收入 |
|---|---|---|---|---|---|
| tiktok | −24234 | 0.70 | 0.73 | 1.36 | 0.04 |
| facebook | −105224 | 0.21 | 0.29 | 3.41 | 0.27 |
| google | −140822 | 0.00 | 0.10 | 10.00 | 1.00 |
| pinterest | 1704 | 0.86 | 0.87 | 1.14 | 0.02 |
| youtube | 24795 | 1.00 | 1.00 | 1.00 | 0.00 |

第一,基于昨日收入−前日收入计算每个渠道的收入变化量,然后使用 Max−Min 标准化求出标准化后的结果(该方法在 3.2 节中已经介绍过,有兴趣的读者可以参考相关内容)。

第二,对标准化后的值进行二次缩放,指定缩放的最小、最大值分别为 0.1 和 1。

第三,取倒数。在 ROI 下降的场景下,收入下降会导致 ROI 下降,因此收入下降越多的值的权重应该越高。通过倒数方法使得原始数据的大小翻转。由于倒数时分母不能为 0,所以才有上一步的二次缩放过程。

第四,再次进行标准化操作,获得基于倒数的值的标准化后的值,该得分是收入的重要性因子得分。

**第二步 计算费用得分**

在收入不变的情况下,费用越高,ROI 越低,因此这里直接求费用变化量后再做标准化即可,得到如表 5-5 所示数据。

表 5-5 针对费用的数据处理

| 来源 | 费用变化量 | 标准化-费用 |
|---|---|---|
| tiktok | −22 | 0.10 |
| facebook | 11184 | 0.23 |
| google | −9634 | 0.00 |
| pinterest | 7883 | 0.19 |
| youtube | 82603 | 1.00 |

### 第三步 综合收入和权重因素并找到核心影响渠道

将表 5-4 和表 5-5 的数据综合起来，得到如表 5-6 所示结果。表中字段的关系：求和=再次标准化-收入+标准化-费用，这也就得到了综合收入和费用因素的综合影响得分，得分越高表示渠道对 ROI 下降的影响越大。表中得分最高的是 google 和 youtube，这两个渠道的显著特点是收入和费用的变化量都很大，而且 google 的主要问题是收入下降量远高于费用下降量；youtube 的主要问题是收入的增长量远低于费用增长量。

表 5-6 综合收入和费用结果

| 来源 | 收入变化量 | 费用变化量 | 再次标准化-收入 | 标准化-费用 | 求和 |
| --- | --- | --- | --- | --- | --- |
| tiktok | -24234 | -22 | 0.04 | 0.10 | 0.14 |
| facebook | -105224 | 11184 | 0.27 | 0.23 | 0.49 |
| **google** | **-140822** | **-9634** | **1.00** | **0.00** | **1.00** |
| pinterest | 1704 | 7883 | 0.02 | 0.19 | 0.21 |
| **youtube** | **24795** | **82603** | **0.00** | **1.00** | **1.00** |

该案例中排查 ROI 下降原因的主要难点在于：收入和费用两个因子呈相反的状态，除了要考虑这两个因子自身的提升或降低外，还需要同时考虑相对另外一个因子的变化幅度。

除了上述方式外，还可以直接基于收入变化量和费用变化量的差值变化量来预估。以表 5-7 为例，字段的关系：差值绝对值=(收入变化量-费用变化量)的绝对值。绝对值越大表示二者的变化的差异性越大，对 ROI 下降的影响也就越大。通过该方法发现 facebook 和 google 是主要的影响渠道。

表 5-7 变量的差值

| 来源 | 收入变化量 | 费用变化量 | 差值绝对值 |
| --- | --- | --- | --- |
| tiktok | -24234 | -22 | 24212 |
| **facebook** | **-105224** | **11184** | **116408** |
| **google** | **-140822** | **-9634** | **131188** |
| pinterest | 1704 | 7883 | 6179 |
| youtube | 24795 | 82603 | 57808 |

### 5.5.4 知识拓展：将因子得分排查法拓展到更多场景

本节介绍的计算方法可应用到基于比例得到的各项异常指标的问题排查中，举例如下。

❏ 访问深度，用户在网站上访问的平均网页数量，公式：访问深度=网页浏览量/

会话数。
- 平均停留时间，用户在特定网页或整个网站的平均停留时间，公式：平均停留时间=总停留时间/会话数。
- 跳出率，用户在着陆页的跳出比例，公式：跳出率=跳出的会话数/总的会话数。
- 转化率，可定义不同的目标，以交易为例，公式：转化率=交易的会话数/总的会话数，或者使用交易量/会话数（这是很多网站分析工具默认的定义方式）。

除了基于比例的指标进行排查外，还可以基于乘积得到的指标进行排查，例如销售额、订单量、商品收入等，区别在于不必再进行二次缩放、取倒数、再次标准化操作（5.5.3节中的第一步），整个逻辑更简单。

## 5.6 数据使用注意

本节将讲解3个常见数据使用注意事项，即流量运营也要对ROI负责、不要到活动结束后才开始问题排查、复杂的统计分析结果不是必要保证。

### 5.6.1 流量运营也要对ROI负责

对流量运营来说，由于不同渠道有不同的贡献取向，并且营销能控制的只有引流的部分，至于流量到站后具体效果如何，营销部门似乎无能为力。所以，流量运营人员可能会认为既然流量运营对后端转化无法控制，那么也就不用对ROI负责。

这是一种错误的观念。从企业全局来看，如果总体目标是特定商品或服务的转化，那么企业内所有部门都应该对此负责，除了"只"负责引流的部门外，用户体验、产品设计、IT等支持性部门也都如此。如果只是从业务中心或部门利益角度来看，做好自身负责范围内的事情，而不与全局核心目标挂钩，那么就无法对企业核心利益负责。因此，在企业中，没有人能与ROI脱节。

### 5.6.2 不要到活动结束后才开始问题排查

本章所提到的问题排查与解决，主要的应用时机是营销执行过程中。在执行时发现问题并定位问题，甚至解决问题才是实时排查的主要意义。事实上，针对执行过程中的实时引导和控制是数据发挥作用的关键场景之一，从价值度来看，要高于"事后诸葛亮式"的数据应用。

等到活动结束后才开始问题排查的初衷可能是考虑到样本量或统一汇总分析的问题，但这会错失及时发现问题、纠正问题以及降低负面影响的关键时机。因此，在具备一定量样本的前提下该工作即可开始。

### 5.6.3 复杂的统计分析结果不是必要保证

在数据工作中会涉及很多统计分析方法、算法或者模型，为了能够快速获得排查结果并找到问题所在，往往选择较为简单的统计分析方法，这对操作者的技能要求不高，只需要按照特定的逻辑排查即可。复杂的方法也能帮助我们分析和找到问题，但相应的个人技能、资源投入、时间周期的要求会更高，不利于实时排查的全面落地。

实时排查的发起人往往是营销部门或业务部门，因为这些部门通过实时数据监测更容易发现问题。如果营销部门能通过"按图索骥"的方式快速定位或解决问题，而不用处处依赖数据部门，那么将大大提高工作的效率和效果。当然，对于涉及全局性、影响范围广、难以通过简单方式排查的问题，则需要数据部门负责解决。

## 5.7 本章小结

**内容小结**：本章介绍的内容，涵盖了日常营销执行过程中常见的问题场景。读者在遇到相关问题时，可参照本章提到的思路及方法来解决。

**重点知识**：5.1 节汇总了所有日常分析的常见维度，需要读者重点掌握；后续 4 个案例场景根据实际需要查阅即可。

**外部参考**：本章涉及的常见问题都是围绕企业的网站分析类系统产生，在真实投放中涉及的营销落地的内容则不涵盖。例如，没有站外营销投放时有关营销系统、工具本身的常见问题，那些需要读者自行查阅相关系统的学习资料。例如 SEM、信息流等渠道都有自己的营销投放系统，读者通过官方帮助中心学习即可。

**应用实践**：在实际工作中，通过实时数据跟踪并使用本章提到的场景、方法和逻辑进行排查。

第 6 章

# 营销渠道的效果评估与基本分析

营销渠道效果评估是流量数据化运营的必备环节,也是辅助决策和数据驱动的基本应用场景。本章将介绍常用的营销渠道的数据评估和基本分析方法,包括如何评估渠道效果的好坏、如何通过归因合理分配渠道转化贡献、如何分析渠道效果的边际效应、如何找到渠道转化短板并提升转化效果、如何分析渠道留存效果、如何分析渠道的时间特征、如何对流量渠道做分组分析、如何分析着陆页数据。

## 6.1 如何评估渠道效果的好坏

评估渠道效果的好坏是 KPI 管理的重要内容,也是后续营销分析的基础,下面介绍几种常用的效果评估方法。

### 6.1.1 渠道效果评估概述

本章的营销渠道效果评估的数据,主要来源于企业完全控制的网站分析工具,包括第一方自建系统以及第三方网站分析系统,不包括通过调研问卷、第三方调研公司、数据交换、爬虫、数据采买等方式获得的数据。因此,效果评估将只局限于企业自有站点以及直接可控的第三方营销渠道上。

营销渠道效果评估的范畴为企业自身直接投放的渠道载体,例如渠道、媒介、广告活动、广告系列、关键字等。关于如何选取效果评估指标的内容,请参考 3.2.2 节。

## 6.1.2 判断数据好坏的 4 种方法

评估营销渠道数据好坏的基本思路是通过对比实现。有对比才有好坏，才有可能得出结论。常用的对比方法包括目标参照法、外部参照法、时间参照法、内部参照法 4 类。

### 1. 目标参照法

与目标对比是衡量效果的首选方法。该方法需要在营销活动之前确定并量化目标，然后才有直接对比的主体。目标的量化和预测过程请参见 3.4 节和 3.5 节。

### 2. 外部参照法

外部参照法是将企业渠道效果与企业外部对象进行横向对比的方法，具体包括以下几个方面。

（1）与行业标杆对比

行业标杆可以是企业所在行业的整体平均情况，也可以是排名前列的数家企业的平均情况，甚至可以是企业认为具有标志意义的特定企业的情况。

例如，某美可以选择排名前 3 的自营电商的电商平台作为行业标杆，也可以选择某东、某宁作为行业标杆。该方法需要获得行业的标杆数据，对于信息获取能力有较高的要求。

（2）与竞争对手对比

竞争对手是企业基于现状选择的在规模、体量、业务属性、市场覆盖、目标人群等属性上相当的企业，因此二者直接具有可对比性，这也是竞争对手与行业标杆的显著区别。

例如，2010 年左右的某美可以选择某宁作为竞争对手，二者在企业经营的各个领域都非常类似。该方法也需要一定的信息获取能力，但难度要小于行业标杆。

### 3. 时间参照法

时间参照法是将渠道效果与过去特定周期的效果进行纵向对比的方法，具体包括以下几个方面。

（1）同比（与去年同期的对比）

同比能消除季节变动的影响，因此适用于长期投放或优化的渠道，例如 SEO、直接流量等。

（2）环比（与上个周期的对比）

环比侧重于近期的变化对比，因此在电商中应用非常广泛，例如本月与上月的效果对比。

（3）定基比（与特定时间周期内的数据基准的对比）

例如将渠道的会话数与最近 1 个月的均值对比来评估好坏。一般情况下，将时间周期设置为滑动时间窗口（例如最近 1 周、最近 1 个月、最近 1 个季度）更符合电商企业快速发展的真实情况。

**4. 内部参照法**

内部参照法是将渠道效果与企业内部其他渠道的结果进行对比的方法，具体包括以下几个方面。

（1）与群组内不同元素对比

该方法将渠道内部进行细分对比，也是企业日常评估的方法。例如硬广告部门下面包括 ad1、ad2、ad3 三个渠道，可直接将 ad1 渠道与其他两个渠道对比并评估好坏。该方法适用于内部投放渠道较多的评估场景。

（2）与群组内均值对比

该方法将渠道与该渠道所在群组的均值作对比。例如将 ad1 与整个硬广告的均值作对比。该方法非常实用，也要求渠道内部投放的渠道较多。

（3）与群组外对比

该方法将具有不同属性的渠道作对比，包括与其他渠道作对比和与整站作对比两类。例如，将硬广告的转化率与整站的转化率作对比，或者将硬广告的会话数与 SEM 的会话数作对比。该方法应用较少，只有在可对比的维度不多时才考虑使用。

## 6.1.3 判断数据好坏程度的 2 种方法

通过对比确定变化的趋势，即变好或者变坏，但如果能提供好坏的程度将更利于效果定性。例如"本次活动比上次活动好太多了"要比"本次活动比上次活动好"更有信息量。

判断好坏程度就是要对数据的波动进行分层，并得到好、很好、一般、差、很差这类具有显著排序差异的层次结论。实现该目标的方法主要有两种：业务经验法和数据统计法。

**1. 业务经验法**

这种方法基于业务经验人工定义数据好坏的程度区间。例如波动（含增长和下降）在±5%以内视为正常波动，在±5%~±20%视为略微增长/略微下降，在±20%~±50%之间视为显著增长/显著下降，在超过±50%时视为异常增长/异常下降。

该方法需要对历史数据有较为清晰的分布认知，并且需要选择合适的对比参照方法（详见 6.1.2 节）。如果区间定义有问题或者对比参照方法不同，面对同样的数据可能会得出不同的结论。

## 2. 数据统计法

这种方法通过统计方法，对渠道数据进行统计并分层。它与业务经验法的最大差别是它基于数据本身而非数据变化量做分层，还能兼顾一定的数据客观性，受人工不可靠因素的影响较小。

常用方法包括分位数法（例如4分位数、5分位以及箱型图法）、数据分布模型法（例如标准正态分布模式）、均值标准差法（例如均值±1.5倍标准差）等，这里介绍简单实用的分位数法。

分位数法是通过计算一组数据的不同分位数的边界值进行数据分层的方法。图6-1为某渠道的一段周期内的活跃用户数，源数据和结果见本书数据资源中Excel文件"第6章"的6-1。通过分位数法定义数据分层的过程分析如下。

**第一步　计算分位数边界值**

先通过=PERCENTILE（B:B,0.25）计算25%分位数（图6-1中①），通过=MEDIAN（B:B）计算中位数（图6-1中②），通过=PERCENTILE（B:B,0.75）计算75%分位数（图6-1中③）。

**第二步　定义分级逻辑**

当数据在25%分位数和中位数之间时，分级为"差"；当数据在中位数和75%分位数之间时，分级为"还不错"；当数据大于75%分位数时，分级为"非常棒"；当数据位于其他区间（数据小于25%分位数）时，分级为"太差了"。基于该逻辑写出Excel公式：=IF(AND(B3>$F$2,B3<=$F$3),"差",IF(AND(B3>$F$3,B3<=$F$4),"还不错",IF(AND(B3>$F$4),"非常棒","太差了")))（图6-1中④）。

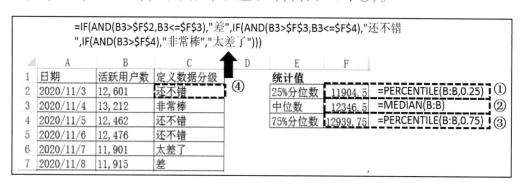

图6-1　基于分位数定义数据分层

> **提示**　除了上述两种常用且简单的方法外，还可以基于模型预测上下限区间自动检测异常程度，或者通过算法自动发现数据的异常检验状态等，该内容会在第7章介绍。

### 6.1.4 知识拓展：渠道的数据重复计算问题

老版本的 Google Analytics 存在这样一个现象，如图 6-2 所示，一个用户在一个 Session 内，先后通过渠道 1（例如 SEM 品牌区）、渠道 2（站外 Banner 广告）、渠道 3（SEM 关键字）进入网站并完成转化。

图 6-2　同一个 Session 内的多个来源渠道

针对上述现象，在 Google Analytics 的流量报告中，从各个渠道看，每个渠道分别有 1 个 Session 和转化，所有渠道汇总起来有 3 个 Session、3 个转化；而从全站看，网站只有 1 个 Session、1 个转化。这就形成了渠道数据的重复计算问题。如果读者自建了流量系统，则需要注意是否有该问题。

 提示　现在的 Google Analytics 已经通过会话拆分解决了该问题，即在一个原始 Session 时间周期内，当有新的渠道进入时，原来的会话会中断并为新渠道建立一个新的会话，从而直接在会话层面消除了重复计算的影响。

## 6.2　如何通过归因合理分配渠道转化贡献

归因是建立在渠道效果评估基础上的深层话题，旨在探讨如何定义转化过程以及转化贡献。本节将重点介绍归因主要解决的业务问题、归因模型以及适用场景等。

### 6.2.1　归因模型概述

归因是将转化贡献分配到用户转化过程中的特定触点（主要是营销渠道）的规则。现有网站分析工具默认的转化归因逻辑是将转化贡献归功于最后一次来源渠道。如图 6-3 所示，用户先后通过 5 个不同渠道进入网站，从最后一个渠道进入后完成购买，此时购买的贡献默认完全归属于渠道 5。

按照默认的归因逻辑去评估营销渠道效果，我们会发现很多渠道的效果很差，主要集中在硬广告、MCN（非直播带货模式）、SEM（按通用词和宽泛词投放）等；而效果较好的渠道则集中在 SEM（按品牌区或按关键字投放，如品牌词和核心产品词）、EDM 等渠道。

图 6-3　同一个转化周期内的多个接触渠道

### 6.2.2　归因能解决的 2 类业务问题

归因主要解决的业务问题是渠道组合以及渠道价值评估。

**1. 渠道组合问题**

3.1 节介绍了渠道组合的必要性和主要场景，3.7 节介绍了如何通过用户关联行为模式挖掘渠道组合方式。此外，还可以通过归因的模式来计算不同渠道的组合对于最终转化的价值提升。

如图 6-4 所示，当用户分别通过渠道 1、渠道 2、渠道 3、渠道 4、渠道 5 进入网站时，总体的转化率是 40%（即有 40% 的人通过这条路径进入网站后能转化）；但当停止投放渠道 4 时，总体的转化率会降低为 20%。此时我们认为渠道 4 对于该路径的贡献提升度是 100%，即在该路径内增加渠道 4 时，转化率会从 20% 提升到 40%。基于该逻辑，我们可以挖掘出不同渠道的组合以及组合后可能产生的转化率。关于该话题的更多探讨和具体实现，会在第 7 章介绍。

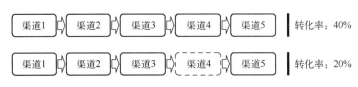

图 6-4　归因中的渠道组合贡献提升

**2. 渠道价值评估问题**

归因应用的场景必须是在所有的转化路径中多个渠道共同参与的路径所贡献的转化比例较高。图 6-5 显示了两种不同的转化路径分布模式，横轴是参与转化的唯一渠道的数量，纵轴是转化占比。在"单一渠道模式"中，1 个渠道的转化路径（含对 1 个渠道一次或多次的重复访问）贡献占比高达 78.4%，2 个及以上渠道的转化路径贡献仅占 21.6%，说明转化主要由单独渠道产生；在"多渠道组合模式"中，1 个渠道的转化路径贡献占比仅为 26%，更多的转化占比需要 2 个及以上渠道参与。

归因分析适用于图 6-5 中"多渠道组合模式"的数据场景，读者可通过"热门转化路径"报表获取相关数据，将路径内的数据去重后可以知晓企业是否需要做归因分析。

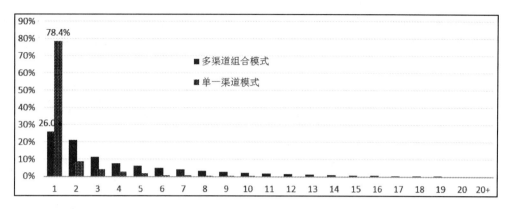

图 6-5 两种转化路径分布模式

### 6.2.3 5 类常见的归因模型

常见的归因模型按归因逻辑可以分为 5 类。

**1. 末次归因**

该逻辑将转化归功于最后一次接触的渠道,这是所有网站分析工具默认的归因方法。根据最后一个渠道是否为直接输入,还可以包含最终非直接点击归因,即当最后一个渠道为直接输入时,归因于倒数第二个渠道。以图 6-3 为例,该转化归因于渠道 5。

**2. 首次归因**

该逻辑将转化归因于第一次接触的渠道。以图 6-3 为例,该转化归因于渠道 1。

**3. 线性归因与参与归因**

该逻辑将转化归因于参与转化的所有渠道。以图 6-3 为例,渠道 1、渠道 2、渠道 3、渠道 4、渠道 5 都有相同的贡献。如果是线性归因模式,则每个渠道的转化贡献为 20%。如果是参与归因模式,则参与转化的每个渠道的转化贡献都为 100%(参与归因),这会导致 5 个渠道单独核算并累加时得到 5 个转化,但全站只有 1 个转化的重复计算的问题。

**4. 时间衰减归因**

该逻辑将渠道与最终转化的时间间隔作为贡献计算依据。以图 6-3 为例,渠道 5 获得最多贡献,其次是渠道 4、渠道 3、渠道 2、渠道 1,具体贡献值的大小根据时间衰减的强弱判断。以本书数据资源中 Excel 文件"第 6 章"的 6-2 中的数据为例,可以使用牛顿冷却定律来定义时间衰减归因模式。

牛顿冷却定律原本用于表示不同时间点后的温度,计算公式为:本期温度=上一期温度×EXP(-(冷却系数)×间隔的时间)。在本案例中,它被用于计算衰减权重,计算公式为:本期转化贡献=上一期转化贡献×EXP(-(衰减系数)×间隔的时间项数)。

在图 6-6 中,假设 $t$ 为转化时间点(10 月 5 日),①为距离转化日期的前一天,记为 $t-1$(10 月 4 日),②为距离转化日期的前第二天,记为 $t-2$(10 月 3 日),以此类推。在

Excel 中，①处的温度为 = 1 * EXP ( -0.01 * A2)，②处的温度为 = B2 * EXP ( -0.01 * A3)，以此类推。B、C、D 列的衰减系数分别设置为 0.01、0.02、0.05，三种衰减系数下的衰减差异如图 6-6 右侧的图形所示。

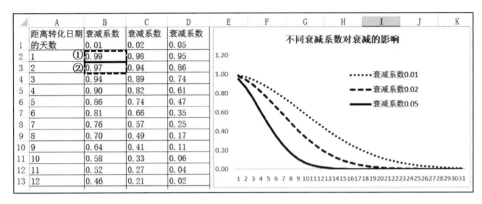

图 6-6　时间衰减归因

在图 6-3 中，由于渠道 5 在转化当天产生，因此其得分贡献为 1，渠道 4、渠道 3、渠道 2、渠道 1 距离转化日期的天数分别为 1 天、2 天、3 天、4 天，假设衰减系数为 0.02，那么对应渠道 5、渠道 4、渠道 3、渠道 2、渠道 1 的贡献得分为 1、0.98、0.94、0.89、0.82。假如我们希望所有渠道的贡献总和为 1，那么可以计算 5 个渠道的得分占比，得到最终归因得分：22%、21%、20%、19%、18%。

> 提示　在图 6-6 中，当衰减系数设置为 0.02 时，发现每经过 7 天，得分衰减为原来的一半左右，因此可以称为 7 天半衰期。

### 5. 基于多位置的归因

该逻辑同时考虑所有渠道在转化路径中的位置，根据不同位置的权重分配，这些归因方法可以细分为 U 型归因、W 型归因、J 型归因、逆向 J 型归因、自定义归因、算法归因，如图 6-7 所示。

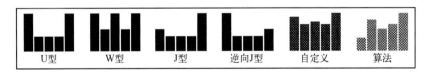

图 6-7　基于多位置的归因

- U 型归因。该逻辑将更多权重分配给首次和末次接触到的渠道，中间的渠道权重较低。例如为首次和末次点击各分配 40% 的权重，将剩余 20% 的权重平均分配给中间所有渠道。对应到图 6-3 中，渠道 1 和渠道 5 各占 40%，渠道 2、渠道 3、渠道 4 各占大概 7%。

- W 型归因。该逻辑在 U 型的基础上，增加了中间接触的渠道的权重。例如首次、中间和末次三个渠道分别占有 30% 的权重，其余权重平均分配。对应到图 6-3 中，渠道 1、渠道 3 和渠道 5 各占 30%，渠道 2、渠道 4 各占 5%。
- J 型归因。该逻辑在 U 型的基础上，弱化了首次接触渠道的权重。例如首次占有的权重为 20%，末次占有的权重为 40%，其余渠道平均分配 40% 的权重。对应到图 6-3 中，渠道 1 为 20%，渠道 5 为 40%，渠道 2、渠道 3 和渠道 4 各占 13.33%。
- 逆向 J 型归因。逆向 J 型的逻辑与 J 型水平相反。对应到图 6-3 中，渠道 1 为 40%，渠道 5 为 20%，渠道 2、渠道 3 和渠道 4 各占 13.33%。
- 自定义归因。在自定义归因模式下，用户可手动指定每个位置的权重。这种模式更利于精细控制每个接触环节的贡献意义。
- 算法归因。算法归因利用了机器学习的方式，自动根据不同渠道的位置挖掘出渠道组合的贡献价值，因此更加自动化、智能化。

## 6.2.4 针对不同场景选择适合的归因模型

表 6-1 列出了不同归因模式的特点以及适用场景，供大家参考。

表 6-1 不同归因模型对比

| 归因模型 | 特 点 | 适 用 场 景 |
| --- | --- | --- |
| 末次归因 | 模式清晰，简单易懂，是所有网站分析工具的默认逻辑，利于与其他企业的数据对比 | 默认评估方式，适用于转化周期较短、路径较少的场景 |
| 首次归因 | 模式清晰，简单易懂，将首次接触作为推动企业发展的绝对贡献渠道 | 适用于新产品、新市场的拓展，通过首次接触扩大市场覆盖范围和知名度；适用于投融资中首次接触的绝对影响评估 |
| 线性归因 | 模式简单，易于理解，无须任何业务经验 | 适用于初期评估，或者认为所有渠道的价值绝对相等的场景 |
| 参与归因 | 模式简单，易于理解，无须任何业务经验；但要注意数据重复计算的问题，尤其影响效果的付费（例如 CPA、CPS）类渠道结算 | 适用场景少，不建议使用 |
| 时间衰减归因 | 模式原理清晰，只考虑时间周期问题 | 适用于转化与时间周期有较大影响的场景，尤其是长转化周期场景 |
| U 型、W 型、J 型、逆向 J 型、自定义归因 | 依赖于较多的业务经验，对于实际业务转化模式和客户转化路径具有比较深刻的认知，通常需要专业的数据团队参与 | 适用于具有复杂转化和多影响因素、要求精细控制过程的场景，在电商中使用较多 |
| 算法归因 | 不易理解，"黑盒"计算模式可解释性非常差，在使用时需要具备一定的算法认知基础，否则将难以内部推广；不依赖于人工经验，易于实施且评估"误差"比较小 | 适用于没有任何经验的归因模式或对结果偏差要求较高的场景 |

## 6.2.5 知识拓展：基于完整数据的自定义归因

如果网站分析工具的归因模式无法满足个性化评估场景，企业可以导出原始数据并使用自定义归因逻辑来增强与优化现有归因逻辑。增强与优化点列举如下。

**（1）基于完整数据的归因**

网站分析工具中的数据只反映线上的渠道结果，但很多企业还可能包含自有的客户服务、大客户拜访、呼叫中心、线下渠道，外部的合作伙伴、供应商等接触点，将所有用户接触点数据关联起来能够实现更准确的归因计算。

**（2）跨设备、跨平台的多渠道归因**

默认的归因都是基于网站 CookieID 来识别特定"人"的，所以无法实现跨设备（例如多个浏览器、多个应用设备）、跨平台（例如跨 Web 站点、App、小程序等）的归因计算。通过自定义归因逻辑，企业可以基于自定义的 ID（例如客户手机号、邮箱、CRM 中的客户 ID 等）将多个设备、平台上的归因结合起来。

**（3）增加数据回溯周期**

网站分析工具归因的数据追溯周期是有限制的，例如 Google Analytics 最长可回溯 90 天数据，这对于销售转化周期更长的企业（比如金融企业）来说基本没有价值。企业可根据自身需求设置符合销售周期的数据追溯期，实现渠道数据完整复原。

**（4）灵活的计算过程控制**

网站分析工具中归因模型的计算过程是固定的，例如：

- 基于位置的归因只能将位置划分为 3 到 5 个，无法更准确地控制更多细分位置权重；
- 计算周期一般是每天，假如企业想要看最近 1 小时的归因则无法实现；
- 归因维度是有限制的，如果要基于更多的个性化的维度和自定义计算则无法实现；
- 归因的目标必须是线上已经跟踪的数据，很多企业的离线目标转化无法被设定。

通过自定义归因，企业可以灵活控制数据维度、目标、计算频率等各个方面。

**（5）数据噪声过滤**

现有的归因模型无法识别"垃圾数据"，因此数据噪声过滤严重依赖于数据采集的质量。但企业经常会遇到数据埋码采集导致的数据异常情况，后期的归因结果的准确度也会因此受影响。企业在自定义归因过程中可以根据实际规则将噪声数据过滤掉。

## 6.3 如何分析渠道效果的边际效应

边际效应广泛存在于经济学中，用于分析当其他因素固定不变时，连续地增加某一要素的投入，所带来的产出或收益的变化规律。在营销渠道分析中，也可能存在不同广告要素之间的边际效应，本节将讨论和分析这些内容。

### 6.3.1 渠道效果边际变化规律概述

营销渠道效果的一个基本规律是，当营销投入变化时，其产生的营销效果也是变化的，且变化可能不是线性的，而是呈现特定的边际效应。

例如，当广告费用持续增加时，转化率在缓慢下降；当流量规模增加时，单位流量的成本却在上升。找到不同渠道的边际效应规律，有利于增加对渠道的认知并更好地控制营销资源的投入，使企业回报最大化。

### 6.3.2 分析渠道回报效率的边际递减效应

随着营销渠道广告费用的增加，其回报效率可能出现边际递减效应。回报效率可以是转化率、ROI等转化效率类的指标。例如，当广告费用在10万量级时，每1000块钱能带来10个订单；当广告费用增加到100万量级时，每1000块钱可能只能带来8个订单。

回报效率边际递减效应几乎存在于所有营销渠道中，主要原因在于原来低广告费用下的"精准人群"会随着广告费用的增加变得更加"宽泛"，而投放人群质量的降低会导致转化效果的下降。

不同渠道有不同的递减特征。图6-8列出了3种常见的递减曲线，其中①为线性递减模式，回报效率会随着费用的增加而线性降低；②和③都为指数级递减模式，回报效率会随着费用规模的增加而呈现不同的降低效率。

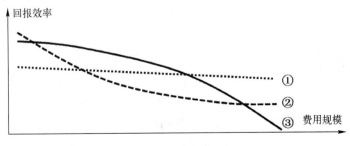

图6-8 流量渠道

下面以本书数据资源中 Excel 文件"第 6 章"的 6-3 中的数据为例，分析 Google Ads 投放费用与订单转化率的关系。

### 第一步　通过散点图观察投放费用与转化的关系

如图 6-9 所示，选择 B 列和 C 列（图中①），依次点击顶部菜单"插入"（图中②）→图形（图中③）→散点图（图中④），弹出图中⑤的散点图结果。

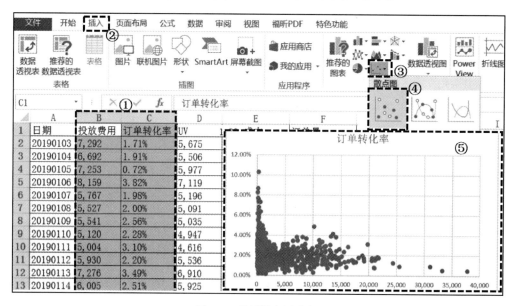

图 6-9　利用散点图分析

散点图横轴是投放费用，纵轴是订单转化率。通过散点图结果可以看到，当投放费用增加时，订单转化率在下降。下降趋势与图 6-8 中的曲线②更吻合。

### 第二步　分析不同费用区间内的转化率

该步骤通过数据透视表结合分组功能，量化每个投放费用区间下的转化率变化情况。如图 6-10 所示，先选择从 A 列到 F 列的所有数据（图中①），点击顶部菜单栏"插入"（图中②）→"数据透视表"（图中③）。为了与后续案例区分，将透视表重命名为 6-3_PivotTable1。

数据透视表设置如图 6-11 所示，分别将投放费用拖入"行"（图中①），将 UV 和订单量拖入"列"（图中②和③）。将 UV 和订单量的汇总计算方式从"计数"改为"求和"，以 UV 为例：点击"计数项：UV"（图中④），在弹出的菜单中点击"值字段设置"（图中⑤），在弹窗中点击"求和"（图中⑥）。

接下来对行标签"投放费用"分组。在图 6-12 所示的数据透视表中点击"行标签"中的任意数据（图中①），点击鼠标右键，并在弹窗中选择"创建组"（图中②），在弹

第 6 章 营销渠道的效果评估与基本分析 ❖ 199

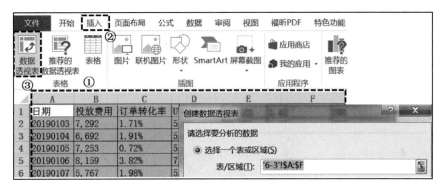

图 6-10 利用新建透视表分析

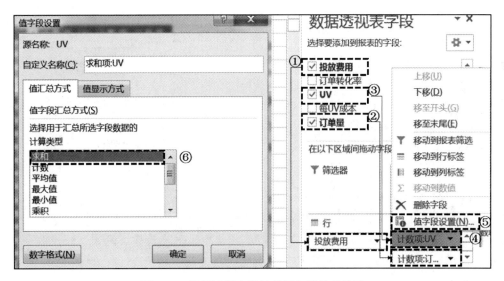

图 6-11 设置透视表投放费用与转化率关系

出的"组合"窗口中,设置"步长"为 5000,点击"确定"后得到分组结果(图中④)。

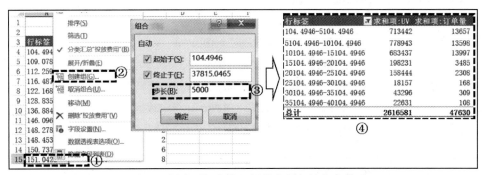

图 6-12 创建透视表分组投放费用与转化率关系

由于订单转化率是一个比例值，因此不能直接通过原始的订单转化率求均值，而是要基于不同分组的 UV 和订单量的汇总值重新计算。如图 6-13 所示，点击透视表中顶部菜单"分析"（图中①）→"字段、项目和集"（图中②）→"计算字段"（图中③），在弹出的"插入计算字段"窗口的名称中输入"订单转化率_new"（图中④），在"公式"中输入"=订单量/UV"（图中⑤），得到新的计算字段（图中⑥）。

图 6-13 新建订单转化率计算字段

为了更直观地分析结果，可以将表中的投放费用和订单转化率_new 单独通过条形图呈现。如图 6-14 所示，总体转化率递减规律大体以投放费用 10104 为界呈现出一定的波动；当投放费用超过 10104 时，总体订单转化率呈下降趋势。例如，当投放费用为 10104.4946~15104.4946 时，转化率在 2.05%；当投放费用为 25104.4946~30104.4946 时，转化率在 0.93%；整体下降趋势比较明显。

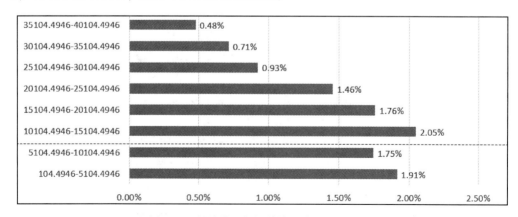

图 6-14 投放费用与订单转化率_new 的关系

对投放费用>10104 的数据递减规律进一步研究。如图 6-15 所示，将透视表的投放费用区间以及订单转化率_new 单独复制出来，并选择 10104.4946 以上的区间（图中①），点击顶部菜单栏"插入"→"图形"（图中②）→"二维柱形图"中的第一个（图中③），得到普通柱形图（图中④）。

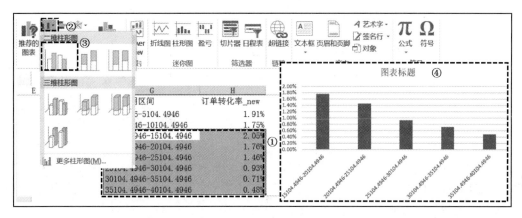

图 6-15　基于递减数据新建图形

接下来添加趋势线，如图 6-16 所示，点击柱形图任意图形（图中①），在弹出的菜单中选择"添加趋势线"（图中②），在右侧趋势线选项中选择"指数"（图中③），勾选"显示公式"和"显示 $R$ 平方值"（图中④）。

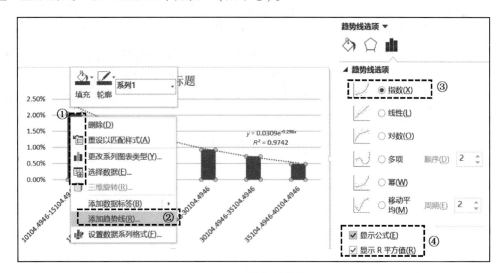

图 6-16　添加趋势线

上述操作完成后，在图形中新增一条趋势线，并显示公式和 $R$ 平方值：$y = 0.0309e^{-0.298x}$，$R^2 = 0.9742$。结果（0.9742）说明这个公式对于当前数据的拟合程度非常高（最高为1）。通过 $y=0.0309\mathrm{e}^{-0.298x}$ 可以推导出转化率随着投放规模增加产生的指数递减趋势。在Excel中，该公式表示为：$y=0.0309*\exp(-0.298*x)$，其中 $x$ 的取值为 1，2，3，…，对应到本案例为从 10104.4946 开始的每个区间。例如，当 $x=2$ 时，对应的区间为 15104.4946～20104.4946，对应的预测转化率 $y = 0.0309*\exp(-0.298*2) = 1.70\%$，实际转化率为 1.76%。

### 6.3.3 分析渠道单位成本的边际递增效应

随着营销渠道流量规模增大，流量的单位成本可能出现边际递增效应，单位流量成本可以是每次点击成本、每会话成本、每UV成本、每订单成本等指标。例如，当流量规模在1万量级时，每次点击成本可能是1元；当流量规模增加到10万量级时，每次点击成本可能增加到1.2元。

渠道单位流量成本的边际递增效应主要存在于带有竞价机制的流量渠道中，包括硬广告中的DSP、RTB、程序化投放广告，以及SEM、信息流渠道等。在其他渠道上，单位成本的边际效应可能体现不同的特性，例如：

- ❏ 在EDM和短信营销中，随着人群发送规模的扩大（对应的是总费用的增加），单位发送的成本是边际降低的；
- ❏ 带有大众传播性质的媒体的采买方式往往是CPD，例如互联网门户广告、导航类广告等，其可能呈现出单位成本不变、单位成本增加或降低等不同趋势。

竞价类渠道需要广告主围绕精准投放人群展开"争夺"，虽然除了出价，还会有账户质量、相关性、匹配度等因素的考量，但出价仍然是竞价排名的核心影响因素之一。以SEM中的关键字投放为例，当营销费用较少时，可以通过拓展长尾词、通用词等挖掘流量洼地，此时的点击成本可以非常低；但当这些词的成长形成瓶颈时，企业必须与更多的竞争对手通过竞价的方式获得广告展示机会，这就导致流量规模越往上走，需要面对的竞争环境越激烈，因此单位流量成本就越高。

单位流量成本随流量规模的递增可能呈现如图6-17所示的关系，图中①和②为指数级增长，③为线性增长，即成本增长率保持稳定。

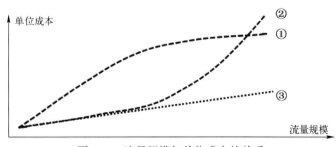

图6-17 流量规模与单位成本的关系

下面以本书数据资源中 Excel 文件"第 6 章"的 6-3 中的数据为例,分析 Google Ads 流量规模(UV)与每 UV 成本的关系。本案例的操作方法与 6.3.2 节完全相同,因此不再重复介绍中间过程,主要以关键性结果讲解为主。

### 第一步　通过散点图观察 UV 与每 UV 成本的关系

对 UV 和每 UV 成本创建散点图,得到如图 6-18 所示结果。观察发现,当 UV 规模增加时,每 UV 成本也在增加,且二者的线性关系较为明显。

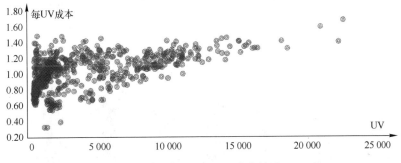

图 6-18　UV 和每 UV 成本关系

### 第二步　分析不同 UV 规模区间内的每 UV 成本

在本步骤中,由于要基于数据透视表中的 UV 划分区间,还要基于 UV 重新计算每 UV 成本,因此将 UV 单独复制一列命名为 UV_new,再新建透视表并重命名为"6-3_PivotTable2"。

在图 6-19 中,将 UV 拖入"行"(图中①),作为后续划分区间的字段;将 UV_new

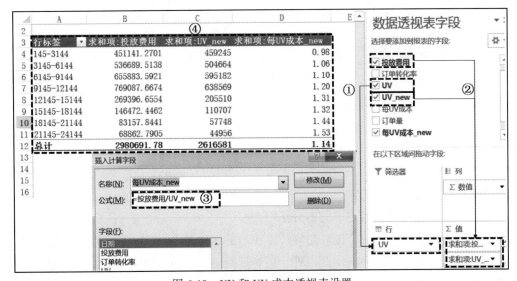

图 6-19　UV 和 UV 成本透视表设置

拖入值并设置为求和汇总计算方式（图中②）；插入新的计算字段"每 UV 成本_new"，公式为=投放费用/UV_new（图中③）。这里不能使用公式=投放费用/UV，因为 UV 已经作为划分区间的字段使用，得到的是一个分组字符串，而非原始的 UV 求和。对 UV 分组并设置步长为 3000。得到结果如图中④所示。

将新计算得到的 UV 规模分组与每 UV 成本_new 进行柱形图展示。如图 6-20 所示，随着 UV 规模的提升，每 UV 成本在逐渐提升。通过 Excel 的数据趋势线提供的拟合功能，得到了 $y = 0.0774x + 0.8966$ 以及 $R^2 = 0.9867$，其中 $x$ 为不同 UV 区间（横轴表示），$y$ 为每 UV 成本（纵轴表示），$R^2$ 高达 0.9867，说明拟合程度非常高。

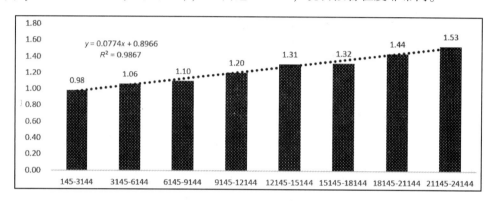

图 6-20　分析 UV 区间与每 UV 成本关系

每 UV 成本与 UV 规模区间呈现高度相关线性关系，可以得到如下结论：当 UV 以 3000 区间递增时，每增加 1 个区间（即 3000UV），每 UV 成本增加 0.0774 元（方程的系数项）。基于该规律可得到不同递增规模下对应的每 UV 成本值。

### 6.3.4　知识拓展：数据分组

在图 6-18 中，虽然基于散点图得到的 UV 与每 UV 成本的关系也呈现较为明显的线性相关，但如果基于原始数据做分析，会发现二者的相关性并不是非常显著。例如，可以使用 Excel 中的数据统计模块计算 UV 和每 UV 成本的相关性，得到二者的相关性得分仅为 0.54，并不属于显著的线性相关。

但是，当对数据分组后再做分析时，会发现分组结果呈现了更加显著的线性关系，主要原因在于以下两点。

**第一，在分组时可以指定不同的分组规则。**

分组决定了数据集合的范围和边界。本小节的案例基于整数步长分组，在后续业务解释和应用时更加直观方便。除此以外，还有等频法、分位数法、均值标准差法、模型法等。读者可选择对后续使用最有利的方式实现分组。

第二，基于分组数据会重新计算组内趋势。

分组后对数据的汇总计算，更能突出数据整体趋势，同时利于过滤噪声。常见的汇总方式有两类：一类是集中性趋势，指标包括求和、计数、平均值、中位数；一类是离散化趋势，指标包括方差、最大值、最小值等。其中集中性趋势的使用场景更多。

因此，当原始数据没有显著规律时，可以考虑先分组汇总计算再进行分析，这样比较容易找到数据规律。更多有关流量渠道分组分析的内容会在6.7节中介绍。

## 6.4 如何找到渠道转化短板并提升转化效果

在分析转化场景时，快速找到转化关键短板并解决问题是提升转化效果的关键。本节将介绍如何通过漏斗分析方法完成该内容。

### 6.4.1 漏斗分析概述

漏斗主要针对需要经过多个步骤或环节才能完成转化的分析场景。

例如，订单转化需要经过查看商品、加入购物车、结算、提交订单4个步骤，4个步骤具有先后序列关系并构成了漏斗环节。

### 6.4.2 漏斗分析的主要业务场景

任何需要多个步骤才能完成转化的业务场景都可以使用漏斗分析。按照功能对象的不同可将漏斗分析分为以下几种。

#### 1. 表单漏斗分析

该场景主要是对表单内多个元素的完成情况做分析。表单漏斗分析包括营销活动常见的注册、留资、结算、抽奖、积分兑换、领券等转化目标。这些表单的显著特点是表单内的元素较多，用户需要填写并完成所有表单内容才能达成转化目标。

#### 2. 单页面漏斗分析

该场景是对一个页面完成转化的情况做分析，例如站外的Minisite、营销活动着陆页、留资页面等。通常一个页面可以有一个或多个表单，也可以包含多个流程性功能的组合。

#### 3. 多页面漏斗分析

该场景是对需要多个页面组合才能实现转化的情况做分析，典型场景为促销转化漏斗。该漏斗从着陆页开始，根据不同的促销方式可分为多种漏斗模式：

❑ 抢购流程很可能只包括抢购页面、提交订单两步；
❑ 大型促销活动包括活动主会场、活动分会场（可选）、商品详情页（可选）、加入购物车、查看购物车（可选）、结算、提交订单；
- 预售流程包括商品详情页、参加预售、提交预付款、提交尾款。

### 6.4.3 漏斗分析的额外数据跟踪

漏斗分析通常需要配合详细的数据跟踪，尤其是涉及表单这类主体时，对数据粒度的要求更高。针对表单和页面的漏斗分析需要部署额外的事件类型的数据跟踪。

#### 1. 表单漏斗的数据跟踪

表单漏斗分析需要先对表单的所有元素做事件埋码采集，基本规则如下。
- 触发事件：基于每个元素获得焦点（onfoucs）以及失去焦点（onblur）的事件触发监测，前者表示用户到达了某个元素上，后者表示用户从该元素上离开。
- 监测内容：标准内容为记录表单 ID、元素 ID，在失去焦点时需要额外将用户输入或选择的内容回传。

#### 2. 页面漏斗的数据跟踪

默认情况下，网站分析工具会跟踪多种页面信息，例如请求日期和时间、页面 URL、页面标题、页面分组、页面属性、页面路径以及域名、上一级页面、下一级页面等。为了配合漏斗分析，还需要增加更多跟踪元素，列举如下。
- 按钮类：通常是具有 Call To Action 功能的按钮。
- 模块点击：具有交互功能的模块，例如导航、切换模块、缩放等。
- 媒体类：视频和音频的开始、暂停、停止、快进、后退、静音、放大等。
- 富媒体交互：根据富媒体内容而定，例如抽奖类、游戏类、活动类等。

### 6.4.4 漏斗分析的主要维度和方法

漏斗分析的维度一般被定义为转化流程中的关键环节，例如电商商务中的购物车漏斗包括加入购物车、结算和提交订单。漏斗分析的指标包括"量"和"率"两个方向："量"可以是 UV、Session、Event 数，"率"包括初始转化率和上一步转化率。初始转化率为漏斗中每个步骤的完成"数量"相对于第一步的比例；上一步转化率为每个步骤的完成"数量"相对于上个步骤的比例。

通过漏斗分析转化流程主要包括三个步骤。

#### 1. 找到漏斗短板

首先分析转化流程中是否有明显的漏斗短板。以购物车漏斗分析为例，漏斗环节包括加车、结算、提交订单，其上一步转化率分别为 100%、70%、85%。常用的判断原则有三个。
- 一是上一步转化率最低原则。例如上面三个环节中，第二步结算的上一步转化率仅为70%，因此可以考虑优先分析该环节。
- 二是最容易提升原则。例如上面第二个环节的提升可能比较困难，可以考虑将第三个环节作为"次级短板"，通常这类短板的改进难度较小，比较容易落地。
- 三是转化就近原则。哪个环节离最终转化最近就优先提升哪个，这样能尽量保证改进后的效果提升更加明显。

### 2. 分析流失的出口页面及其原因

在多页面漏斗分析中，当用户从当前页面进入其他页面时，可以分析用户为什么会跳转到这些页面。以购物车内的结算环节为例，用户可能跳出到如下页面。
- 产品页：结算页面出现新的商品推介或购物车内的商品信息不完整，导致用户需要到达商品详情页以进一步确认商品信息。这会对购物车转化造成极大干扰，因为用户跳出购物车流程后再进入结算页面的概率会大大降低。
- 运费说明页：在结算页面可能会出现运费信息（包括运费、退换货费用、是否包邮、运费折扣或抵免、退换货政策等），如果在之前（包括商品详情页和加入购物车页）介绍得不够详细，那么用户在该页面可能会产生困惑，再跳转到对应页面以进一步确认信息。
- 首页：用户点击左上角网站Logo导致跳出，可能是想要查看更多信息或无意中点击。
- 上一步加入购物车页：回退到加入购物车页面来确认购物车信息，或修改购物车内商品的类目、数量等。
- 会员权益页：在结算页面出现其他与当前购物无关的信息，例如会员权益介绍、价保、积分兑换等，导致用户查看这些信息而跳出转化流程。

### 3. 分析流失页面或元素本身的退出原因

当用户没有跳转到其他页面，而是直接在当前页面退出时，需要针对当前页面进行分析。

第一，确定关键问题节点。

如果是多个流程，则先根据流程逻辑分析在哪个流程中流失的用户较多；确定主要流程后，再对其内部的功能或表单进行单独分析，找到细分的流失节点。

第二，分析问题节点本身的问题。

问题节点可能是页面、表单或某个核心功能模块，该节点本身可能存在多种问题。例如页面在不同设备、操作系统、浏览器上的兼容性、用户体验差异、功能的可用性等问题；节点本身的设计逻辑、结构方式是否符合目标用户的操作习惯；排查问题节点影响了全部渠道还是个别渠道，即是否由特定渠道的流量质量差导致等。

### 6.4.5 案例：预约表单的漏斗分析与应用

图 6-21 是汽车预约试驾的留资型表单示例，其中包含姓名、手机号、所在城市和经销商元素。

图 6-21 预约体验表单

通过表单漏斗得到的统计数据如表 6-2 所示。

表 6-2 预约表单漏斗数据

| 环 节 | 完成会话数 | 初始转化率 | 上一步转化率 |
| --- | --- | --- | --- |
| 姓名 | 13 201 | 100% | 100% |
| 手机号 | 12 014 | 91% | 91% |
| 省 | 4 516 | 34% | 38% |
| 市 | 3 185 | 24% | 71% |
| 经销商 | 2 632 | 20% | 83% |

由表 6-2 中的数据可知，有 13201 个会话开始该表单动作，最后到达经销商的转化率为 20%；在所有环节中，第三步的"省"是整体漏斗的关键节点，上一步转化率仅为 38%。

接下来需要根据用户在"省"这一功能元素上的数据进行分析，可能的问题点如下所示。
- 省份的排序是否有问题。目标用户的省份分布排序能让目标用户尽早找到省份值。
- 是否需要增加搜索和手动输入功能，以帮助用户更快地找到所在省份。
- 是否需要通过 IP 自动判断，提示用户当前可能在的省份来提高输入效率。
- 是否缺少特定省份值。
- 是否有必要增加区域划分，例如东北、华北、华东等父级区域来更快地帮助用户定位。
- 是否可以使用地图类的可视化方式，帮助用户更好地定位区域。

上述分析过程主要的探索方向包括数值排序、查找功能优化、用户体验等方面。除了围绕表单主体外，还需要从更多角度分析。
- 是否由特定的浏览器、操作系统、设备的兼容性导致功能不可用或体验差，可以通过细分这些维度的漏斗数据得到答案。
- 是否某些来源渠道导致的片面结果，如果将特定渠道去除后是否恢复正常。
- 基于留下的姓名和联系方式，通过呼叫中心直接呼出来调查放弃原因（当然需要配合一定的奖励机制和驱动策略）。
- 通过线下合作渠道商的测试，从逻辑上重新梳理表单的元素是否必要，重构表单逻辑。

下面介绍表单漏斗的应用，仍以汽车预约试驾的留资型表单为例。

**(1) 优化业务**

通过上述分析，大概可以找到用户在特定环节（例如省份）退出的主要因素，从而产生落地应用点。
- 重构表单逻辑。包括现有元素的顺序、采集方式，以及每个元素内值的逻辑。
- 功能和体验优化。修复有问题的功能或特定场景下的体验问题。
- 优化渠道。找到问题营销渠道，并基于表单转化情况判断渠道质量和作弊情况。

**(2) 销售线索留存**

通过详细的表单数据跟踪，即使用户未完成总体转化事件（例如提交表单），也可以找到与用户的接触点。例如图 6-21 中，用户在填写完姓名和手机号后可能发现其所在地域没有经销商并退出页面，此时企业仍然可以通过已经填写完成的姓名和手机号联系到客户，通过更多优惠措施让用户在邻近经销商体验。

**(3) 新渠道和地域拓展**

特定地区的销售线索很多，表明该区域的用户对产品的需求可能较大，此时企业可以考虑在该地区部署网点或发展更多线下合作伙伴，这也是一种通过潜在销售线索拓展业务的方式。

### 6.4.6 知识拓展：跨行为类型的漏斗跟踪

默认情况下，很多网站分析工具只能基于特定维度做漏斗分析，例如多页面漏斗基于页面维度产生。但企业中可能需要用到混合维度做漏斗分析，如下是一个营销活动中经常用到的漏斗模式。

第一步：着陆页总 Session 数——基于会话。
第二步：在着陆页停留超过 10 秒的 Session 数——基于页面停留时间。
第三步：发生了商品详情页浏览的 Session 数——基于页面浏览。
第四步：发生了加入购物车按钮点击的 Session 数——基于事件。
第五步：发生了我的购物车页面浏览的 Session 数——基于页面浏览。
第六步：发生了结算页面浏览的 Session 数——基于页面浏览。
第七步：发生了订单提交按钮点击的 Session 数——基于事件。
第八步：发生了支付的订单数——基于后台实际支付的订单 ID 的数量。

这种跨行为类型的漏斗有两方面好处：

- 一是更符合业务分析需求，能够将多种不同类型的业务场景子目标结合起来；
- 二是脱离了必须在相同数据维度下才能做漏斗分析的限制，降低了对跟踪埋码的依赖程度，漏斗配置更加灵活、可控，还能极大地降低数据采集开发和数据维护的工作量。

## 6.5 如何分析渠道留存效果

留存分析是渠道效果分析的重要方法，它能有效地衡量渠道在活动期间之外的长期效果或累计效果，因此是重要的长期价值分析方法。本节介绍如何分析渠道的留存衰减、稳定期、运营活动对留存的影响以及新用户规模对留存的影响。

### 6.5.1 渠道留存概述

一般认为，在某个时间后开始使用应用，经过一段时间后仍然继续使用该应用，这种情况就称为留存。这里的留存主体是新用户，而不是所有用户。留存的定义一般基于特定的动作或事件，即完成某个事件才能算作留存。留存开始的事件一般都是以访问网站或打开 App 为初始状态，后续留存事件则可能包括访问、打开 App、登录、浏览商品、订单交易、评论、联系客服等具有持续发生可能性的目标事件。

> **提示** 企业内部也可能对老用户有留存的定义，但其含义更多接近于不要流失。

留存分析的主要应用场景包括营销效果分析，网站体验、功能设计及改版分析，用户召回，用户行为认知等。

根据留存开始和后续的事件是否相同，可将留存分为相同事件的留存和不同事件的留存。

- 相同事件的留存指开始和后续的事件相同。这是大多数网站分析工具默认的定义方法。例如在 2020 年 12 月 1 日成为网站新用户之后，后续仍然会访问网站的用户。此时都是基于访问动作定义留存。
- 不同事件的留存指开始和后续的事件不同。这种一般是在具有进一步转化目标的情况下使用。例如在 2020 年 12 月 1 日成为网站新用户之后，后续要求必须浏览商品才算留存用户。此时浏览商品要比普通访问的要求更高，因为它距离最终的转化目标更进一步。

基于不同事件的留存，由于其存在转化递进过程，因此与漏斗分析比较类似，但二者也有很大差异。

- 适用群体不同。漏斗分析可用于所有用户群体，留存分析则主要用于新用户群体。
- 转化步骤不同。漏斗分析可以包含任意多个转化环节或步骤，而留存分析则只能定义初始状态和留存状态，无法定义更多步骤。
- 时间状态不同。漏斗分析一般基于一个 Session 周期分析不同环节的转化情况，留存分析由于涉及初始日期和留存日期，因此时间状态和周期粒度更多。
- 计算主体不同。漏斗分析基于 SessionID（即访问 ID）计算转化情况，留存分析基于 UserId（即访客 ID）关联不同时间周期的跨访问的行为。

### 6.5.2　如何分析留存衰减趋势

本案例以本书数据资源中 Excel 文件"第 6 章"中 6-5 中的数据为例，介绍如何分析留存衰减趋势。该数据来源于 Google Analytics 留存分析报表，为某段时间内的用户留存数据。

**第一步　建立散点图**

由于留存率基于时间分布，因此适合使用散点图分析走势。如图 6-22 所示，选择从 D1 到 O2 的所有数据（图中①），依次点击顶部菜单"插入"（图中②）→"图形"（图中③）→"散点图"（图中④），得到不同留存时间的散点图（图中⑤）。

**第二步　设置散点图并增加趋势线**

如图 6-23 所示，点击任意数据点，在弹出的菜单中选择"添加趋势线"（图中①），在右侧"趋势线选项"中选择"幂"（图中②），勾选"显示公式"和"显示 R 平方

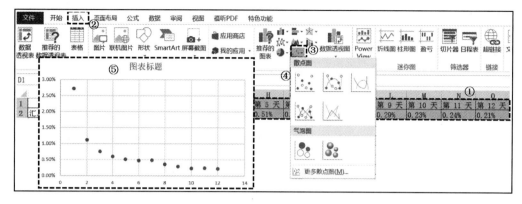

图 6-22 建立留存率散点图

值"(图中③),得到结果(图中④)。

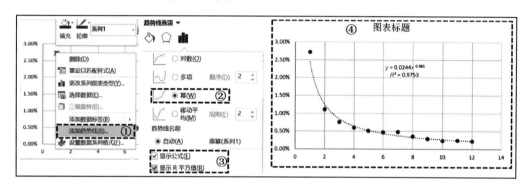

图 6-23 为留存率增加趋势线

由留存率趋势线可知,从第 1 天到第 12 天的衰减公式为 $y = 0.0244x^{-0.965}$,通过 $R^2 = 0.9753$ 判断该公式的拟合程度非常高。如何使用该留存趋势以及公式?

**1)发现异常点**。通过特定留存日期的点与留存趋势对比,发现其中的"异常点"。以图 6-23 为例,第 7 天的留存率明显高于预测留存曲线,因此表现相对"超出预期"。其他点都在预测线附近,不具有明显的异常现象。

**2)预测未来 $N$ 天的留存**。上面的衰减公式可以用 Excel 公式表示,$y = 0.0244 * \text{power}(x, -0.965)$,其中 $y$ 为第 $N$ 天的留存率,0.0244 为系数项,power 为幂函数,$-0.965$ 为幂次项。例如:

- 第 1 天的留存率 $y = 0.0244 * \text{power}(1, -0.965) = 2.44\%$(过去值,实际为 2.73%);
- 第 5 天的留存率 $y = 0.0244 * \text{power}(5, -0.965) = 0.52\%$(过去值,实际为 0.51%);

❏ 第 15 天的留存率 $y=0.0244*\text{power}(15,-0.965)=0.18\%$（未来预测值）。

### 6.5.3 如何分析留存稳定期

留存稳定期是指留存变化相对平缓且不具有明显波动（包括增长或下降）的开始周期，可用于确定营销活动的关键时间节点。例如，假设用户从第 7 天开始稳定，那么营销的重点必须放在前 6 天。

本案例使用上个案例的数据计算稳定期。图 6-24 中的原始留存率为每天的留存率数据；留存变化率为计算相对变化率，逻辑为第 $t$ 天留存变化率=（第 $t$ 天留存率/第 $t-1$ 天留存率）-1。图中第 1 天的留存变化率（①）在 Excel 中的公式为 =D2/C2-1。留存稳定度为通过标准差计算未来 $N$ 天的留存变化率数据，这里取 $N=3$，即计算未来 3 天留存变化率的平均标准差。图中第 1 天的留存稳定度（②）在 Excel 中的公式为 =STDEV.P(D21:F21)/3。

| | B | C | D | E | F | G | H | I | J | K | L | M | N | O |
|---|---|---|---|---|---|---|---|---|---|---|---|---|---|---|
| 19 | | 第0天 | 第1天 | 第2天 | 第3天 | 第4天 | 第5天 | 第6天 | 第7天 | 第8天 | 第9天 | 第10天 | 第11天 | 第12天 |
| 20 | 原始留存率 | 100.00% | 2.73% | 1.11% | 0.75% | 0.60% | 0.51% | 0.47% | 0.48% | 0.35% | 0.29% | 0.23% | 0.24% | 0.21% |
| 21 | 留存变化率 | 100% | -97%① | -59% | -32% | -20% | -16% | -7% | 2% | -27% | -19% | -20% | 5% | -10% |
| 22 | 留存稳定度 | 0.28 | 0.09② | 0.06 | 0.02 | 0.02 | 0.02 | 0.04 | 0.04 | 0.01 | 0.04 | 0.03 | — | — |

图 6-24 留存稳定期计算

留存稳定度显示了未来 $N$ 天留存变化率的平均波动程度，如果值相等，代表留存的平均波动程度相同。例如图中第 3 天、第 4 天、第 5 天的留存稳定度的值相等，表示从第 3 天、第 4 天、第 5 天各自开始的未来 3 天的平均留存变化波动基本相同，虽然后期的留存稳定度有一定波动，但整体波动不大，因此可以认为从第 3 天开始总体的波动情况趋于稳定。

该案例中使用的标准差反映一组数据的离散程度，它可以去除均值分布的差异，而只考虑相对波动程度。例如，有两组数分别为 A 组（2、3、4）和 B 组（12、13、14），A 组和 B 组的平均标准差都约等于 0.27。在本案例中，-32%/-20%/-16% 和 -20%/-16%/-7% 波动基本相等（平均标准差都约等于 0.02）也是这个原理。

另外，本案例中未来天数 $N$ 为 3，也可以根据实际留存周期调整不同的项目周期，如果留存数据较多可以将其调整为更大的值。

### 6.5.4 如何分析运营活动对留存的影响

在留存报表中，可以通过数值比较不同周期留存率的大小，再结合 Excel 中的色阶，更加直观地显示数据强弱对比。

基本步骤为：依次选中每一列留存率（例如第 1 天、第 2 天），然后点击顶部菜单栏 "开始"→"条件格式"→"色阶"→"绿-白色阶"。

注意，一定要单独选择每一列再设置色阶显示，否则无法显示每一列的数据差异。设置后的结果如图 6-25 所示，数据越大，颜色越深。

| | 新用户数 | 第 0 天 | 第 1 天 | 第 2 天 | 第 3 天 | 第 4 天 | 第 5 天 | 第 6 天 | 第 7 天 | 第 8 天 | 第 9 天 | 第 10 天 |
|---|---|---|---|---|---|---|---|---|---|---|---|---|
| 2020/9/13 | 1824 | 100.00% | 6.26% | 1.97% | 1.81% | 1.10% | 1.43% | 0.44% | 0.82% | 0.44% | 0.27% | 0.49% |
| 2020/9/14 | 2545 | 100.00% | 5.59% | 2.44% | 1.96% | 1.61% | 0.75% | 0.67% | 1.34% | 0.86% | 0.59% | 0.43% |
| 2020/9/15 | 2672 | 100.00% | 4.61% | 2.88% | 1.72% | 0.79% | 1.05% | 1.20% | 1.01% | 0.79% | 0.49% | |
| 2020/9/16 | 2413 | 100.00% | 4.72% | 2.90% | 1.25% | 1.08% | 1.41% | 1.53% | 1.16% | 1.12% | | |
| 2020/9/17 | 2493 | 100.00% | 5.16% | 2.05% | 1.20% | 1.16% | 1.04% | 0.72% | 1.28% | | | |
| 2020/9/18 | 2704 | 100.00% | 3.70% | 1.74% | 1.96% | 1.18% | 0.85% | 0.63% | | | | |
| 2020/9/19 | 2010 | 100.00% | 5.17% | 2.19% | 1.49% | 1.29% | 1.00% | | | | | |
| 2020/9/20 | 1861 | 100.00% | 4.73% | 2.36% | 0.81% | 1.56% | | | | | | |
| 2020/9/21 | 2604 | 100.00% | 4.17% | 2.34% | 1.42% | | | | | | | |
| 2020/9/22 | 2474 | 100.00% | 4.54% | 2.51% | | | | | | | | |
| 2020/9/23 | 2642 | 100.00% | 4.96% | | | | | | | | | |

图 6-25 留存率的色阶显示结果

由于图 6-25 是基于每一列的数字大小显示颜色强弱，因此不仅能看出每一列的大小对比，还可以关联不同的列分析关联性影响。例如，图中 2020/09/18 的第 1 天留存率非常差（3.70%），再结合前日的留存数据可以得到更多关联信息。2020/9/18 的第 1 天（即 9/19）与其他日期留存天数的关系是：2020/9/18 的第 1 天在日期上等于 2020/9/17 的第 2 天，等于 2020/9/16 的第 3 天，等于 2020/9/15 的第 4 天，即这些日期相应向后推不同的时间，与 2020/9/18 第 1 天对应相同的日期。

由图 6-25 中数据可知，斜线经过区域内的留存率都普遍低于同期值，说明 2020/9/18 的第 1 天（即 2020/9/19）的特定业务活动影响了从 2020/9/13 到 2020/9/18 的所有新用户，导致不同日期下的留存率出现问题。

能够全局性影响所有日期留存效果的站内运营因素一般都是比较重大的运营活动，比如占主要流量贡献（或新用户贡献）的流量渠道、网站整体性改版、站内重大促销活动等。对这些因素的排查相对容易，原因是涉及全站性的影响，企业内部一般都有信息通知。即使没有通知，也可以分别与渠道方、网站功能和用户体验端、网站运营活动端沟通得到结果。

### 6.5.5 如何分析新用户规模与留存率的关系

一般情况下，新用户规模越大，留存率越低。分析新用户规模与留存率的主要意义在于，将不同新用户规模进行分组并找到各自的留存率分布特征，在后续效果评估时选择合适区间内对应的留存率做比较，从而得出更加客观的结论。例如，对于 1 万量级新用户与 10 万量级的新用户，其对比的留存率应该有不同的基准值。

本案例继续使用之前案例的留存数据，具体操作方法与 6.3 节相同，这里不再赘述，仅介绍主要内容和知识点。

假设我们要分析新用户数与第 1 日留存率（次日留存率）的关系，选中"新用户数"和"第1天"留存率数据，插入数据透视表；在数据透视表右侧的设置中，将"新用户数"拖入"行"，将"第1天"拖入"值"，修改"第1天"留存率的计算方式为均值。为"行"中的"新用户数"创建组，设置"步长"为100，得到基于100步长分组后的平均转化率。选中透视表的数据，插入柱形图，并添加趋势线，设置"对数"方式，并勾选"显示公式""显示R平方值"。得到如图6-26所示结果。

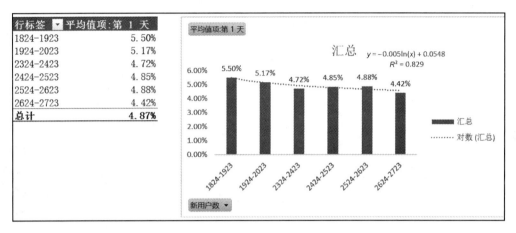

图6-26 新用户数与第1日留存率关系

图中左侧的数据透视表显示了不同规模下的留存率均值<sup>○</sup>。右侧柱形图配合趋势图，得到了第1日留存率与新用户数的关系：第1日留存率会随着新用户数增加而下降，具体关系为 $y=-0.005\ln(x)+0.0548$，其中 $y$ 是第1日留存率，$x$ 为新用户数规模区间；$R^2 = 0.829$，说明整体拟合程度比较高。该公式在Excel中表示为 $y = -0.005*\mathrm{LN}(x)+0.0548$。基于该关系可以得到不同新用户规模下的第1日留存率：

- 当 $x=4$ 时，即新用户规模在2424至2523之间时，留存率 $=-0.005*\mathrm{LN}(4)+0.0548=4.79\%$；
- 当 $x=7$ 时，即新用户规模在2724至2823之间时，留存率 $=-0.005*\mathrm{LN}(7)+0.0548=4.51\%$。

## 6.5.6 知识拓展：通过留存发现的作弊问题

留存分析的另外一个特殊应用场景是渠道转化效果的长期分析。某些CPA或CPS渠道在费用结算时，通常都会设置一个考察期。例如，某CPA渠道中A的结算规则为

---

○ 注意，本案例的第1天留存率均值直接基于每日均值计算，实际使用时需要基于每日的留存数做汇总后再除以当日新用户总数，得到新的留存率。这里为了说明结论而省略了该步骤，请读者知悉。

新用户且要求次日留存，即符合当日注册成为新用户后，次日必须仍然到达网站访问的条件的量才能结算。

通过渠道细分可以将不同渠道的留存率筛选出来。如表 6-3 选择了 5 个日期点的留存率，数据显示了渠道 A、B、C、D，在第 1、3、7 日的留存率虽然有高低差异，但都属于相对正常的波动。

表 6-3　不同渠道在不同日期点的留存率

|  | 第 1 日留存率 | 第 3 日留存率 | 第 7 日留存率 | 第 14 日留存率 | 第 30 日留存率 |
| --- | --- | --- | --- | --- | --- |
| 渠道 A | 5.70% | 4.80% | 2.00% | 0.00% | 0.00% |
| 渠道 B | 5.00% | 4.20% | 3.50% | 1.70% | 1.90% |
| 渠道 C | 7.00% | 5.00% | 2.10% | 1.10% | 1.50% |
| 渠道 D | 6.40% | 4.30% | 2.10% | 2.30% | 2.00% |

但在第 14、30 日的留存率中，渠道 A 的数据完全为 0。这里可能存在问题。正常情况下，渠道质量即使再差也不至于一个留存用户都没有。此时可将渠道 A 的数据单独过滤出来，按照图 6-25 的方式，导出分日的留存数据，分析到底是从哪一天开始完全没有留存用户的，后续可以与渠道方沟通该问题，渠道方一般都会知道问题所在。

## 6.6　如何分析渠道的时间特征

时间特征对渠道的影响是显著的，任何营销活动都要遵循一定的时间性规律，例如用户上下班规律、作息时间规律、假期规律等。时间趋势分析，主要包括趋势特征分析、季节周期性特征分析以及随机性特征分析，本章将主要分析趋势特征和季节周期性特征。

### 6.6.1　时间特征概述

在渠道的众多分析维度中，时间维度是一个非常重要的分析方向。在 4.4 节介绍过基于不同日期和时间粒度的数据统计分析方法，但分析时是将所有数据"混合"到一起。本节介绍如何将不同的时间特征分离出来，并分析渠道自身随着时间因素而变化的规律。

渠道的时间性特征分析适用于所有渠道，而不仅仅是 SEO、直接流量等免费流量。

### 6.6.2　分析渠道的长期趋势、年度特征

长期趋势一般指年度以上的时间周期，因此需要至少 3 年的数据才有可能分析年度级别的趋势。本节案例的数据来源于 Google Analytics 上某企业整体按日的流量报表，包括 date、Sessions 两列。本节的源数据见本书数据资源中 Excel 文件"第 6 章"的 6-6，案

例基于 Python 演示，代码在"第 6 章.ipynb"文件中。

### 第一步　导入库

```
import pandas as pd                                              #①
import datetime                                                  #②
import matplotlib.pyplot as plt                                  #③
from statsmodels.tsa.seasonal import seasonal_decompose          #④
```

代码①导入 pandas 库，用于读取和处理数据。代码②导入 datetime 库，用于设置数据过滤日期。代码③导入 matplotlib 库，用于展示图形的设置。代码④导入 seasonal_decompose 库，用于从数据中分离时间特征。

### 第二步　读取数据

```
df = pd.read_excel('第 6 章.xlsx',sheet_name='6-6',index_col='date')   #①
print(df.head(3))                                                      #②
print(df.info())                                                       #③
```

代码①读取本书数据文件"第 6 章.xlsx"中名为 6-6 的工作簿，同时设置读取后的数据框的索引为 date，即日期列，以方便后续在展示时间性趋势时，将日期作为横轴信息。代码②打印数据前 3 条结果。

```
date          Sessions
2015-11-06    39791
2015-11-07    41609
2015-11-08    49455
```

代码③打印读取的数据框的概要信息，关键信息为：数据记录从 2015-11-06 开始，到 2020-12-05 结束，共有 1857 条记录。

```
DatetimeIndex: 1857 entries, 2015-11-06 to 2020-12-05
Data columns (total 1 columns):
 #   Column    Non-Null Count  Dtype
---  ------    --------------  -----
 0   Sessions  1857 non-null   int64
dtypes: int64(1)
```

### 第三步　分析渠道的长期趋势、年度特征

由于包含了近 5 年的历史数据，因此可以分析以年为单位的长期特征和年度周期性特征。

```
decomposition = seasonal_decompose(df['Sessions'], period=365)    #①
fig = decomposition.plot()                                         #②
fig.set_size_inches(15,8)                                          #③
```

代码①通过 seasonal_decompose 方法对数据框 df 的 Sessions 列做季节特征分解，period=365 表示将季节性周期设置为 365，由于原始数据以天为单位，因此该设置可以理解为以 365 天（一年）为周期单位，分析不同年份的周期性变化。代码②使用 decomposition.plot() 建立一个图形对象 fig。代码③通过 fig 的 set_size_inches 方法，重新设置图形的大小为 15×8（单位：英寸）。结果如图 6-27 所示。

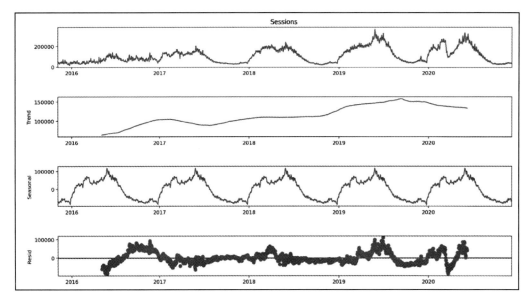

图 6-27　长期趋势、年度特征

图 6-27 展示了 4 个折线图，第 1 个折线图为原始数据点。第 2 个折线图是长期趋势图，该趋势中的数据从原始数据中提取，剔除了年度周期性以及残差特征，属于真正意义上的不含外部因素影响的长期趋势。第 3 个折线图是年度周期图，显示的是以年为单位的周期性变化。第 4 个折线图是残差图，该图中的数据是从原始数据中分离了长期趋势和年度周期性特征后的受其他因素影响的数据。

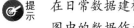 在日常数据建模中，如果希望去除与时间有关的影响因素，可以直接使用残差图中的数据作为目标来建模，也可以将时间特征加入数据建模的特征工程中。

从图 6-27 中的长期趋势可以看出，该企业从 2016 年开始呈现增长趋势，但在 2018 年前后流量徘徊不前，直到 2019 年才恢复快速增长态势。从年度周期来看，一年中的数据

波动较为明显，上半年的数据增长较快，并在年中达到顶峰，然后在下半年开始减少。

**第四步　单独拆分获得趋势、季节性和残差数据**

从图形中只能看到趋势信息，如果想做深入分析，还需要将数据提取出来。

```
trend = decomposition.trend                                              #①
year_seasonal = decomposition.seasonal                                   #②
residual = decomposition.resid                                           #③
year_seasonal.loc[[i >=datetime.date(2020,1,1) for i in  df.index]].plot
    (figsize=(15,3))                                                     #④
```

代码①提取长期特征数据。代码②提取年度周期数据。代码③提取残差数据。代码④将 2020-1-1 之后的年度周期数据过滤出来并用于图形展示。通过 year_seasonal 的 loc 方法选择行，条件是从 df 的 index（索引）中依次读取每个索引值（日期值），然后与 datetime.date(2020,1,1) 构造的日期（即 2020 年 1 月 1 日）对比，如果大于该日期则保留，最后通过 plot( ) 方法展示折线图，通过 figsize=(15,3) 设置画布为 15×3（单位：英寸）。结果如图 6-28 所示。

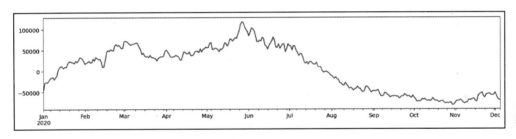

图 6-28　2020 年周期性数据

**第五步　对年度周期数据做分析**

从图 6-27 中的年度周期图可以看出，所有年份的周期性规律是统一的，因此这里选择 2020 年数据做分析是没有问题的。如图 6-28 所示，2020 年年初流量较低，在 3 月份有一个小高峰，在 6 月份前后达到峰值后逐渐回落，最后在 12 月份有一波小回流。

### 6.6.3　分析渠道的中期趋势、季度特征

渠道的中期趋势、季度特征的分析逻辑与上一节基本一致，区别在于 seasonal_decompose 中指定了不同的 period 值。

**第一步　读取数据**

```
df2 = df.loc[[datetime.date(2019,1,1)<=i<datetime.date(2020,1,1) for i in
    df.index]]                                                           #①
```

```
print(df2.head(3))                                                  #②
print(df2.count())                                                  #③
```

代码①实现从原始数据中过滤出 2019 年 1 月 1 日到 2019 年 12 月 31 日之间的数据，这里使用了链式比较的语法来将 i 与两个日期同时比较。代码②打印数据前 3 条结果。

```
date          Sessions
2019-01-01    76174
2019-01-02    101876
2019-01-03    103324
```

代码③计算数据记录条数，得到结果为 365。

**第二步　分析渠道的中期趋势、季度特征**

```
decomposition2 = seasonal_decompose(df2['Sessions'], period=7*4*3)  #①
fig = decomposition2.plot(resid=False)                              #②
fig.set_size_inches(15, 8)                                          #③
```

代码①设置季节性分解对象，其中通过 period=7*4*3 设置 7(天)×4(周)×3(月)表示 1 个季度频率。代码②通过 resid=False 设置不显示残差图。代码③重设图形尺寸。结果如图 6-29 所示。

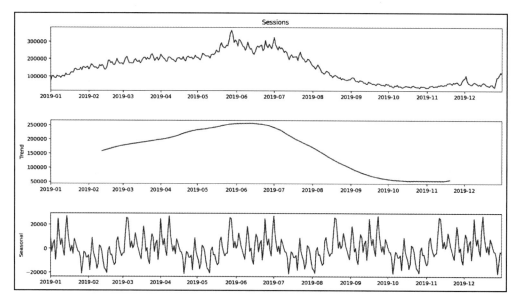

图 6-29　中期趋势、季度特征

从图 6-29 可以看出，2019 年整体中期趋势从年初开始上升，从下半年开始逐渐下降，该特征与图 6-26 的长期趋势是对应的。从季度周期性特征看，每个季度的前、后两个时间段流量有明显上升，而中间时期流量是下降的。例如在 2 月、5 月、8 月等月份均处于季度中期，流量都有明显的下降。

### 6.6.4 分析渠道的短期趋势、月度特征

渠道的短期趋势、月度特征的分析时间更近，对于近期指导作用更加明显。

```
df3 = df.loc[[i >=datetime.date(2020,1,1) for i in  df.index]]     #①
decomposition3 = seasonal_decompose(df3['Sessions'], period=30)    #②
fig = decomposition3.plot(observed=False,resid=False)              #③
fig.set_size_inches(15, 4)                                          #④
```

代码①从原始数据中仅过滤出 2020 年 1 月 1 日之后的数据。代码②设置季节性分解，其中 period=30 将季节性粒度设置为每 30 天为一个周期，即月份周期。代码③设置不显示原始数据趋势图和残差图。代码④重设图形大小。结果如图 6-30 所示。

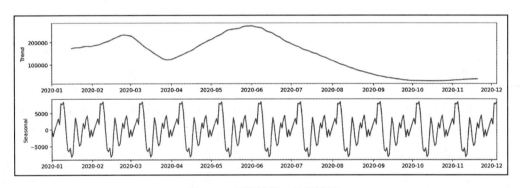

图 6-30　短期趋势、月度特征

图 6-30 显示 2020 年以来的短期趋势是波动中有下降，该结论与图 6-26 的长期趋势是对应的。月度特征显示每个月份内的数据都是强烈波动的。为了更好地分析月度内部的周期性变化，将月度周期性数据单独拆分出来并展示。

```
month_seasonal = decomposition3.seasonal                                        #①
month_df = month_seasonal.loc[[datetime.date(2020,11,1)<=i<
    datetime.date(2020,12,1) for i in  month_seasonal.index]]                    #②
month_df_gb.plot(figsize=(15,2))                                                 #③
```

代码①从 decomposition3 中获取短期月度周期性数据。代码②将短期月度周期性数

据中的 2020 年 11 月的数据过滤出来。代码③展示图形并设置图形大小。结果如图 6-31 所示。

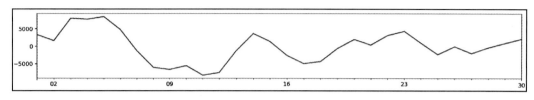

图 6-31　月份内按日展示趋势图

如图 6-31 所示，月份内第一周的流量较高，第二周则衰落，第三、四周呈现较大的波动。一般情况下，月度内的规律主要受企业月度经营活动的影响较大，例如月度促销。

### 6.6.5　知识拓展：分析渠道的时间交叉特征

除了折线图，也可以用类似热力图的方式分析渠道的时间特征，同时展示两个维度的流量交叉分布。

```
import calmap                                                              #①
calmap.calendarplot(df3['Sessions'], fig_kws={'figsize':(16,10)},
    yearlabel_kws={'color':'black'})                                       #②
```

代码①导入日历库，如果当前环境中没有该库，可以使用 pip install calmap 命令安装（注意安装后需要重启 Python）。代码②使用日历库的 calendarplot 展示信息，其中 df_map['Sessions'] 表示要展示的数据，fig_kws={'figsize':(16,10)} 设置展示图形信息，这里 figsize 表示图形大小为 16×10（单位：英寸），yearlabel_kws={'color':'black'} 表示设置颜色为黑色（颜色越深表示数值越大）。结果如图 6-32 所示。

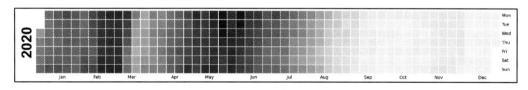

图 6-32　日历图展示数据交叉特征

在图 6-32 的日历图中，纵坐标轴表示的星期几，横坐标轴表示月份。通过日期在星期几和月份上的二维特征分布，可以发现数据的时间和季节性规律。从图中看出，2020 年全年，在星期几上没有明显的数据规律；而在月份上，2 月、5 月的流量趋势明显。

这种日历图的方式，除了可以用于以天为粒度的分析外，也可以用于以小时或分钟为粒度的分析。在用于小时或分钟粒度的分析时，还可以分析更细的粒度，例如白天黑夜、24 小时分布、上下午等。

综合来看，日历图由于具有较好的可视化分析能力，因此在具有时间和季节性的分析场景中使用广泛。它能快速帮助分析人员发现数据中的聚集和稀疏特性，并根据这些特征制定相应的运营策略。

## 6.7 如何对流量渠道做分组分析

分组分析是最简单的分析思路，是探索性分析的常用方法。在没有任何有效的分析思路和目标时，通过分组能找到差异，从而启发后续分析思路并找到入手点。本节将介绍分组分析的常用方法。

### 6.7.1 渠道分组分析概述

渠道分组分析是将渠道按照不同的规则分组，然后分析不同组之间的差异和关系特征。分组分析是探索性分析的基本方法，在没有明确业务分析需求的场景下，通过分组分析能够更快地切入数据中，并获得初步见解。

### 6.7.2 按照渠道属性的分组分析

按渠道属性分组是最基本的分组方法，具体分析如下。
- 按照是否付费可分为付费渠道和免费渠道，其中是否付费的标志是流量是否有参数标记，带有标记的为付费流量，否则为免费流量。
- 按照业务部门归属可分为硬广告、信息流、SEM、SEO、社群渠道、MCN、会员营销渠道、CPS 渠道等。
- 按照引荐来源可分为直接输入、搜索引擎、第三方引荐、社交媒体等。
- 按标记细分可将渠道细分为不同类型，例如在 Google Analytics 的 utm_medium 中可以设置 cpc/cpm/cpa/cpd/cps 等不同媒介类型，然后针对媒介类型分组分析。

以本书数据资源中 Excel 文件"第 6 章"的 6-7 中的数据为例，该数据来源于 Google Analytics 的渠道报表，数据中仅保留付费渠道结果。假设要对这些渠道做分组分析，可基于标记的媒介属性进行分组。

**第一步　建立数据透视表，并做渠道分组计算**

如图 6-33 所示，选中全部数据（图中①），依次点击顶部菜单栏"插入"（图中

②)→"数据透视表"(图中③)。在透视表选项中,将"媒介"(要分析的分组字段)拖入"行"(图中④),将"会话数""新用户""跳出数""交易次数"拖入"值",默认汇总计算方式为"求和"(图中⑤)。

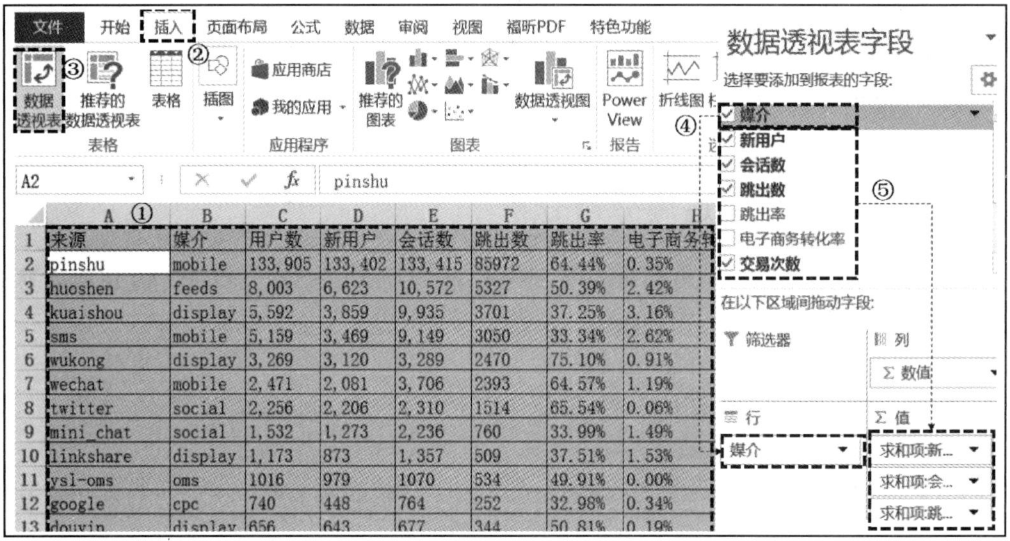

图 6-33 建立渠道分组透视表

**第二步 插入新的计算字段**

如图 6-34 所示,点击顶部菜单栏"分析"(图中①)→"字段、项目和集"(图中②)→"计算字段"(图中③),在弹出的窗口中插入新的计算字段,如跳出率_new、新用户率、交易转化率_new(图中④)。

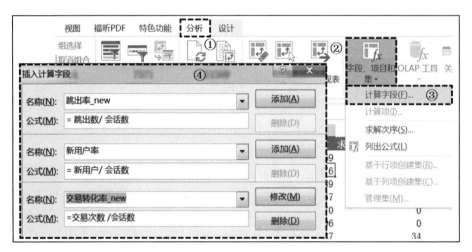

图 6-34 插入新的计算字段

### 第三步　整理数据并做标准化

涉及不同组的单个指标对比时，可通过柱形图、条形图等方式实现；涉及多个指标的对比时，可使用雷达图，但需要先将指标做数据标准化才能让所有指标都有参考性。

将数据透视表中的数据复制到新的单元格，并只保留行标签（媒介）、求和项：会话数、求和项：交易转化率_new、求和项：跳出率_new、求和项：新用户率；然后基于Max-Min方法做标准化，过程为先求出每一列的最大值和最小值，然后使用公式$(x-\min)/(\max-\min)$得到标准化后的值。如图6-35所示。

| | K | L | M | N | O | |
|---|---|---|---|---|---|---|
| 14 | **原始值** | | | | | |
| 15 | 行标签 | 求和项:会话数 | 求和项:交易转化 | 求和项:跳出率_n | 求和项:新用户率 | |
| 16 | cpc | 2769 | 1.88% | 44.35% | 79.05% | |
| 17 | display | 16376 | 2.31% | 46.15% | 57.79% | |
| 18 | feeds | 11589 | 2.36% | 49.93% | 65.33% | |
| 19 | mobile | 146657 | 0.51% | 62.50% | 94.99% | |
| 20 | oms | 1070 | 0.00% | 49.91% | 91.50% | |
| 21 | otv | 596 | 0.00% | 46.98% | 92.62% | |
| 22 | social | 5287 | 0.64% | 51.43% | 79.27% | |
| 23 | MAX | 146657 | 0.023556821 | 0.624954827 | 0.949896698 | =MAX(O16:O22) |
| 24 | MIN | 596 | 0 | 0.443481401 | 0.577857841 | =MIN(O16:O22) |
| 25 | | | | | | |
| 26 | **标准化值** | | | | | |
| 27 | 行标签 | 求和项:会话数 | 求和项:交易转化 | 求和项:跳出率_n | 求和项:新用户率 | |
| 28 | cpc | 0.01 | 0.80 | 0.00 | 0.57 | =(O16−O$24)/(O$23−O$24) |
| 29 | display | 0.11 | 0.98 | 0.10 | 0.00 | |
| 30 | feeds | 0.08 | 1.00 | 0.31 | 0.20 | |
| 31 | mobile | 1.00 | 0.22 | 1.00 | 1.00 | |
| 32 | oms | 0.00 | 0.00 | 0.31 | 0.91 | |
| 33 | otv | 0.00 | 0.00 | 0.15 | 0.94 | |
| 34 | social | 0.03 | 0.27 | 0.39 | 0.58 | |

图6-35　数据处理及标准化

### 第四步　雷达图展示结果并分析

选中图6-35中"标准化值"下面的数据表格，然后按照图6-36，点击顶部菜单栏"插入"→"雷达图"（图中①）→"雷达图"（图中②）；此时的雷达图的图例是每个指标，因此需要转置数据。点击雷达图后，再点击顶部菜单栏"图表工具"→"设计"（图中③），点击"切换行/列"（图中④），得到图中⑤所示结果。

通过雷达图可以分析这几类渠道的价值特点以及差异性取向。例如mobile在会话数和新用户率上表现非常好，但交易转化率和跳出率很差，说明这是一个流量型和拉新型渠道；feeds在交易转化率、跳出率（跳出率低为表现好）上表现不错，但总体流量较少。

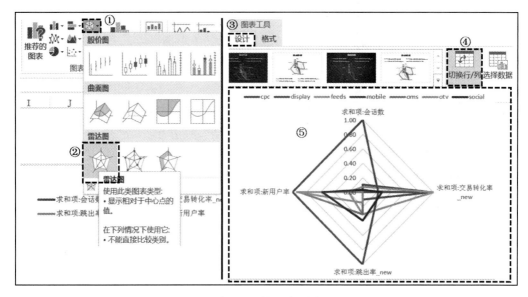

图 6-36　插入雷达图

## 6.7.3　按照渠道效果的分组分析

按照渠道效果也可以做分组分析，这种方法可应用于组内以及不同组之间的效果对比分析。

### 1．基于二八法则的分组分析

在经济学、管理学领域中有个经典的"二八法则"，它的含义是在任何一组事物中，最重要的只占其中一小部分（比例大概为 20%），其余 80% 尽管是多数，却是次要的，因此又被称为二八定律。

这个规律在企业经营中也经常出现，例如企业 80% 的利润都是 20% 的头部客户贡献的，20% 的高价值会员贡献了 80% 的订单等。将二八法则应用到营销渠道的分组分析中，目标也是抓住对总体影响最大的一些渠道，然后分析这些渠道的特征并抓取营销重点。

下面介绍如何对所有渠道的新用户数做贡献分组分析。

**第一步　基于新用户数排序**

基于二八法则的分组分析（以下简称二八分析）必须按照指标做倒序排列。选中"新用户"，点击顶部"开始"菜单→"排序和筛选"，选择"降序"。

**第二步　计算每个渠道的新用户贡献累计占比**

如图 6-37 所示，在"新用户贡献累计占比" I2 中输入 =SUM（C $2:$C2）/SUM（C:C）并下拉填充，SUM（C $2:$C2）表示从第 2 行数据开始到当前行的累加求和，SUM（C:C）

表示对 C 列所有值求和。

| | A | B | C | D | E | F | G | H | I |
|---|---|---|---|---|---|---|---|---|---|
| | | | | | | | fx =SUM(C2:$C$2)/SUM(C:C) | | |
| 1 | 来源 | 媒介 | 新用户 | 会话数 | 跳出数 | 跳出率 | 电子商务转化率 | 交易次数 | 新用户贡献累计占比 |
| 2 | pinshu | mobile | 133,402 | 133,415 | 85972 | 64.44% | 0.35% | 470 | 81.217% |
| 3 | huoshen | feeds | 6,623 | 10,572 | 5327 | 50.39% | 2.42% | 256 | 85.249% |
| 4 | kuaishou | display | 3,859 | 9,935 | 3701 | 37.25% | 3.16% | 314 | 87.598% |
| 5 | sms | mobile | 3,469 | 9,149 | 3050 | 33.34% | 2.62% | 239 | 89.710% |
| 6 | wukong | display | 3,120 | 3,289 | 2470 | 75.10% | 0.91% | 29 | 91.610% |
| 7 | wechat | mobile | 2,081 | 3,706 | 2393 | 64.57% | 1.19% | 44 | 92.877% |
| 8 | twitter | social | 2,206 | 2,310 | 1514 | 65.54% | 0.06% | 1 | 94.220% |
| 9 | mini_chat | social | 1,273 | 2,236 | 760 | 33.99% | 1.49% | 33 | 94.995% |
| 10 | linkshare | display | 873 | 1,357 | 509 | 37.51% | 1.53% | 20 | 95.526% |
| 11 | ysl-oms | oms | 979 | 1070 | 534 | 49.91% | 0.00% | 0 | 96.122% |

图 6-37　二八分析

在图 6-37 中，找到新用户贡献累计占比超过 80% 的第一行记录项。本案例由于 pinshu 贡献太大，因此 80% 分组内只有这一个渠道。假如我们把 80% 扩展到 90%，那么 90% 分组内将包括前 4 个渠道，即 pinshu、huoshen、kuaishou、sms。剩余的渠道为一组。后续在针对拉新的营销管理中，可重点针对 80% 或 90% 分组内的渠道投入更多营销或优化资源。

当然，除了二八法则外，还可以使用 ABC 分析法，这也是按照贡献度的分组方法。它将数据依次分为 A、B、C 三组，从而确定主要影响因素、次要影响因素和一般影响因素。在使用二八法则做分析时，后续 80% 的群体内部可能仍然需要细分，原因是在资源分配上并不总是使用"一刀切"的方法，而是可以对后续 80% 的对象再做一次切分，以制定更精细化的运营策略。

**2. 基于波士顿矩阵的分组分析**

波士顿矩阵分组法是非常有效的基于多个指标分组的方法。这种分组方法的核心是，选择两个对企业最重要的指标，将渠道划分为 4 组，每个组都有不同特征。以图 6-35 中的"原始值"为例，可以通过波士顿矩阵做分组分析。

**第一步　添加气泡图**

本案例使用三个指标，分别是会话数、交易转化率和新用户率。如图 6-38 所示，选择 K15:M22 数据（图中①），依次点击顶部菜单栏"插入"（图中②）→"散点图"（图中③）→"气泡图"（图中④）。

**第二步　修改气泡图数据**

在气泡图上任意位置，点击鼠标右键。在图 6-39 中的①点击"选择数据"，在新弹出的"选择数据源"窗口中点击"编辑"（图中②）；在"编辑数据系列"窗口中，修改"X 轴系列值"为 ='6-7'!$L$16:$L$22，即会话数的数值列（图中③），修改"Y 轴

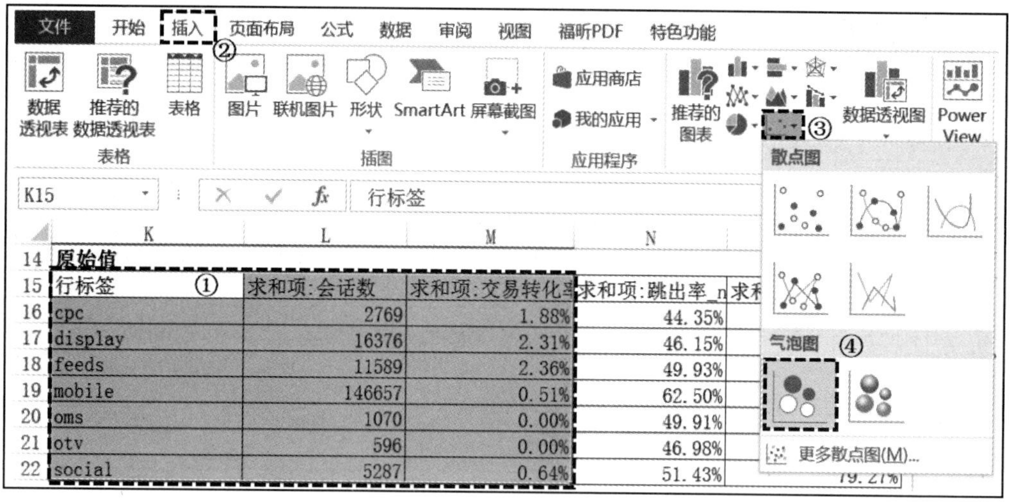

图 6-38 添加气泡图

系列值"为='6-7'!$M$16:$M$22,即交易转化率数值列(图中④),修改"系列气泡大小"为='6-7'!$O$16:$O$22,即新用户率数值列(图中⑤)。

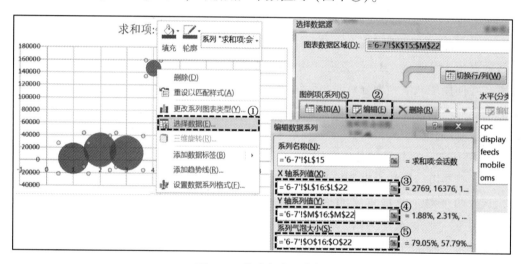

图 6-39 修改气泡图数据

**第三步 修改气泡大小**

由于原始的气泡图面积过大,导致某些数据点重合,这里将其缩小。如图 6-40 所示,点击任意气泡点(图中①),在鼠标右击后弹出的窗口中,点击"设置数据点格式"(图中②),在右侧的配置窗口中,修改"将气泡大小缩放为"的值为 50(图中③),即原来的 50%。

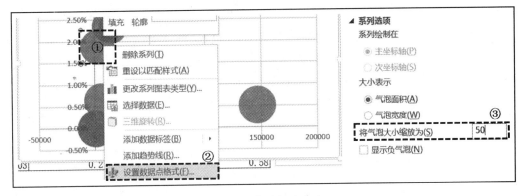

图 6-40　修改气泡大小

#### 第四步　添加数据标签

气泡图上需要展示所有的媒介信息，因此需要添加数据标签。如图 6-41 所示，选择任意气泡点（图中①），在鼠标右击后弹出的窗口中选择"添加数据标签"→"添加数据标签"（图中②），在右侧标签选项中，取消勾选"Y值"（图中③），勾选"单元格中的值"（图中④）；在弹出的"数据标签区域"中，输入 ='6-7'!$K$16:$K$22，即"行标签"对应的媒介名称（图中⑤）。

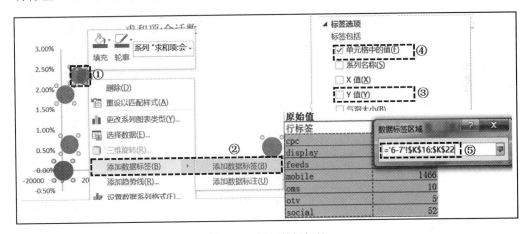

图 6-41　添加数据标签

#### 第五步　设置四象限

波士顿矩阵需要用横、纵两条线将一个平面区域划分开，因此设置四象限是本案例的核心。本案例中横、纵轴分别表示会话数和交易转化率，会话数可以使用所有渠道的均值，计算方式为 =AVERAGE($D$2:$D$50)，得到结果 3762；交易转化率使用所有渠道的交易转化率，计算方式为 =SUM(H:H)/SUM($D$2:$D$50)，即交易量的总和除以会话数的总和，得到结果 0.81%。

如图 6-42 所示，点击横坐标轴（图中①），在鼠标右击后弹出的窗口中，选择"设置坐标轴格式"（图中②），在右侧的"坐标轴选项"的"纵坐标轴交叉"中选择"坐标轴值"，并设置为 3762（图中③），意思是将横坐标轴与纵坐标轴的交叉点设置在该坐标轴（横轴）值为 3762 的位置上。按照同样的方式，点击纵坐标轴（图中④），设置坐标轴选项中"横坐标轴交叉"的纵坐标轴值为 0.0081。

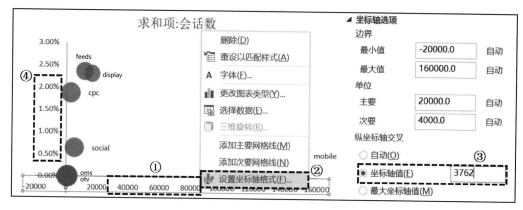

图 6-42　设置四象限

完成上述配置后，拖动气泡图的数据标签，使各个值不重叠；添加横坐标轴标题和纵坐标轴标题分别为会话数和交易转化率。得到如图 6-43 所示结果。

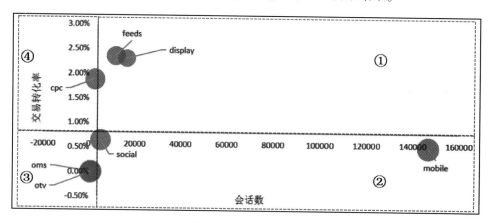

图 6-43　波士顿矩阵

**第六步　波士顿矩阵分析**

从图 6-43 中可以看出，通过横、纵两个坐标轴将平面划分为四个象限，从右上角按顺时针方向依次是①、②、③、④象限。①象限的渠道包括 feeds 和 display，其特点是会话数多、交易转化率高，属于企业的核心渠道资源。②象限的渠道包括 mobile 和 social，其特点是会话数较多但转化效果较差，需要重点优化转化效果。③象限的渠道包括 oms 和 otv，属于会话数少、转化效果很差的渠道，未来投放时需要综合考虑其价值和可优化空间。④象限主要是 cpc 类渠道，其转化效果好，但会话数少，因此未来可有针对性地扩大流量规模，增加预算。

这四个象限已经将渠道分为四组，而各组的特征、价值度和营销落地上都有相对明显的定位，可为后续的深入分析或营销执行提供参考。

### 6.7.4　知识拓展：分组的目标是确定优化方向，而非分组本身

分组的目标是确定不同类型的渠道有哪些差异，并论证这些差异是否显著（可参考 4.5.5 节和 4.6.3 节中的检验方法）。在确定渠道价值特性的基础上，通过扬长避短来提高渠道的综合价值。扬长是指将渠道有价值的特征为企业营销活动所用，包括渠道组合、投放策略、目标辅助转化等场景；弊端是指找到渠道的短板，并从策略和执行两个维度分析是否具有优化空间。

渠道分组分析必须能够通过分组找到不同组之间的显著差异性或区别特征，这是分组分析成功的关键。如果分组之间具有高度的相似性，那么将无法从分组结果中得到任何有价值的信息，也就无从谈分析和应用落地。因此，分组本身无法产生任何价值。

## 6.8　如何分析着陆页数据

无论着陆页是站外 Minisite 还是站内页面，它都是承载流量的核心载体。因此，着陆页分析是营销分析的必要环节。着陆页数据既有用户行为数据，也有页面本身的数据，都可用于分析着陆页质量及其对后续转化的影响。

如何判断着陆页是否有问题、注意力如何随位置变化、页面加载时间如何影响转化是本节介绍的主要问题。

### 6.8.1　分析着陆页是否真的有问题

如果营销渠道的转化效果不好，第一步应该分析着陆页是否有问题，因为着陆页是站内转化漏斗的第一步，让用户留下来才可能产生后续转化。

着陆页如果有问题，会表现为跳出率高、平均页面浏览时间短。但是，如果跳出率高、平均页面浏览时间短就一定是着陆页的问题吗？

通过不同维度的对比可以很容易分析着陆页是否真的有问题。表 6-4 为某着陆页上

不同渠道的结果数据，其中 360_pc/cpc 的电子商务转化率为 0，跳出率高，平均会话时长短。如果没有其他数据参考，该渠道运营方很可能认为是着陆页有问题；但通过不同渠道的横向对比（尤其是具有类似投放性质的 cpc/ppc 渠道），发现其他渠道在着陆页上的表现都是正常的。

表 6-4　不同渠道的着陆页表现

| 来源/媒介 | 会话数 | 新会话百分比 | 跳出率 | 平均会话时长 | 电子商务转化率 |
| --- | --- | --- | --- | --- | --- |
| (direct)/(none) | 288 954 | 91.02% | 77.23% | 0:00:46 | 0.29% |
| baidu_bz/ppc | 211 981 | 66.77% | 20.10% | 0:03:50 | 3.66% |
| m.baidu.com/referral | 143 341 | 57.00% | 15.52% | 0:03:03 | 2.51% |
| **360_pc/cpc** | **120 240** | **60.16%** | **92.44%** | **0:00:10** | **0.00%** |
| baidu/organic | 69 777 | 96.61% | 33.11% | 0:03:42 | 0.14% |
| home_site/message | 69 493 | 70.71% | 61.17% | 0:01:03 | 0.41% |
| baidu_bz/cpc | 44 782 | 64.06% | 17.34% | 0:03:37 | 2.54% |

因此，可以得到结论：着陆页没有问题，有问题的是 360_pc/cpc 的引流策略以及站外具体执行，需要到营销端找问题；否则，着陆页会影响所有渠道，导致跳出率高、平均会话时长短。

### 6.8.2　分析注意力随位置的变化规律

一般情况下，用户在着陆页上的注意力分布会呈现出从上到下、从左到右的递减趋势。可以通过如下三种方式分析用户注意力随位置的递减规律。

- 使用热力图。目前市场上已有一些成熟的热力图方案，比如百度统计等。这些工具可以提供特定页面的热力图，只需要在特定页面埋码并在工具中配置即可。笔者所在的企业也为客户提供基于 Google Analytics 的热力图报告。
- 使用屏幕浏览位置。该方式基于用户在页面中浏览窗口的滚动条的位置，评估用户注意力分布在哪些区域。结合过滤器可以将特定页面的浏览百分比分布展示出来。图 6-44 为企业定义的屏幕浏览位置的报告，该报告来源于 Google Analytics。

| 事件操作 | 事件标签 | 事件总数 | 唯一身份事件数 |
| --- | --- | --- | --- |
| Percentage | 25% | 745,497(32.14%) | 427,186(30.74%) |
| Percentage | 50% | 634,012(27.33%) | 373,950(26.91%) |
| Percentage | 75% | 553,070(23.84%) | 339,831(24.46%) |
| Percentage | 100% | 387,004(16.68%) | 248,636(17.89%) |

图 6-44　屏幕浏览位置报告

❑ 使用自定义事件点击跟踪。通过在网页中捕获页面的尺寸以及用户点击位置，可以针对用户点击行为进行还原，同时实现自定义递减规律分析。

本案例以本书数据资源中 Excel 文件"第 6 章"的 6-8_1 中的数据为例，数据来源于 Google Analytics 中的自定义采集事件，具体数据为每次用户点击页面的水平和垂直坐标，以及点击的次数。

### 第一步　建立数据透视表

如图 6-45 所示，选择数据区域（图中①），依次点击顶部菜单栏"插入"（图中②）→"数据透视表"（图中③）；然后在数据透视表设置中，将"点击水平坐标""点击垂直坐标"拖入行（图中④），将"事件总数"拖入值（图中⑤），汇总方式为求和。该透视表被重命名为"6-8_PivotTable1"。

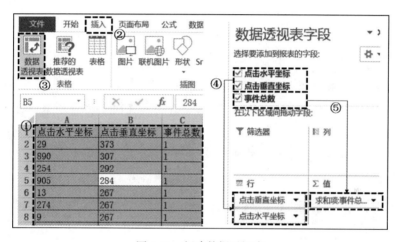

图 6-45　新建数据透视表

### 第二步　设置分组

如图 6-46 所示，在透视表中，点击任意"点击水平坐标"的记录值（图中①），在

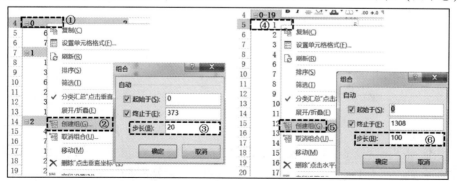

图 6-46　为点击坐标创建分组

鼠标右击弹出的窗口中点击"创建组"（图中②），在弹出的窗口中设置步长为20（图中③）。按照同样的方式，对"点击垂直坐标"的数据做分组，如图中④、⑤、⑥所示。

配置完成后，将分组后的"点击水平坐标"从"行"拖入"列"中，建立一个包含垂直和水平点击坐标矩阵的透视表，如图6-47所示。

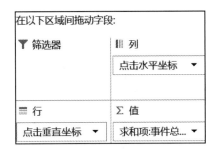

图6-47　将"点击水平坐标"从"行"拖入"列"

### 第三步　分析点击注意力分布

配置完成后的结果如图6-48所示。数据分组的意义在于将原始坐标以1个像素为单位的点击分布汇总到更粗的粒度，通过分组后的区块来表示点击的分布情况。分别将水平坐标以100像素为单位汇总，将垂直坐标以10像素为单位汇总，交叉点就是在每个区块内的点击量。

| 行标签 | 0-99 | 100-199 | 200-299 | 300-399 | 400-499 | 500-599 | 600-699 | 700-799 | 800-899 | 900-999 | 1000-109 | 1100-119 | 1200-129 | 1300-139 | 总计 |
|---|---|---|---|---|---|---|---|---|---|---|---|---|---|---|---|
| 0-19 | 700 | 100 | 48 | 22 | 34 | 23 | 5 | 2 | 1 | | | | | | 935 |
| 20-39 | 939 | 135 | 61 | 20 | 12 | 32 | 9 | 9 | 2 | | | | | | 1219 |
| 40-59 | 1042 | 164 | 91 | 31 | 35 | 31 | 5 | 27 | | | | | | | 1426 |
| 60-79 | 1209 | 202 | 51 | 40 | 40 | 85 | 20 | 11 | | 1 | | | | | 1659 |
| 80-99 | 1167 | 269 | 126 | 25 | 19 | 60 | 24 | 149 | 1 | 1 | | | | | 1841 |
| 100-119 | 1414 | 316 | 123 | 21 | 25 | 29 | 7 | 26 | 1 | | | 1 | | 1 | 1964 |
| 120-139 | 1464 | 479 | 140 | 84 | 73 | 66 | 6 | | 1 | | | | | 1 | 2314 |
| 140-159 | 820 | 188 | 38 | 50 | 47 | 45 | 8 | | 2 | | | | | | 1198 |
| 160-179 | 266 | 59 | 16 | 31 | 11 | 11 | 11 | | | | 1 | | | | 418 |
| 180-199 | 129 | 49 | 12 | 13 | 12 | 10 | 12 | 14 | | | | | | | 251 |
| 200-219 | 19 | 4 | 2 | | | 1 | | 1 | | | | | | | 28 |
| 220-239 | 4 | 1 | | | | | | | | | | | | | 5 |
| 240-259 | 6 | | 1 | | 1 | | 1 | | 1 | | | 1 | | | 11 |
| 260-279 | 3 | | 1 | | | | | | | | | | | | 5 |
| 280-299 | | | 1 | | | | | | 1 | | | | | | 2 |
| 300-319 | | | | | | | | 1 | | | | | | | 1 |
| 360-379 | 1 | | | | | | | | | | | | | | 1 |
| 总计 | 9183 | 1966 | 711 | 338 | 309 | 392 | 108 | 251 | 8 | 9 | 1 | 2 | | 1 | 13278 |

图6-48　点击坐标分布

从图6-48可以看出，如果不考虑其他因素，该着陆页从垂直位置上看，点击分布呈现出从低到高再降低的过程，黄金垂直位置在页面中部略靠上的位置，即垂直坐标在120~139之间；从水平位置上看，呈现出从左到右依次递减的规律。

如果读者感兴趣，还可以使用6.5.2节中提到的趋势分析，找到水平和垂直方向上的递减规律,并通过数据来量化递减趋势。

> 提示 严格意义上,点击一定会受到其他因素的影响,例如内容陈列、框架布局、功能设计、交互方式等。这里仅从位置的角度综合分析点击分布情况。

## 6.8.3 分析页面加载时间对转化的影响

一般认为,网页加载时间会影响转化效果。网页加载时间越长,转化效果越差。但二者之间到底是什么关系,以及如何影响呢?本案例将研究该问题。

案例数据见本书数据资源中 Excel 文件"第 6 章"的 6-8_2,该数据从 Google Analytics 中获取,包括着陆页、平均网页加载时间(单位:秒)、收入、会话数、每会话收入 5 个字段,每会话收入=收入/会话数。为了减少其他因素对着陆页转化的影响,本案例只选择有转化的专题活动页的着陆页数据,目标是分析网页加载时间对每会话收入的影响。

**第一步 新建散点图**

如图 6-49 所示,选中平均网页加载时间和每会话收入(图中①),依次点击顶部菜单栏"插入"(图中②)→"图形"(图中③)→"散点图"(图中④)。

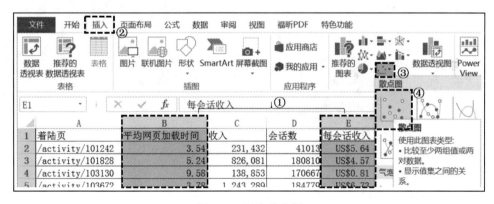

图 6-49 插入散点图

**第二步 设置趋势线**

点击任意数据点,在鼠标右击弹出的窗口中,选择"添加趋势线",并勾选底部"显示公式""显示 R 平方值",如图 6-50 所示。

**第三步 分析页面加载时间对转化的影响**

如图 6-51 所示,如果只通过散点图观察,会以为二者之间呈现明显负相关关系,即当网页加载时间增加时,每会话收入会显著下降。但是,在第二步设置趋势线的过

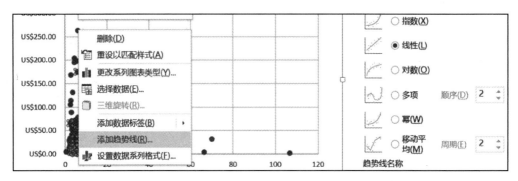

图 6-50 设置趋势线

程中,细心的读者可能已经发现,无论选择何种拟合趋势线,都无法得到较高的 $R^2$,甚至 $R^2$ 最大值都不到 0.01。这说明了网页加载时间对转化有影响,但影响微乎其微。

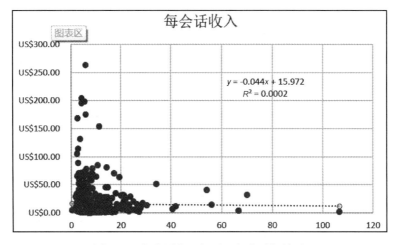

图 6-51 每会话收入与页面加载时间关系

### 第四步 通过相关性系数分析二者关系

为了进一步验证二者的"微弱"关系,我们使用相关性分析。由于 Excel 中的相关性分析要求必须为相邻列,因此单独复制一列新的平均网页加载时间到每会话收入右侧。点击顶部菜单栏"数据"→"数据分析"(如果读者未启用数据分析模块,请按照 3.6.3 节介绍的方法启用该模块)。在弹出的窗口中,选择"相关系数",并在弹出的窗口的输入区域输入"$E:$F",勾选"标志位于第一行",如图 6-52 所示。

通过相关性分析得到结果:平均网页加载时间和每会话收入的相关系数大约为 −0.014,二者呈负相关关系,但相关性非常弱。这印证了第三步的分析结论。

为什么网页加载时间对转化的影响微乎其微?在电商中,主要有两方面因素。

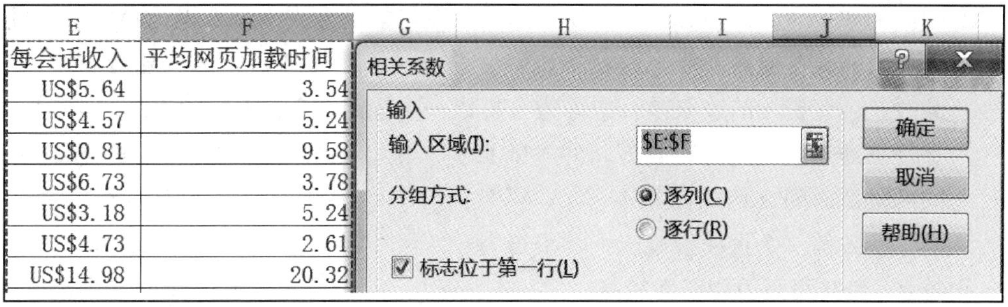

图 6-52 相关性分析

- 网页加载时间不是转化的主要因素。在电商场景中，对转化影响最大的因素为商品库存（重点是热卖商品是否有货）、商品价格（定价、折扣、优惠和促销等）、流量质量（主要是人群精准度以及垃圾流量比例）、网站内部购物路径和流程（例如重大 Bug 或下单阻碍）等，而着陆页加载时间对转化的影响非常靠后。例如，大多数用户宁肯等待 30 秒也会愿意抢购一台 5 折的手机。
- 网页加载时间长并不等于用户看不到信息。现在很多网页的内容展示并不需要等网页代码和元素全部加载完成，而是"边下载边展示"，因此页面加载过程中即使长达数十秒或几十秒，用户依然能够看到部分甚至全部关键信息，也就不会感觉体验差而跳出。

在了解了网页加载时间对转化的影响后，后续可应用的业务点如下。

- 如果网页加载时间对转化有比较大的影响，那么将分析结果告知网站用户体验和着陆页设计部门，提升页面加载时间，并通过数据论证每增加 $N$ 秒，收入就会降低 $M$ 元。具体方法可参考 6.3 节。
- 如果网页加载时间对转化的影响微乎其微，那么就应该把有限的业务精力放到其他优化点上，这样能产生更大的转化价值。

## 6.8.4 知识拓展：着陆页上的异常数据

在着陆页分析场景中，可能出现一些比较异常的数据。在此列出其可能性的影响因素，供读者参考。

**场景 1　平均停留时间很短且跳出率非常低**

着陆页的平均停留时间很短（例如 3 秒以内），且跳出率非常低（例如低于 10%）。这种情况可能是由于作弊流量和网站内部跳转导致。

- 作弊流量。通过机器操作刷渠道流量，产生大量的非人为浏览数据。在这种场景下你可能会发现，虽然平均停留时间短且跳出率非常低，但是转化效果却没有提升。此时可通过细分渠道来找到这类异常渠道。

- 网站的 301/302 跳转。某些时候营销人员在与渠道方或第三方媒体合作时，发现着陆页修改可能需要较长的审核流程，这无法满足企业营销的着陆页更换需求。此时，企业常用的策略是，给渠道方提供一个固定的着陆页 URL，在不同时间和条件下通过重定向跳转到正确的着陆页上。这会导致 URL 跳转前的页面保持相同的停留时间（例如都是 1 秒）。同时，由于直接从一个页面定向到另一个页面，导致前一个页面很难产生跳出行为。

**场景 2　着陆页页面刷新率较高**

页面刷新率高是指一个页面被连续加载多次。正常情况下，一个会话内用户不会连续刷新页面多次（可能存在中间有其他页面穿插的多次浏览）。如果出现多次的连续刷新可能存在如下问题。

- 页面内跳转。页面内跳转是指页面的链接的指向为页面本身，但不是通过锚点或其他方式实现，而是通过普通的 URL 链接实现，即将页面重新打开并加载一次。该问题一般会出现在着陆页的导航、更多链接等具有分流性质的模块上。这种功能实现方式不是一个"业务问题"，但会影响数据的统计分析，因此应该尽量避免这类不必要的重复刷新。
- 网页功能或体验问题。如果用户在第一次网页加载后，发现某些功能无法使用或页面信息显示不完整，则可能会通过 F5 或浏览器的刷新按钮实现刷新。如果是这类问题，那么需要多次告知设计和产品端人员通过测试找到并解决问题点。

**场景 3　100% 的跳出率**

某些营销活动只需要用户在着陆页完成特定事件即可。例如参与游戏、抽奖互动、留下联系方式等，在完成这些转化动作后，用户并不能进行更多"页面"的访问而只能离开网站，因此就可能导致 100% 的跳出率。这里之所以说"可能"，是因为不同的网站分析工具对"跳出"的定义不同。一般而言，跳出有三种定义逻辑。

- 一次请求。一次请求即用户在一个会话内只发生了一次请求，请求可以定义为任何页面上的跟踪代码触发，例如事件跟踪、网页加载等。默认情况下，网页加载一次就会发出一次请求，因此该场景下就意味着，没有更多请求发生。

> **注意**　即使用户没有发生留资等事件动作，他仍然有可能点击页面的某个位置，如果页面有采集用户的所有点击事件，那么这次点击就不算是一次请求。

- 一次页面浏览。一次页面浏览是指用户只产生了一个 PageView，没有刷新、重复加载等多个 PageView 的产生。当然，在该场景下，用户可能会通过事件跟踪产生多个请求。
- 一次单一页面浏览。一次单一页面浏览是指用户只浏览了一个页面，该页面可能看了 1 次或多次。

当面对 100%跳出率时，读者需要具体了解所使用的网站分析工具如何定义"跳出"，同时结合营销目标和着陆页性质来判断是否存在问题。

## 6.9 数据使用注意

本节将围绕如何给出正确且有用的数据结论及建议，介绍 4 个常见数据使用注意事项。

### 6.9.1 数据评估结果不是念数据

在笔者的从业经验中，最容易犯的错误就是把"念数据"作为数据评估结果。

例如，"昨日网站会话数为 16114，订单转化率为 1.63%"不是一个评估结果，而是一个"数据论据"。

数据评估结果一定是基于特定的口径和方法，对数据事实做出好、坏、优、劣的判断。例如，"昨日网站会话数为 16114，环比增加 26%；订单转化率为 1.63%，环比提升 19%。总体来看，昨日网站整体表现较好，超出数据预期"，是一个结论，结论定义了"好"的表现，且"好"的程度超出预期。

### 6.9.2 看似正确实际却错误的建议

在数据工作中，有些分析师会基于陈列的"片面"的事情而直接得到建议，并且以为建议是正确的。例如，对不同类型的营销渠道基于会话数和交易转化率做波士顿矩阵分析，在大部分场景下都会发现 EDM 属于交易转化率非常高但会话数少的渠道。此时经验少的分析师会直接建议增加 EDM 的投放人群规模，认为这样就能直接拉升会话数；再结合原本非常高的转化率，以带来更多的销售贡献。

这个推导逻辑是错误的！

原因是 EDM 渠道自身的属性就是精准（体现为高转化率），但它是以精选客户为代价产生的。如果按照分析师的建议增加 EDM 投放人群规模，那么转化率一定会下降。原因是默认情况下 EDM 的精准营销都是按照预测转化率倒序排列，取转化率最高的那波人投放 EDM；当投放人群增加时，会加入更多转化率低的人群，直接导致整个 EDM 转化率的降低。但牺牲转化率的背后，对应的销售贡献能否增长则不一定。

例如图 6-53 显示了两种 EDM 投放人群规模与转化率的关系。当处于 A 模式时，投放人群从①增加到②，虽然转化率下降，但明显可以看到总的订单量在提升（②点对应的面积更大）。当处于 B 模式时，投放人群从①增加到②，转化率剧烈下降，并且肉眼可见的是订单量也同步下降（②点对应的面积变小了）。

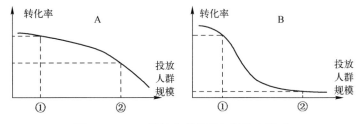

图 6-53　EDM 投放人群规模与转化率关系

因此，当数据规模发生变化时，对应的另外的因素不一定是固定不变的，其变化可能是线性、指数型甚至波浪式的。

### 6.9.3　正确但没用的建议

SEO 渠道是重要的免费流量渠道，由于都是用户主动搜索到站，因此质量相对较高。有些分析师可能会得到类似这样的结论：基于 SEO 的流量转化效果不错，建议增加优化力度。这句话看似没有问题，但对 SEO 部门来说，并没有实质性的意义，属于典型的"正确但没用的建议"。"建议"需要细化到有具体落地方向的内容中，举例如下。

- 从用户转化比较高的词入手，增加相关页面的关键词体现，设计更多长尾词页面或增加内部链接引荐，后续提供一份完整的关键字列表。
- 提供一份外部引荐流量的来源网站，让 SEO 部门分析下这些引荐来源是否具有更多合作空间，尤其可以在增加收录、外链等方面探索更多合作。

这些能够让业务验证某个方向去落地和应用的建议才是"有用"的建议，而宽泛的、没有任何"名词"的建议都是没用的建议。出现这类问题的主要原因是提供建议的数据人员不了解营销业务的操作流程、原理和过程，或者对现有数据的产生逻辑不够清晰，因此无法将业务执行与数据原理结合起来，也就没法（而不是不想）提供"有用的建议"。

### 6.9.4　基于片面数据归纳的偏颇结论

在数据工作中，分析师还会遇到的问题就是数据误导。出现这类问题的主要原因通常是基于少数几个（甚至是单个）特征的分析就轻易得到结论。这类问题存在于任何场景的数据分析中，包括日常性报告、各种专题分析报告、营销复盘等。典型的场景列举如下。

- 某些渠道的转化率低，认为这些渠道应该被优化，甚至停掉。——没有考虑到非转化价值。
- 着陆页的跳出率很高，认为是着陆页有问题。——没有考虑到流量渠道的问题。
- 这次持续 7 天的促销活动的销售额又创历史新高。——没有看到活动前后的消费透支以及销售集中爆发对企业仓储、物流、客服以及退换货带来的影响。

在营销渠道的效果评估中，很多营销效果无法直接用数字测量，所以才会有无法找到浪费的另一半广告费的问题一直存在。即使基于能够测量的效果数据，在数据分析使用时如果不注意全面的、多维度的分析，也会限于因为 A 所以 B 的单线程逻辑中。须知，现实企业中的决策都是多因素共同支撑的，基于少数几个因素就直接拍板决策的场景非常少。

## 6.10　本章小结

**内容小结**：本章介绍的效果评估与基本法分析方法，既是对本次活动的总结，也是后续专题性分析选题以及营销活动持续优化的基础。

**重点知识**：本章每个部分的内容都很简单且通俗易懂，希望读者都能掌握。

**外部参考**：归因是效果评估的重要方式，Google Analytics 和 Adobe Analytics 是世界范围内顶级的网站分析工具供应商，可以参考这两个工具关于归因的更多介绍。

- Google Analytics：https://support.google.com/analytics/answer/9397590? hl = zh - Hans 以及 https://support.google.com/analytics/answer/1662518? hl=zh-Hans。
- Adobe Analytics：https://www.adobe.com/cn/analytics/attribution.html。

关于页面热力图，百度和触脉咨询的热力图工具参考链接如下：

- 百度统计：https://tongji.baidu.com/web/。
- 触脉咨询热力图：http://www.truemetrics.cn/product_t-heatmap.html。

**应用实践**：希望读者能够根据自身实际投放情况，针对性地练习每个章节的内容。笔者的结论是基于笔者自身服务企业的数据得到，并不一定适合所有企业，具体结论仍需要读者自己去探索。

# 第 7 章

# 渠道效果专题性研究

第 6 章介绍的渠道效果评估和基本分析的常用场景及方法，主要侧重于针对单次广告活动或短期的效果分析，本章介绍的内容则侧重于将多次或长期的广告活动整合到一起，从更广、更深的角度寻找渠道的深层规律。

本章将介绍流量渠道的效果标杆研究、渠道效果影响因素研究、转化路径的媒体组合规律研究、渠道相似度研究、虚假流量辨别与研究。

## 7.1 流量渠道的效果标杆研究

标杆研究是专项研究的基础，也是常规性效果评估和分析的重要参照对象。本节将介绍渠道效果标杆设立的 3 个原则以及定义的 3 类方法，帮助读者快速有效地定义营销标杆。

### 7.1.1 渠道效果标杆概述

渠道效果标杆指渠道效果的理想实践结果，是一种标准的效果测量尺度，因此标杆也可以称为基准，主要用来做渠道标杆分析和标杆管理。

标杆存在的价值在于建立标准。虽然在渠道效果评估时可以选择多种评估对象，但在不同周期、不同维度下的评估对象经常发生变化，因此结论可能具有不稳定性（例如本次 10% 是一个好的结论，到下次就可能是一个差的结论）。通过与标杆的对比，能够建立起全局相对稳定、尺度统一的标注，在度量上更具有可信度。

本节内容适合所有营销渠道，只要能通过数字测量并跟踪到效果的，都应该纳入效果标杆管理中。

## 7.1.2 渠道效果标杆设立的3个原则

标杆必须具有可参考性，同时需要兼顾不同周期营销活动的变化。因此，渠道效果标杆的设立需要同时满足以下3个原则。

**原则1：场景化。**

按不同营销场景和目标分别设立标杆，而不能用一套标杆去测量所有场景。例如，营销渠道常见的投放场景和目标包括日常性投放、品牌性投放、推流量规模、拉新用户量、新用户留存、老用户召回和促活、大型促销的利润或流水提升、去库存、新品发布、竞争对手（包括新业务、商品或服务）狙击等。不同场景下的标杆需要单独创建。

**原则2：标准化。**

效果标杆涉及的数据采集、处理逻辑和规则必须标准化，不能过度依赖外部不稳定的工具、系统、服务商以及人工因素，要防止业务或数据方基于部门利益的考量而干预规则。

**原则3：浮动化。**

在电商业务场景中，企业发展可能非常快，这就要求标杆必须能够跟上企业发展的步伐，因此标杆数据的周期范围要兼顾短期波动和长期稳定两个方面。如果只考虑短期波动，会导致数据标准值发生剧烈变化而丧失相对稳定性；如果只考虑长期稳定，会无法反映出短期业务调整对标杆的影响。

## 7.1.3 渠道效果标杆定义的3类方法

渠道效果标杆可以通过3类方法定义：移动趋势法、数据分布法、组内汇总法。

### 1. 移动趋势法

这类方法基于单个渠道过去一段周期的数据，使用统计分析方法来确定标杆值。由于该方法基于渠道自身的历史投放数据制定标杆，因此适用于具有较长投放日期的渠道，而不适合新渠道。

以本书数据资源中Excel文件"第7章"的7-1中的数据为例，该数据来源于Google Analytics，为某渠道过去30天的数据，期间发生过2次大型广告投放，分别位于11月21日和12月4日。本案例的目标是为日常性广告投放定义效果标杆值，指标为会话数。

**第一步　分析数据**

日常性广告投放一般基于每日数据作为参考粒度，可以选择最近30天作为评估周期。为了去除异常数据（包括广告投放、大型活动等）的干扰，需要额外去除异常数据。考虑到数据的"新鲜度"，我们希望离现在越近的数据权重越高，因此需要对数据做权重处理。

**第二步　定义数据权重**

定义基于日期的权重，可以使用 6.2.3 节提到的时间衰减归因模型，即离当前日期越近的数据权重越大。一般情况下，效果标杆每天更新一次，因此数据范围会截止到昨天，例如截至昨天共 30 天的历史数据。

可以通过不同的衰减系数定义衰减程度，这里定义 15 天为半衰减，即每过 15 天，权重衰减为原来的一半，对应的系数值为 0.006。如图 7-1 所示，在 D2 中输入公式 =1*EXP(-0.006*C2)，在 D3 中输入 =D2*EXP(-0.006*C3)，从 D3 开始下拉填充 D2 中的公式。

| | A | B | C | D | |
|---|---|---|---|---|---|
| 1 | 日期 | 会话数 | 距离当前日期的天数 | 衰减系数0.006 | =1*EXP(-0.006*C2) |
| 2 | 20201210 | 31,652 | 1 | 0.99 | =D2*EXP(-0.006*C3) |
| 3 | 20201209 | 31,825 | 2 | 0.98 | |

图 7-1　设置时间衰减权重

**第三步　去除异常值**

由于在 11 月 21 日和 12 月 4 日有两次活动数据，因此直接将这两行去除。附件 Excel 中，将其单独放到最后两行，以供读者后续查看或分析使用。

**第四步　计算加权均值**

加权均值等于每日的会话数与时间衰减权重相乘，然后除以总的权重之和，公式为 =SUMPRODUCT(B2:B29,D2:D29)/SUM(D2:D29)，得到结果 32234（保留整数）。如果直接计算均值而忽略权重，使用公式 =AVERAGE(B2:B29)，得到结果 33605。

后续可使用加权结果 32234 作为每次渠道效果的参考标杆，低于该标杆的活动是不合格的。

**2. 数据分布法**

这种方法与移动趋势法类似，都需要渠道有一定时间的数据积累，然后通过渠道自身的数据分布模式计算效果标杆。根据对数据分布模式要求的不同，可以细分为基于分布概率的方法以及基于均值标准差的方法。

**（1）基于分布概率的方法**

该方法要求数据分布必须符合一定模式，最常用的是标准正态分布，其特征是标准差为 1，均值为 0。大多数营销效果数据需要经过特定的转换（例如 Z-Score 标准化方法）后才能符合该规律。

**（2）基于均值标准差的方法**

该方法不要求数据分布模式，只是简单地将均值和标准差的计算结果作为标杆。例如通过均值+标准差 * 倍数（倍数值一般为 1 或 2）来判断标杆界限。

这两种方法由于可解释性略差，且需要一定的检验过程，因此在实际中应用较少。

**3. 组内汇总法**

组内汇总法是指将渠道所在群组的所有数据汇总起来，并基于汇总数据的统计结果得到标杆值。该方法几乎适用于所有渠道，因此适应性更广。同时可以基于不同的汇总方法，定义不同的标杆值。

**（1）基于多渠道的加权均值的均值。**

该方法基于上一步每个渠道通过移动趋势法得到的加权均值，对所有渠道的结果再求均值。

**（2）基于组内所有渠道计算均值或中位数。**

在没有异常值（极大值或极小值）的情况下，选择均值是更通用的做法。否则，选择中位数是更好的选择，原因是中位数对异常值不敏感，更能反映"中间位置"数字的大小。例如三个数 100、10、3 的均值为 38，中位数则为 10。

这类方法计算过程简单，可操作性强，且所有业务方都能很好地理解计算过程，因此应用较多。

除了上述三类常见且易于实施的方法外，还可以参考行业内的活动情况来定义标杆，但这种方法受限于数据获取能力，且数据的可靠性、更新周期性都无法保障，因此实际应用较少，仅作为参考使用。

### 7.1.4 知识拓展："集中程度"还是"最佳实践"

很多时候，"最佳实践"才可能被定义为标杆，通过与其做对比来激励营销活动是一种有效的管理方法。在本节中，标杆被定义成每次业务执行必须要达到的标准，它更侧重于反映大多数营销活动效果的集中程度或聚集趋势（即大多数活动效果是怎样的，而不是最好的那些营销活动是怎样的），可作为"最低限度"来管理，即任何营销活动不能低于该值。

这两种情况可以一起定义和使用：如果达到本节定义的标杆值，则会被认为是"合格的"；如果达到最佳实践定义的标杆值，则会被认为是"优秀的"。

## 7.2 渠道效果影响因素研究

在渠道效果分析中，找到影响效果转化的主要因素是重中之重。它可以直接帮助营销人员更好地了解渠道转化的影响因素，以及如何进行渠道效果优化和提升；也可以将分析得到的业务规则直接应用到营销投放和操作过程中，因此落地性好。

本节内容可应用于任何带有转化目标的渠道中，且转化的定义可以包含任何目标场景。

- 动作场景：提交订单、按钮点击、线索填写、注册、登录、抽奖等事件。
- 非动作场景：停留超过 30 秒、看过超过 10 个页面、浏览过特定页面等过程性行为。

### 7.2.1 渠道效果影响因素概述

在评估哪些特征对于用户转化或活动目标的影响最大时，一般使用"特征重要性"来评估。"特征重要性"的具体含义，对于一般业务人员来讲比较难以理解，这里介绍一种新的解释影响重要程度的度量值——Shapley Value。

Shapley Value 来源于博弈论，用于判断每个特征对预测结果做出了多大的贡献。它将整个模型训练作为一局博弈，将每个特征当作一个博弈者，而预测结果则是最终的结果。这里引用一则寓言故事来简单说明 Shapley Value 的计算逻辑。

约克和汤姆一起去旅游并准备吃午餐。约克带了 3 块饼，汤姆带了 5 块饼。这时，他们邀请一个路人一起吃饭。约克、汤姆和路人将 8 块饼全部吃完。路人送了 8 个金币来感谢他们的午餐。

约克和汤姆为这 8 个金币的分配发生了争执。汤姆认为自己带了 5 块饼，理应得 5 个金币，剩下 3 个金币给约克。约克则认为既然大家一起吃这 8 块饼，理应平分 8 个金币，即每人 4 个。

按照 Shapley Value 的计算逻辑，从公正的角度看，约克应当得到 1 个金币，而汤姆应当得到 7 个金币。原因是约克带了 3 块饼，汤姆带了 5 块，3 个人一起吃了 8 块饼。约克吃了其中的 1/3，即 8/3 块；路人吃了约克带的饼的 3-8/3＝1/3；汤姆也吃了 8/3，路人吃了他带的饼的 5-8/3＝7/3。这样，路人所吃的 8/3 块饼中，有约克的 1/3，汤姆的 7/3。即路人所吃的饼中，属于汤姆的是属于约克的 7 倍。因此，对于这 8 个金币，公平的分法是：约克得 1 个金币，汤姆得 7 个金币。

从这个故事中可以看出，Shapley Value 提出的对金币的"公平的"分法，遵循的原则是所得与自己的贡献相等。这也是 Shapley Value 的含义。

### 7.2.2 分析特征对转化目标的正负向影响

本案例使用本书数据资源中 Excel 文件"第 4 章"的 4-1 中的数据，该数据与 4.1 节的案例相同。

## 第一步　导入库

```
import pandas as pd                                          #①
from sklearn.tree import DecisionTreeClassifier              #②
import shap                                                  #③
shap.initjs()                                                #④
```

代码①导入的 pandas 库用来读取和处理数据。代码②导入的 DecisionTreeClassifier 是决策树模型，用来做分类训练使用。代码③导入 shap 用来解释模型信息，读者可使用 pip install shap 安装该库。代码④在 Jupyter Notebook 环境下，加载用于 shap 可视化的 JS 代码。

## 第二步　准备数据

```
df = pd.read_excel('第4章.xlsx',sheet_name='4-1',comment='#',nrows=1000) #①
x = df[['newVisits', 'hits','pageviews','timeOnSite','hour']]            #②
y = df['goalAchieve']                                                    #③
```

代码①使用 pandas 的 read_excel 从附件第 4 章中读取名为 4-1 的工作簿，读取前 1000 行数据。代码②和③分别将要分析的字段获取出来，这里为了分析方便只选取少量的字段。

## 第三步　训练模型

```
clf =DecisionTreeClassifier(random_state=0)                  #①
clf.fit(x,y)                                                 #②
```

代码①调用 DecisionTreeClassifier 创建一个决策树对象，random_state=0 表示固定初始化随机种子的值。代码②调用该对象的 fit 方法，将 x 和 y 传入模型中训练。

## 第四步　创建解释模型

```
explainer = shap.TreeExplainer(clf)                          #①
shap_values = explainer.shap_values(x)                       #②
```

代码①基于 shap 的 TreeExplainer 方法，创建一个用于树模型的解析对象 explainer。代码②传入特征矩阵，计算 shap 值。

为了更好地了解 shap 值，通过如下代码构建数据框并做描述性统计分析。

```
shap_df = pd.DataFrame(shap_values[1],columns=x.columns)     #①
print(shap_df.head(3))                                       #②
print(shap_df.describe())                                    #③
```

代码①构建了一个由 shap 值组成的数据框，列名与训练数据相同；由于 shap_

values 返回的是一个包含正负关系的列表，这里只保留正向预测结果 shap 数据，即列表中的第二组结果。代码②打印数据的前 3 条记录如下，其中正数表示有正向贡献，负数表示有负向贡献：

|   | newVisits | hits | pageviews | timeOnSite | hour |
|---|---|---|---|---|---|
| 0 | 0.0 | -0.078217 | 0.009828 | -0.093882 | -0.024729 |
| 1 | 0.0 | -0.250762 | 0.054761 | 0.258116 | -0.249115 |
| 2 | 0.0 | 0.051621 | -0.042187 | -0.176401 | -0.020033 |

代码③调用数据框的 describe 方法做描述性统计，并打印输出，结果如下：

|  | newVisits | hits | pageviews | timeOnSite | hour |
|---|---|---|---|---|---|
| count | 1000.0 | 1000.000000 | 1000.000000 | 1000.000000 | 1000.000000 |
| mean | 0.0 | -0.008398 | -0.009334 | 0.019369 | -0.001636 |
| std | 0.0 | 0.147385 | 0.114187 | 0.219804 | 0.087543 |
| min | 0.0 | -0.401172 | -0.466117 | -0.370827 | -0.309737 |
| 25% | 0.0 | -0.081857 | -0.038209 | -0.136498 | -0.026109 |
| 50% | 0.0 | -0.022047 | -0.012394 | -0.056446 | -0.005865 |
| 75% | 0.0 | 0.056337 | 0.022589 | 0.111852 | 0.021564 |
| max | 0.0 | 0.521093 | 0.427002 | 0.772954 | 0.406068 |

**第五步　分析特征对转化目标的正负向影响**

```
shap.summary_plot(shap_values, x, plot_type="bar")                    #①
print(shap_df.abs().mean(axis=0).to_frame().T)                         #②
print(pd.DataFrame([clf.feature_importances_],columns=x.columns))      #③
```

代码①使用 summary_plot 来展示原始数据特征计算后的 shap 值，计算逻辑为每个特征原始 shap 值先取绝对值，再求均值。plot_type="bar" 设置特征按 shap 计算结果展示条形图，如图 7-2 所示。

图 7-2 的横坐标轴是特征的 shap 值的绝对值的均值，值越大代表越重要；纵坐标轴是特征，条形图越长表示越重要。由图 7-2 可知，timeOnSite 最重要，其次是 hits，最不重要的特征是 newVisits。

代码②对图 7-2 中的特征重要性进行还原：先对 shap_df 调用 abs 方法求出绝对值，然后调用 mean 方法并通过 axis=0 指定按列计算均值，使用 to_frame 方法转换为数据框，使用 T 方法做转换，从多行一列转换为一行多列，便于展示结果。结果可以与图 7-2 的 shap 重要性结合起来一起分析。

|  | newVisits | hits | pageviews | timeOnSite | hour |
|---|---|---|---|---|---|
| 0 | 0.0 | 0.108243 | 0.070411 | 0.170209 | 0.053877 |

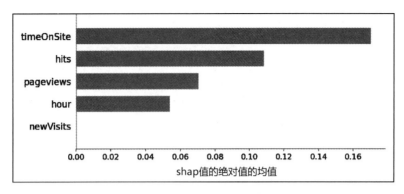

图 7-2　shap 特征重要程度条形图

代码③输出原始决策树模型的特征重要性，以便与 shap 计算结果比较。通过 pd.DataFrame 创建一个数据框，值为通过 clf.feature_importances_属性取出的特征重要性结果，列名与训练集特征相同，结果如下：

```
   newVisits      hits  pageviews  timeOnSite     hour
0        0.0  0.285795   0.171114    0.391201  0.15189
```

对比代码②和代码③的输出结果，虽然二者的值不同（原因是计算方法不同），但得到的结论趋势是一致的，即特征间的大小排序为：timeOnSite>hits>pageviews>hour>newVisits。

为了更详细地展示每个特征对最终结果的影响，可以通过如下代码输出图形：

```
shap.summary_plot(shap_values[1], x)
```

如图 7-3 所示，上述代码的功能与之前的 shap 特征重要性的条形图相同，但展示的结果是一个类似散点图+条形图的结果。图中横坐标轴是 shap 原始值，值从左到右增大；右侧纵轴是特征值分布，特征值越大时颜色越深；图中间的三点为样本点，样本越聚集，形成的区块面积越大。

从图 7-3 可以看出，对所有渠道数据样本而言，各个特征对转化目标预测的影响如下。

- shap 值会随着 timeOnSite 值的增加而增大，即二者具有较强的正向线性关系，因此更大的 timeOnSite 更利于对目标转化产生积极贡献。
- shap 值会随着 hits 值的增加而下降，二者具有较强的负向线性关系，因此更小的 hits 值更利于对目标转化产生积极贡献。
- shap 值总体上会随着 pageviews 的增加而增加，但在 shap=0 的位置附近存在大量样本点，说明这些点对于 shap 值的增加没有贡献。
- shap 值总体上增加或下降与 hour 的变化关系较弱，hour 的变化不会对 shap 值产

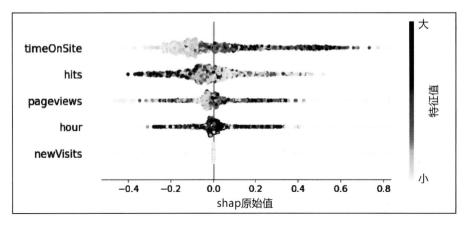

图 7-3 特征 shap 值排序

生显著性影响。

- shap 值与 newVisits 分布无明显关系，所有的数据都集中在 shap = 0 的位置附近，即 newVisits 无论怎么变化都不影响预测结果。

### 7.2.3 分析特征如何影响单个样本的预测结果

在某些场景下，我们可能需要单独分析特征对于单个样本的预测结果的影响，例如特征如何影响某次广告的转化、如何影响单个客户的转化等。本案例用来实现对单个样本的特征影响的解释。

本案例的数据延续 7.2.2 节的结果，假设这些数据是不同的广告波次下的效果数据，分析单次广告下的特征影响因素。

**第六步　分析特征如何影响单个样本的预测结果**

```
print(explainer.expected_value)                                         #①
print([1-clf.predict(x).mean(0),clf.predict(x).mean(0)])                #②
shap.force_plot(explainer.expected_value[1], shap_values[1][0,:], x.iloc
    [0,:])                                                              #③
shap.force_plot(explainer.expected_value[1], shap_values[1][17,:], x.iloc
    [17,:])                                                             #④
```

代码①打印输出 shap 对象的预测值，结果为 [0.813 0.187]。

代码②通过树模型的预测计算来还原 shap 对象的预测值，通过 clf.predict(x).mean(0) 来实现对 x 的预测，得到的值为预测结果的均值。本案例中的预测结果值由 0 和 1 组成，因此值的含义为转化占比。通过 1-clf.predict(x).mean(0) 得到另一半的概率占比（非转化占比），得到与代码①相同的结果 [0.813, 0.187]。

代码③和④通过 shap 的 force_plot 来显示特征对单个样本记录的影响。其中 explainer.expected_value 为通过 shap 对象预测得到的预期值，其中 1 代表第二个数据对象，表示预测为 1 的转化占比；shap_values[1] 表示预测结果为 1 对应的 shap 值，[0,:] 表示 shap 对象中的第 1 个数据行记录；x.iloc[0,:] 为原始训练样本的第 1 个样本值。同理，代码④表示第 18 个样本预测值与模型基准的对照结果。结果如图 7-4 所示。

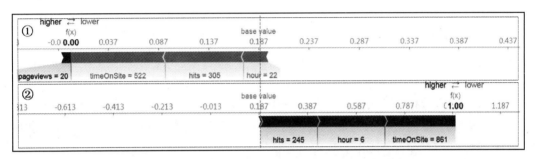

图 7-4　特征对单个样本的影响

在图 7-4 中，水平坐标轴是 shap 值分布。base value 是全体样本 shap 的平均值，它与树模型预测后的均值相等，输出结果都是 0.187，表示所有样本的预测结果（值域为 0 和 1）的平均值。f(x) 是当前样本的 shap 值，通过与 base value 的比较可以知道该条结果预测效果与"标杆"的差距。在 f(x) 左侧的 higher 区域，为特征对 shap 值的正向影响区间，表示左侧的特征能增加预测的效果。①中的 pageviews = 20 对于该样本预测起到积极贡献作用，但长度条很小，表示贡献非常有限。在 f(x) 右侧的 lower 区域，表示特征对 shap 值的负向影响，①中的 timeOnSite = 522 对 shap 值的负向影响最大，另外 hits = 305 和 hour = 22 也会显著降低模型预测效果。

图中所有样本的 base value 一致（全部样本的预测均值为 0.187）；通过对比两个样本的结果，①的预测结果 f(x) = 0，低于总体转化均值；而②的预测结果为 1，则高于总体转化均值。二者预测结果的差异，主要是各自 higer 和 lower 区域的特征导致的；②中的 f(x) 显著正向贡献特征是 hits = 245、hour = 6 和 timeOnSite = 861，这些特征显著地拉升了模型效果。

这种针对单个样本的预测解释，主要用于特定渠道、用户等焦点对象的预测结果的解读和分析，用于找到到底是什么因素导致预测结果更准（或不准）、产生转化（或不转化）。

## 7.2.4　知识拓展：渠道效果影响因素的落地应用

在所有数据挖掘和机器学习算法中，综合考虑业务人员的可理解性（业务人员是否容易理解算法过程和结论)、可解释性(算法过程和结论是否容易被数据工作者解释明白)以及算法的简易实施性(算法实现过程是否简单,不需要复杂的依赖环境、客观条件约束等),树模型(包括 CART(Classification and Regression Tree)等单一树以及 GBDT(Gradient Boosting Decision Tree)、XGB(eXtreme Gradient Boosting)等集成树)、广义线性回归(包括简单线性回归、逻辑回归等)等比较适合应用到影响因素分析场景中,前者可以提供类似于人类思考逻辑的决策树规则,后者可以提供在学校时期已经学过的数学公式。

通过本节以及 4.1 节,我们可以通过多种模式找到影响渠道效果的重要特征,以及不同特征对结果的影响规则。在实际业务落地中,主要应用场景包括如下几种。

- **投放人群圈选**。具体用法参考 4.1 节。
- **贡献价值分析**。营销转化会涉及站外广告投放、着陆页设计、网站内部功能和体验优化、站内运营活动策划和执行等主要部门,如何"分配"各部门对转化的贡献,可考虑通过本节方法进行评估。
- **效果优化提升**。根据本节提供的方法,如果想要优化特定样本或总体预测结果(提高预测准确性或降低误差),则可以基于对预测结果 shap 值贡献最大的样本及其值的变化规律来优化结果。在营销执行过程中,通过素材和文案设计、渠道组合和投放触点、日期和时间等季节性控制、着陆页选择、投放内容管理等方面来思考各个因素对转化的贡献价值。

## 7.3 转化路径的媒体组合规律研究

针对转化路径的媒体组合规律研究是渠道组合研究的重要课题。由于转化路径是针对具有转化的用户访问路径,因此对于研究渠道组合更具有参考意义。本节将介绍单一渠道重复次数对效果的影响分析、组合渠道首末次触点对效果的影响分析,以及增加新的渠道对原有投放组合的影响分析。

### 7.3.1 转化路径的媒体组合概述

3.7 节介绍过如何通过用户行为模式挖掘渠道间存在的组合规律,6.2 节介绍的归因方法可以辅助我们了解不同归因模式下渠道的价值贡献,同时,很多网站分析工具(例如 Google Analytics)也提供了关于热门转化路径、转化耗时、路径长度等汇总报告,但这些报告往往是对全局数据的汇总且加工逻辑简单,无法提供更深层的规律。

本节将从单一渠道重复次数对效果的影响、组合渠道首末次触点对效果的影响、增加新的渠道对原有投放组合的影响等方面进行深入研究和讨论。

数据来源于 Google Analytics 的热门转化路径报告，该数据在本书数据资源中 Excel 文件"第 7 章"的 7-3 中。在开始正式分析之前，需要先对公用数据做一定的处理。

**第一步　导入库**

```
import pandas as pd                                                    #①
from sklearn.feature_extraction.text import CountVectorizer            #②
```

代码①导入 pandas 库，用于读取和处理数据。代码②导入 CountVectorizer，用于计算每个转化路径中，对每个渠道参与的次数统计。

**第二步　读取数据**

```
df = pd.read_excel('第 7 章.xlsx',sheet_name = '7-3')                  #①
print(df.info())                                                       #②
print(df.head(3))                                                      #③
```

代码①使用 pandas 的 read_excel 方法读取"第 7 章.xlsx"的 7-3 中的数据。代码②打印数据框概要信息，主要信息为数据包含 path 和 conversions 两列，path 为热门转化路径，conversions 为转化量。

```
Data columns (total 2 columns):
 #   Column       Non-Null Count   Dtype
---  ------       --------------   -----
 0   path         4233 non-null    object
 1   conversions  4233 non-null    int64
dtypes: int64(1), object(1)
```

代码③打印数据框前 3 条结果，path 中的路径通过>连接，后续拆分渠道时会用到该规则。

```
       path     conversions
0       SEM            2870
1   SEM>SEM            2200
2      信息流            1426
```

**第三步　基本清洗与分析维度构造**

1）将每个转化路径的渠道拆分出来。

```
df['channelList'] = df['path'].apply(lambda i: i.split('>'))                    #①
df['channelUniqueList'] = df['channelList'].apply(lambda i: list(set(i)))       #②
```

```
df.head(3)                                                                    #③
```

代码①针对数据框 df 的 path 字段，调用 apply 方法分别对每个记录做处理。处理功能是通过 lambda 构造的匿名函数实现，其规则是从 path 中读取每个记录，使用 split( ) 方法基于">"将路径字符串拆分为渠道列表，然后将结果写入新的字段 channelList 中，该字段中的每个值是一个渠道名称组成的列表。代码②的功能与代码①类似，区别在于在 lambda 函数中，通过 list(set(i)) 实现对 channelList 中渠道的去重，set 实现将一组数据去重，list 实现将一组数据转换为列表。代码③打印前 3 条结果，如图 7-5 所示。

| | path | conversions | channelList | channelUniqueList |
|---|---|---|---|---|
| 0 | SEM | 2870 | [SEM] | [SEM] |
| 1 | SEM>SEM | 2200 | [SEM, SEM] | [SEM] |
| 2 | 信息流 | 1426 | [信息流] | [信息流] |

图 7-5　打印拆分路径后的数据

2）基于转化路径中的渠道计算指标。

```
df['pathLen'] = df['channelList'].str.len()                                   #①
df['pathUniqueLen'] = df['channelUniqueList'].str.len()                       #②
df['pathRepeatRatio'] = df['pathLen']/df['pathUniqueLen']                     #③
df['isSingleChannel'] = df['pathUniqueLen'].map(lambda i: 1 if i==1 else 0)   #④
df.head(3)                                                                    #⑤
```

代码①和代码②调用 pd.Series 的 str.len 方法，统计转化路径中渠道的数量以及唯一渠道的数量。代码③通过渠道数量与唯一渠道数量的商计算渠道重复访问度。代码④对 pathUniqueLen 做判断，确认是否为单渠道访问（包括单渠道一次访问或单渠道重复访问），这里通过 map 引导一个功能函数。函数仍然通过 lambda 构建，其规则为如果 pathUniqueLen 的值为 1，表示单渠道访问；否则为多渠道访问。代码⑤打印前 3 条结果，如图 7-6 所示。

| | path | conversions | channelList | channelUniqueList | pathLen | pathUniqueLen | pathRepeatRatio | isSingleChannel |
|---|---|---|---|---|---|---|---|---|
| 0 | SEM | 2870 | [SEM] | [SEM] | 1 | 1 | 1.0 | 1 |
| 1 | SEM>SEM | 2200 | [SEM, SEM] | [SEM] | 2 | 1 | 2.0 | 1 |
| 2 | 信息流 | 1426 | [信息流] | [信息流] | 1 | 1 | 1.0 | 1 |

图 7-6　判断渠道访问情况

3）统计路径中渠道出现的次数。

```
vectorizer = CountVectorizer(tokenizer=lambda i: i.split('>'))              #①
channel_count = vectorizer.fit_transform(df['path']).toarray()              #②
channel_df = pd.DataFrame(channel_count,columns=vectorizer.get_feature_
    names())                                                                #③
channel_df.tail(3)                                                          #④
```

代码①建立一个计数对象，其中 tokenizer=lambda i: i.split('>')表示一个分词功能对象，该对象的分词规则是通过>拆分路径字符串为单个渠道字符串，具体规则与之前相同。代码②调用计数对象的 fit_transform 将 df 数据框中的 path（原始热门转化路径）做分词并统计每个分词（渠道）的出现次数，toarray 表示转换为数组。代码③建立一个数据框，数据为转化渠道计数结果，列名为从 vectorizer.get_feature_names()获得的原始特征名称。代码④打印数据后 3 条结果，如图 7-7 所示。

|  | cps | edm | mediavrtb | minisite | qq空间 | rtb | sem | 网易roi | 人群定向 | ... | 群乐 | 联盟广告 | 腾讯 | 论坛 | 预约人群库 |
|---|---|---|---|---|---|---|---|---|---|---|---|---|---|---|---|
| 4230 | 0 | 0 | 0 | 0 | 0 | 0 | 1 | 0 | 0 | ... | 0 | 0 | 0 | 2 | 2 |
| 4231 | 0 | 0 | 0 | 0 | 0 | 0 | 3 | 0 | 0 | ... | 0 | 0 | 0 | 0 | 2 |
| 4232 | 0 | 0 | 0 | 0 | 0 | 0 | 0 | 0 | 0 | ... | 0 | 0 | 0 | 0 | 14 |

图 7-7　统计路径中每个渠道出现的次数

4）将渠道出现的次数合并到原始特征。

```
df_merge = pd.concat((df,channel_df),axis=1)                                #①
print(df.shape,channel_df.shape,df_merge.shape)                             #②
df_merge.head(3)                                                            #③
```

代码①使用 pandas 的 concat 方法合并两个数据框，其中 df 为原始数据框，channel_df 为每个路径中渠道出现次数的数据框，axis=1 表示按列合并。代码②分别打印原始数据框、每个路径中渠道出现次数的数据框和合并后数据框的形状（行数和列数），结果为：

(4233,8) (4233,32) (4233,40)

代码③打印数据合并后的前 3 条结果，如图 7-8 所示。

5）找到转化路径中第一位和最后一位的渠道。

```
df_merge['firstChannel']=df_merge['channelList'].map(lambda i:i[0])         #①
df_merge['lastChannel']=df_merge['channelList'].map(lambda i:i[-1])         #②
df_merge.head(3)                                                            #③
```

| | path | conversions | channelList | channelUniqueList | pathLen | pathUniqueLen | ... | 晶赞 | 活动 | 百度人群库 | 百度移动 | 网盟 | 群乐 | 联盟广告 |
|---|---|---|---|---|---|---|---|---|---|---|---|---|---|---|
| 0 | SEM | 2870 | [SEM] | [SEM] | 1 | 1 | ... | 0 | 0 | 0 | 0 | 0 | 0 | 0 |
| 1 | SEM>SEM | 2200 | [SEM, SEM] | [SEM] | 2 | 1 | ... | 0 | 0 | 0 | 0 | 0 | 0 | 0 |
| 2 | 信息流 | 1426 | [信息流] | [信息流] | 1 | 1 | ... | 0 | 0 | 0 | 0 | 0 | 0 | 0 |

图 7-8 合并后的数据框

代码①使用 map 方法对 df_merge 的 channelList 字段（原始热门转化路径拆分后的渠道列表）中的每个值做处理，处理功能通过 lambda 匿名函数定义，处理规则为从每个值中取出第 1 个渠道作为首次接触渠道。代码②的逻辑与代码①相同，差异仅在于处理规则为从每个值中取出最后 1 个渠道作为末次接触渠道。代码③打印前 3 条数据结果，如图 7-9 所示。

| | path | conversions | channelList | channelUniqueList | pathLen | ... | 百度人群库 | 百度移动 | 网盟 | 群乐 | 联盟广告 | 腾讯 | 论坛 | 预约人群库 | firstChannel | lastChannel |
|---|---|---|---|---|---|---|---|---|---|---|---|---|---|---|---|---|
| 0 | SEM | 2870 | [SEM] | [SEM] | 1 | ... | 0 | 0 | 0 | 0 | 0 | 0 | 0 | 0 | SEM | SEM |
| 1 | SEM>SEM | 2200 | [SEM, SEM] | [SEM] | 2 | ... | 0 | 0 | 0 | 0 | 0 | 0 | 0 | 0 | SEM | SEM |
| 2 | 信息流 | 1426 | [信息流] | [信息流] | 1 | ... | 0 | 0 | 0 | 0 | 0 | 0 | 0 | 0 | 信息流 | 信息流 |

图 7-9 增加首次和末次接触渠道后的数据框

### 7.3.2 单一渠道重复次数对效果的影响分析

广告重复覆盖是强化用户印象，增加用户认知度、记忆度的必要方式，也是渠道引流的重要手段。用户通过广告渠道多次进入网站，会形成重复访问路径。到底用户的重复访问的规律是怎样的，与网站的目标转化之间有何关系，本节将重点研究这些问题。

**第一步  取出单一渠道数据**

在转化路径中，有一类路径中只包含了一个渠道，即用户通过该渠道访问 1 次或多次完成转化。

```
one_channel_path = df_merge[df_merge['isSingleChannel']==1]                #①
one_channel_path['singleChannel'] = one_channel_path['channelUniqueList']
    .map(lambda i:i[0])                                                    #②
```

代码①对 df_merge 过滤出 isSingleChanne 字段为 1（表示是单一渠道）的数据。代码②从 channelUniqueList 字段中提取出单一渠道的名字，供后续做分类汇总。

**第二步　分析单一转化渠道的平均重复次数**

```
single_channel_df = one_channel_path.groupby(['singleChannel'])['
    conversions'].sum()                                              #①
print(single_channel_df.sort_values().tail())                        #②
```

代码①针对单一渠道数据，基于 singleChannel（渠道名称）对 conversions 做汇总，得到每个渠道的总转化量。代码②先调用 single_channel_df 的 sort_values 方法对求和后的 conversions 字段正序排列，再打印最后 5 条记录（由于是按从小到大排序，最后 5 条为最大值）。

```
singleChannel
广告        725
导航       1167
CPS      1299
信息流      3210
SEM      6944
```

上述结果都是单一渠道的转化量求和值，其中贡献最大的渠道依次为 SEM、信息流、CPS、导航、广告等。接下来对这些渠道做单独分析。

**第三步　定义计算渠道转化量累加功能**

```
def channel_analyze(channel):                                        #①
    df = one_channel_path[one_channel_path['singleChannel']==channel]
[['pathLen','conversions']]                                          #②
    df_sort = df.sort_values(['pathLen'])                            #③
    df_sort['consum'] = df_sort['conversions'].cumsum()              #④
    df_sort[f'{channel}_consum_rate'] = df_sort['consum']/df_sort['
conversions'].sum()                                                  #⑤
    return df_sort[['pathLen',f'{channel}_consum_rate']]             #⑥
```

计算每个渠道的累计转化量占比，是一个重复性工作，因此可以使用函数来定义该功能。代码①定义一个名为 channel_analyze 的函数，其参数为 channel，表示不同的渠道字段值，例如 SEM、CPS、广告等。代码②从 one_channel_path 中过滤出 singleChannel 为 channel 的数据，然后只保留 pathLen 和 conversions 两列。代码③基于 pathLen 排序，后续我们希望按照转化路径的长度做累加值计算。代码④基于 conversions 做累加求和得到 consum 值，每行的 consum 值都是之前行的 conversions 的累加值。代码⑤用 consum 除以 conversions 字段的求和值，计算累加值占比，即累计占比。f'{channel}_consum_ rate'表示不同渠道的累计占比。例如，当 channel 为 SEM 时，该值为'SEM_consum_rate'，以便在后续组合数据时区分渠道名。代码⑥的 return 表示返回一个数据对象，该对象只包含计算结果的 pathLen 和累计占比列。

**第四步　计算每个渠道累计转化占比**

```
channel_df = one_channel_path[['pathLen']].drop_duplicates().sort_values(['pathLen'])                                                              #①
for channel in single_channel_df.sort_values().tail().index:               #②
    each_channel = channel_analyze(channel)                                #③
    channel_df = channel_df.merge(each_channel,on=['pathLen'],how='left')  #④
```

代码①从 one_channel_path 单独取出 pathLen 列并去重，然后按 pathLen 数值从小到大排列，它将作为后续把其他所有渠道的累计占比匹配到一起的原始数据框。代码②使用 for 循环，在对 single_channel_df 按照从小到大排序后，取最后 5 条结果中的 index 值，作为每个渠道的名称。代码③调用第三步定义的函数，获得每个渠道的 pathLen 和 consum_rate 值。代码④将每个渠道的这两个值与 channel_df 匹配，匹配字段为 pathLen，匹配模式为左匹配。这样我们就把所有渠道的转化量累计占比合并到一起了。

**第五步　填充未匹配到路径的值为前项值并展示对比结果**

```
channel_df=channel_df.fillna(method='ffill')                               #①
channel_df.head(10)                                                        #②
```

由于原始组合渠道中的路径较多，部分渠道可能不存在某些路径长度，因此可能存在缺失值。代码①使用数据框的 fillna 方法填充缺失值，通过 ffill 方法指定填充规则为缺失值记录的前 1 个值。代码②打印前 10 条结果，如图 7-10 所示。

| pathLen | 广告_consum_rate | 导航_consum_rate | CPS_consum_rate | 信息流_consum_rate | SEM_consum_rate |
|---|---|---|---|---|---|
| 1 | 0.649655 | 0.341045 | 0.293303 | 0.444237 | 0.413306 |
| 2 | 0.706207 | 0.683805 | 0.491147 | 0.796573 | 0.730127 |
| 3 | 0.769655 | 0.741217 | 0.562741 | 0.876012 | 0.819124 |
| 4 | 0.877241 | 0.845758 | 0.673595 | 0.876012 | 0.924395 |
| 5 | 0.906207 | 0.873179 | 0.708237 | 0.908411 | 0.924539 |
| 6 | 0.939310 | 0.916024 | 0.745958 | 0.943302 | 0.924539 |
| 7 | 0.950345 | 0.929734 | 0.768283 | 0.943302 | 0.939084 |
| 8 | 0.958621 | 0.950300 | 0.806774 | 0.965109 | 0.954925 |
| 9 | 0.966897 | 0.958012 | 0.819861 | 0.971963 | 0.963134 |
| 10 | 0.976552 | 0.969152 | 0.839877 | 0.982866 | 0.971774 |

图 7-10　计算 SEM 路径长度转化量累加值

在图 7-10 中，虚线的三处位置是通过前项值填充的，因此值与前项值相等。

前文提过，二八法则是分析一组数据的常用方法，它能区分"主要矛盾"和"次要矛盾"。本案例基于转化量累加值可以将累计转化量占比达到 80% 的 pathLen 拆分出来。图中①～⑤分别是广告、导航、CPS、信息路和 SEM 的转化量累计占比达到 80% 时的渠道数据标记。

从标记可以看出不同渠道的转化长度差异较大，例如广告和导航需要重复访问 4 次，CPS 需要 8 次，信息流和 SEM 则需要 3 次。这说明了不同类型的渠道重复次数对于转化的重要性差异极大。

SEM 和信息流由于是精准定位（包括需求定位、品牌定位、人群匹配等），因此较短的转化路径就能完成转化贡献。广告和导航的信息精准度较低，对应的属性在转化贡献上不明显，因此在转化时往往需要更多次的信息确认才能完成转化。CPS 渠道的特征是以转化为主，但是，CPS 拥有更多转化路径，这与它本身的特征不相符（用户是以交易转化为目的，为什么需要更多次的访问才能实现转化），该矛盾点可以作为后续继续分析的入口。

**第六步　分析路径长度与转化次数的关系**

除了横向对比不同渠道的路径差异外，还可以纵向分析每个渠道的转化量与路径的关系。

```
one_channel_path.plot(x='pathLen',y='conversions',kind='scatter',figsize=
    [8,3])
```

通过数据框 plot 方法展示图形，其中 x='pathLen'，y='conversions'，kind='scatter' 分别表示横轴为 pathLen（路径长度）、纵轴为 conversions（转化量）、展示图形类型为散点图；figsize=[8,3] 表示设置图形的大小为 8×3（单位：英寸）。结果如图 7-11 所示。

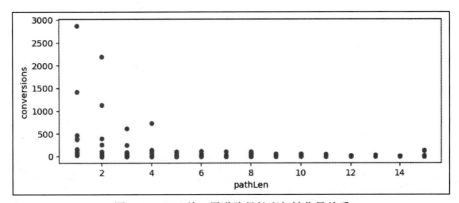

图 7-11　SEM 单一渠道路径长度与转化量关系

通过图形发现 pathLen 和 conversions 呈现比较明显的指数级递减关系，即路径越长，转化量越少。在本节中，根据二八法则，主要贡献的路径长度在前一半路径以内。如果后续转化量占比较高，呈现长尾效应，则可以进一步分析二者的关系，并分析为什么用户需要反复访问才能完成转化行为，中间是否存在异常情况等。

### 7.3.3 组合渠道首末次触点对效果的影响分析

很多业务场景都非常重视首次和末次接触渠道，因此，众多归因模型都会对首次或末次渠道分配较高的权重。本节将研究首次和末次接触渠道对于转化的影响程度以及是否存在主要影响规则。

**第一步　导入库并过滤组合渠道数据**

```
from sklearn.tree import DecisionTreeRegressor                    #①
mul_channel_path = df_merge[df_merge['pathUniqueLen']>1]          #②
```

代码①导入 DecisionTreeRegressor，这是决策树用于回归的方法库。代码②通过 df_merge 的 pathUniqueLen 字段将唯一渠道数量大于 1 的数据过滤出来。

**第二步　数据预处理**

```
str_cols = ['firstChannel','lastChannel']                         #①
x = pd.get_dummies(mul_channel_path[str_cols])                    #②
y = mul_channel_path['conversions']                               #③
print(mul_channel_path.shape,x.shape,y.shape)                     #④
x.head(3)                                                         #⑤
```

代码①定义了要参与建模处理的字符串字段，包含首次和末次接触渠道。代码②通过 pandas 的 get_dummies 方法对 mul_channel_path 中的首次接触渠道和末次接触渠道做哑编码转换，从字符串值分布转换为 0-1 分布。代码③从 mul_channel_path 取出 conversions 字段作为建模的目标值。代码④打印原始数据框形状（行、列数）、训练集特征形状（行、列数）和预测目标形状（由于这是一个单列，因此只有行），结果为：

(4078, 42) (4078, 45) (4078,)

代码⑤打印训练集特征的前 3 条记录，结果如图 7-12 所示。

**第三步　训练模型**

```
clf = DecisionTreeRegressor(random_state=0,max_depth=5)           #①
clf.fit(x,y)                                                      #②
```

代码①通过 DecisionTreeRegressor 构建一个决策树回归对象，random_state=0 表示

| | firstChannel_CPS | firstChannel_EDM | firstChannel_RTB | firstChannel_SEM | ... | lastChannel_腾讯 | lastChannel_论坛 | lastChannel_预约人群库 |
|---|---|---|---|---|---|---|---|---|
| 7 | 0 | 0 | 0 | 0 | ... | 0 | 0 | 0 |
| 11 | 0 | 0 | 0 | 0 | ... | 0 | 0 | 0 |
| 14 | 0 | 0 | 0 | 1 | ... | 0 | 0 | 0 |

图 7-12  训练集特征

随机种子固定为 0，从而保证在同一个电脑上反复执行代码时，模型的结果不会受随机值不同的影响；max_depth=5 表示设置树的最大深度为 5，防止过拟合。代码②调用 fit 方法来训练模型。

 提示　由于本节中，我们希望找到首次和末次接触点对目标转化的影响，因此这里不验证模型效果，只要找到二者相对关系即可。

**第四步　取出特征重要性**

```
raw_impotrance = pd.DataFrame({'split_feature':x.columns,'importance':
    clf.feature_importances_})                                          #①
raw_impotrance['raw_features'] = [i.split('_')[0] for i in x.columns]   #②
```

代码①构建一个特征重要性数据框。数据框包含两列，split_feature 列的值为训练集特征的原始字段名；importance 列的值为模型通过 feature_importances_ 方法获得的特征重要性结果。代码②构建新的字段用于存储原始特征名称，由于在第二步数据预处理时，将字符串特征做了 0-1 处理，导致首次和末次接触渠道这两个字段被拆分为多个列，这里将其重新合并为 2 个列。该功能通过列表推导式实现，逻辑为从 x 的列名中依次取出每个值，然后使用字符串的 split 方法以下划线 "_" 为标志拆分为多个字段，通过索引 0 取出拆分后的第一个值，即原始特征值。

**第五步　汇总特征重要性**

```
print (raw_impotrance.groupby(['raw_features'])['importance'].sum().sort_val-
    ues(ascending=False).head())
```

由于经过哑编码转换后，原始分类字符串变为多个字段，因此这里将其再次合并。代码中使用 groupby 做分类汇总，汇总字段为 raw_features（原始首次和末次接触渠道字段名）；汇总计算的字段为特征重要性 importance，汇总计算方式为 num（求和）；后面调用 sort_values 再对汇总求和后的 importance 倒序排列，最后展示前 5 条记录（由于结果中只有 2 条数据，因此只展示 2 条记录）：

```
raw_features
lastChannel    0.777352
firstChannel   0.222648
```

从结果中看出，最后接触渠道的特征重要性为首次接触渠道的 3 倍左右，因此在转化量的差异场景中，应该重点关注组合路径中的最后接触渠道。

**第六步　展示最重要的 lastChannel 子特征**

```
print(raw_impotrance[raw_impotrance['raw_features']=='lastChannel'].sort_
    values(['importance'],ascending=False).head())
```

代码中先将 raw_impotrance 中 raw_features 值为 lastChannel 的数据过滤出来，通过 sort_values 按照 importance 字段倒序排列，输出前 5 条记录：

```
      split_feature      importance  raw_features
27    lastChannel_SEM    0.527881    lastChannel
32    lastChannel_信息流  0.244427    lastChannel
25    lastChannel_EDM    0.004584    lastChannel
24    lastChannel_CPS    0.000460    lastChannel
36    lastChannel_导航   0.000000    lastChannel
```

从结果中看出，最后接触渠道中的 SEM 和信息流是最重要的末次接触渠道。

通过上述分析过程，可以知道首次接触渠道和末次接触渠道对最终转化的影响程度，以及哪种渠道对转化量的差异的影响最大。

### 7.3.4　增加新的渠道对原有投放组合的影响分析

在营销渠道的现有投放组合中，当新增渠道时，可能会对原始渠道本身的用户访问产生积极或消极影响。本案例研究增加渠道对原有渠道效果的影响。

**第一步　导入库，并将转化路径还原为单独的路径集合**

```
import apriori                                                          #①
path_data = df_merge[['channelList','conversions']]                     #②
print(path_data.head())                                                 #③
raw_path=[i for i,j in path_data.values for k in range(j)]              #④
print(raw_path[:3])                                                     #⑤
```

代码①导入 apriori 库，该库是在当前执行目录下名为 apriori.py 的 Python 文件。使用 Python 导入库时，会先检索当前执行目录下是否存在该库（对应的文件），如果没有则检索 Python 系统环境。代码②从原始所有数据中取出 channelList 和 conversions 字段。

代码③打印3条记录：

```
   channelList    conversions
0  [SEM]          2870
1  [SEM, SEM]     2200
2  [信息流]         1426
```

代码④是一个列表推导式。该推导式由两层循环构成，第一层循环是从 path_data.values 中取出每个值，值中包含单个 channelList 和 conversions 的组合，例如第一个组合为 [SEM] 和 2870。第二层循环是基于读取的 conversions 值，并重复 conversions 次，例如在第一个组合中，通过第二层循环生成 2870 个 [SEM]，这样做的目的是还原单次转化路径。通过两层循环，生成一个包含所有转化路径的列表，列表内路径的个数等同于 conversions 的汇总之和。代码⑤打印前3个列表值：

```
[['SEM'], ['SEM'], ['SEM']]
```

### 第二步　通过调用自定义的 apriori 做关联分析

```
min_sup = 0.01                                                          #①
min_conf = 0.05                                                         #②
L, suppData = apriori.apriori(raw_path, minSupport=min_sup)             #③
rules = apriori.generateRules(raw_path, L, suppData, minConf=min_conf)  #
```

代码①定义关联模型的最小支持度阈值为 0.01（支持度值域范围是[0,1]），代码②定义最小置信度阈值为 0.05（支持度值域范围是[0,1]）。代码③调用 apriori.apriori 方法计算得到满足最小支持度的频繁规则。代码④调用 apriori.generateRules 方法计算满足最小置信度的规则。

### 第三步　构建关联结果报表

```
model_summary = 'data record: {1} \nassociation rules count: {0}'                    #①
print(model_summary.format(len(rules), len(raw_path)))                                #②
rules_all = pd.DataFrame(rules, columns=['channel_end', 'channel_front', 'in-
    stance', 'support', 'confidence','lift'])                                         #③
rules_sort = rules_all.sort_values(['lift'],ascending=False)                          #④
```

代码①展示数据集记录数和满足阈值定义的规则数量，配合代码②使用 str.format 做格式化输出，得到结果：

```
data record: 23707 association rules count: 34
```

代码③创建频繁规则数据框，数据为从关联模型得到的规则，列名分别表示后项、前项、实例数、支持度、置信度和提升度。代码④将数据框按照提升度倒序排列。

关联结果中的主要概念和指标包括后项、前项、实例数、支持度、置信度和提升度。

- 后项：关联规则中前面的项目，也叫结果。
- 前项：关联规则中后面的项目，也叫条件。前项和后项共同组成一个完整的关联规则，例如 A→B，A 表示前项，B 表示后项，A→B 表示一个 if A then B 关联规则。
- 实例数：关联规则出现在所有记录中的次数。次数越大，规则越频繁。
- 支持度：关联规则出现在所有记录中的占比。含义同实例数，只不过使用占比表示，最大值为 1。
- 置信度：在出现了 A 的记录中，又同时出现 B 的占比。值越大越好，最大值为 1。
- 提升度：在出现了 A 的记录中，又同时出现了 B 的记录占比（置信度）与只出现 B 记录占比的比例，即两个百分比的比例，表示规则对于后项的拉动作用。提升度反映了 A 与 B 的相关性，提升度>1 且越高表明正相关性越高；提升度<1 且越低表明负相关性越高；提升度 = 1 表明二者相互独立，没有相关性。

下面通过本案例中的实际数据来还原上述每个关联指标。本案例所有记录数为 23707，其中一个关联规则的前项和后项分别为富媒体和广告，关联规则是"富媒体→广告"。

- 在所有记录中，同时包含富媒体和广告的转化路径共 293 条（注意同时包含的意思是只要存在即可，不要求前后序列关系，也不要求必须连续出现），因此实例数为 293。
- 同时包含富媒体和广告的转化路径占所有路径的比例为 293/23707≈1.24%，这是支持度。
- 在所有记录中，包含富媒体的记录为 1217，因此:293(同时包含富媒体和广告的路径)/1217(包含富媒体的路径)≈24.1%，这是置信度。
- 在所有记录中，只包含广告的记录占比为 17.0%，因此：24.1%（置信度）/17.0%(只包含广告的路径占比)≈1.4176，这是提升度。

**第四步　过滤出 lift>1 的正向应用规则**

rules_sort[rules_sort['lift']>1].head()

通过对 lift 的值的过滤，将>1 的记录保留下来，并展示前 5 条，如图 7-13 所示。

| | channel_end | channel_front | instance | support | confidence | lift |
|---|---|---|---|---|---|---|
| 27 | (广告) | (导航, SEM) | 352 | 0.0148 | 0.0875 | 1.4529 |
| 0 | (富媒体) | (广告) | 293 | 0.0124 | 0.2408 | 1.4180 |
| 1 | (广告) | (富媒体) | 293 | 0.0124 | 0.0728 | 1.4180 |
| 28 | (导航) | (广告, SEM) | 352 | 0.0148 | 0.1068 | 1.3957 |
| 32 | (广告) | (CPS, SEM) | 294 | 0.0124 | 0.0730 | 1.1223 |

图 7-13　正向关联规则

上述将 lift>1 的规则过滤出来，表示规则对于后项有提升作用。以第 1 条记录为例，在渠道投放组合中，当已经投放了"SEM+导航"之后（不论先后顺序），后面新增广告渠道会对原有的组合（SEM+导航）起到效果拉升的作用，拉升倍数为 1.45 倍。这里的拉升指用户会在访问渠道路径中增加对 SEM 和导航的访问。根据以往数据分析经验，SEM 和导航属于转化效果较好的渠道，因此对二者的拉升能直接拉升转化效率。

**第五步　过滤出 lift<1 的正向应用规则**

```
rules_sort[rules_sort['lift']<1].sort_values(['confidence'],ascending = 
    False).head()
```

这里将 lift<1 的规则提取出来，然后根据 confidence 做倒序排列，目的是找到在前项渠道出现后，有哪些后项渠道不能与它一起组合投放，因为它们之间的组合会产生互斥效应。结果如图 7-14 所示。

| | channel_end | channel_front | instance | support | confidence | lift |
|---|---|---|---|---|---|---|
| 20 | (EDM) | (SEM) | 409 | 0.0173 | 0.5595 | 0.9951 |
| 24 | (广告) | (SEM) | 1813 | 0.0765 | 0.4507 | 0.8015 |
| 16 | (导航) | (SEM) | 1427 | 0.0602 | 0.4329 | 0.7700 |
| 8 | (富媒体) | (SEM) | 519 | 0.0219 | 0.4265 | 0.7584 |
| 19 | (CPS) | (SEM) | 1543 | 0.0651 | 0.3984 | 0.7085 |

图 7-14　负向关联规则

以图 7-14 中的第 1 条记录为例，当投放了 SEM 后，后面最好不要连接 EDM、广告、导航、富媒体和 SEM 等渠道。这些渠道虽然与 SEM 之间产生了较多的组合关系，但是整体并没有发挥 1+1>2 的效果，反而是 1+1<2。因此这些规则可以用来规避某些投放组合的潜在问题。

### 7.3.5 知识拓展：基于转化路径链接关系的规律分析

当转化路径中包含 2 个以上的渠道时，每条路径中都包含多个渠道的访问序列关系。例如 A→B→C 路径可以拆分为 A→B 和 B→C 两条链接，此时的渠道访问关系与网页中的链接关系类似。基于该原理，可以将原始转化路径看作一个由多个渠道组成的渠道网络，如图 7-15 所示。

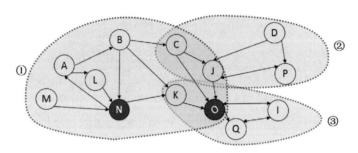

图 7-15　转化路径中多个渠道的链接关系

图 7-15 中的节点为转化路径中的渠道，不同渠道间的序列访问会形成网络连接状态。基于该网络状态可以做如下分析。

- 渠道的 PageRank 得分评估。PageRank 原来用于对网页间链接的得分评估，是 SEO 中的重要指标。在渠道网络关系中，当多个渠道都指向同一个渠道（例如图中的 N、O 节点）时，说明被指向的渠道本身比较重要，其 PageRank 会比较高。
- 渠道的社群关系挖掘。在图 7-15 中可以看到某些渠道之间具有较强的相互链接关系，而与其他渠道的链接关系较弱。基于这个原理可以发掘一些渠道群组，即具有相互链接访问关系的渠道属于一个群体。图 7-15 中根据链接状态的紧密情况，将所有渠道分为三个链接群组①、②、③。

目前很多公开库都能实现这些方向的数据挖掘和分析，例如 igraph、networkx 等。有兴趣的读者可以了解一下。

## 7.4　渠道相似度研究

渠道相似度研究与业务人员的经验式应用习惯有关：当面对新的营销渠道时，业务人员会习惯性地将过去曾经遇到过的"相似"渠道的营销策略与方法"套用"到新渠道上。本节将介绍如何通过最近邻以及聚类方法找到与特定渠道相似的其他渠道。

## 7.4.1 渠道相似度概述

渠道相似度可用于分析哪些渠道之间具有较高的相似性，后续落地应用点包括：
- 为新渠道匹配其所属的渠道分组对应的标杆结果，做标杆管理和分析；
- 基于相似度做渠道分组，然后做不同分组内的对比分析并找到规则；
- 基于相似度的业务操作，例如 A 和 B 渠道比较相似，历史上投放 A 渠道的业务操作经验可以借鉴到 B 渠道上，在渠道策划、执行投放、效果评估和预期等方面都能加以参考。

本节的"渠道"包含多种对象，例如营销渠道，投放媒介、位置、广告活动，SEM 中的广告计划、广告组合关键字等。凡是具有大量细分特征的营销业务都可以用来做相似度分析。

在 7.4.2 节和 7.4.3 节中会用到部分公用数据，这里统一处理一下。

**第一步　导入库**

```
import pandas as pd                                          #①
from sklearn.preprocessing import MinMaxScaler               #②
```

代码①导入 pandas 库，用于读取和处理数据。代码②导入 MinMaxScaler，用于对数值型数据做标准化处理。

**第二步　准备数据**

```
media_df = pd.read_excel('第7章.xlsx',sheet_name='7-4')      #①
print(media_df.info())                                        #②
media_df.head(3)                                              #③
```

代码①从附件第 7 章名为 7-4 的工作簿中读取数据。代码②打印数据概况，关键信息如下：

```
RangeIndex: 889 entries, 0 to 888
Data columns (total 7 columns):
 #    Column      Non-Null Count   Dtype
---   ------      --------------   -----
 0    渠道代号       889 non-null     object
 1    日均访问量      889 non-null     int64
 2    注册转化率      889 non-null     float64
 3    平均搜索量      889 non-null     float64
 4    访问深度       889 non-null     float64
 5    平均访问时间     888 non-null     float64
 6    订单转化率      889 non-null     float64
```

结果显示了数据框共有 889 条数据，在所有字段中除了渠道代号为字符串类型外，其他数据均为数值型。其中"平均访问时间"的"non-null"记录有 888 条，说明其中有 1 条缺失值记录，后续需要单独处理。

代码③打印数据前 3 条结果，如图 7-16 所示。

| | 渠道代号 | 日均访问量 | 注册转化率 | 平均搜索量 | 访问深度 | 平均访问时间 | 订单转化率 |
|---|---|---|---|---|---|---|---|
| 0 | A1 | 924 | 0.00000 | 0.013 | 1.95 | 340.0 | 0.00 |
| 1 | A10 | 1317960 | 0.00075 | 0.006 | 1.95 | 448.0 | 0.00 |
| 2 | A100 | 368952 | 0.01533 | 0.141 | 7.21 | 523.0 | 0.03 |

图 7-16　原始数据前 3 条结果

**第三步　数据预处理**

1) 缺失值填充。

```
media_df['平均访问时间'] = media_df['平均访问时间'].fillna(media_df['平均访问时间'
    ].mean())
```

上述代码表示，将 media_df 的平均访问时间字段单独取出，然后使用 fillna 方法填充缺失值为该列的均值。均值单独使用 mean 方法计算得到。

2) 数据标准化处理。

```
mm = MinMaxScaler()                                                    #①
media_features = mm.fit_transform(media_df.iloc[:,1:])                 #②
print(media_features.shape)                                            #③
print(media_features[0])                                               #④
```

代码①建立一个 MinMaxScaler 数据标准化对象。代码②调用 fit_transform 方法对 media_df 中除第一列（渠道代号）以外的其他字段做标准化处理。代码③通过数据框的 shape 方法打印标准化处理后的形状，结果为 (889,6)。代码④输出标注化后数据的第一条记录，结果为：

```
[2.80691101e-05 0.00000000e+00 1.25361620e-02 9.69585630e-03 7.61968982e-
    02 0.00000000e+00]
```

3) 获取新渠道数据并预处理。

```
new_media = pd.DataFrame([['X_01',80154,0.0093,0.025,1.95,394,0.01]],
    columns=media_df.columns)                                          #①
mm_media = mm.transform(new_media.iloc[:,1:])                          #②
print(mm_media)                                                        #③
```

由于案例后续应用中都会涉及新渠道的相似渠道分析，因此这里单独处理新渠道的数据。代码①建立一个数据框，该数据框中的数据为新渠道的数据，字段分别为渠道代号、日均访问量、注册转化率、平均搜索量、访问深度、平均访问时间、订单转化率。该数据可以手动填写，也可以从 Excel、CSV 等文件中直接读取。由于在模型训练和预测阶段的数据格式必须统一，因此代码②使用 transform 方法对新数据做了同样的标准化处理（由于这里是预测阶段使用，因此不用 fit）。代码③打印输出数据：

```
[[0.0026383  0.23809524 0.024108   0.00969586 0.08833446 0.04545455]]
```

### 7.4.2 基于渠道效果的最近邻分析

最近邻（Nearest Neighbor）分析是通过不同数据样本之间的相似度判断近邻的一种方法，根据近邻指定模式的不同可以分为 KNN（K-NearestNeighbor，K 最近邻）和 ANN（Approximate Nearest Neighbor，近似最近邻）。KNN 是通过指定 $K$（例如 3）个相邻的点来计算相似的其他样本；ANN 是通过指定近邻相似度阈值（例如相似度低于 10）来计算相似的其他样本。

近邻分析的原理比较简单。如图 7-17 所示，未知图形 $X$ 到底是什么图形？如果分析其周围 3 个最近的样本点（即 $K=3$），那么它很可能是圆形（因为圆形占多数）；如果分析其周围 6 个样本点，那么它很可能是三角形（因为三角形更多）。在日常工作和生活中也是如此，如果要了解一个人，先了解下他周围人的情况，与什么人在一起，就能通过"圈子"大概知道其能力、层次、知识等情况。

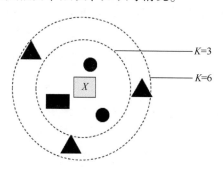

图 7-17　近邻分析模式

本案例基于 KNN 模型找到与新渠道相似的其他渠道。

**第四步　导入库**

```
from sklearn.neighbors import NearestNeighbors
```

这里导入 NearestNeighbors 用来查找最近邻。

### 第五步　KNN 模型训练

```
neigh = NearestNeighbors().fit(media_features)
```

代码中调用 NearestNeighbors 先建立近邻模型对象，然后调用 fit 方法做训练。

### 第六步　查找与新渠道相似的 3 个渠道

```
nearest_neighbors = neigh.kneighbors(mm_media,n_neighbors=3)         #①
print('nearest top 3 neighbors:',nearest_neighbors)                   #②
nearest_neighbors_df = media_df[media_df.index.isin(nearest_neighbors[1]
    .tolist()[0])]                                                    #③
media_join = pd.concat((new_media,nearest_neighbors_df),axis=0)       #④
media_join                                                            #⑤
```

代码①调用 neigh 的 kneighbors 方法，通过设置 n_neighbors=3 分析与处理后的新渠道数据 mm_media 最相似的 3 个渠道。代码②通过 print 方法打印相似渠道结果：

```
nearest top 3 neighbors: (array([[0.01465066, 0.0257442 , 0.02872411]]),
    array([[515, 596, 614]], dtype=int64))
```

打印结果中的第一个 array 是相似度，使用距离来表示，距离越短表示相似度越高；第二个 array 是相似渠道的 index 值，后续可以通过匹配还原对应的渠道名称。

代码③从原始 media_df 中过滤出与新渠道相似的渠道，通过 nearest_neighbors[1].tolist()[0] 实现从第二个 array 中取出相似渠道的 index 值，然后转换为列表；索引 0 表示直接取出列表的第一组数据。然后使用 media_df.index.isin 方法实现从基于对 media_df 的索引，使用 isin 方法从刚才的集合中过滤出对应的渠道数据。代码④使用 pandas 的 concact 方法将过滤出来的渠道数据与原始新渠道数据组合，axis=0 实现按行组合。代码⑤打印结果，如图 7-18 所示。

|     | 渠道代号 | 日均访问量 | 注册转化率 | 平均搜索量 | 访问深度 | 平均访问时间 | 订单转化率 |
| --- | --- | --- | --- | --- | --- | --- | --- |
| 0 | X_01 | 80154 | 0.00930 | 0.025 | 1.95 | 394.0 | 0.01 |
| 515 | A566 | 36240 | 0.00966 | 0.018 | 2.79 | 381.0 | 0.01 |
| 596 | A639 | 42696 | 0.00870 | 0.012 | 3.52 | 409.0 | 0.01 |
| 614 | A655 | 31104 | 0.00946 | 0.011 | 4.10 | 447.0 | 0.01 |

图 7-18　与新渠道相似的 3 个渠道

通过 KNN 方法得到的相似渠道，可以通过 K 来精确控制要得到的相似渠道的数量，因此在实际应用中灵活性很强。

## 7.4.3 基于渠道效果的聚类分析

聚类分析是以"物以类聚、人以群分"为思想,将大量数据集中具有"相似"特征的数据点或样本划分为一个类别的方法。本案例沿用 7.4.2 节的数据结果。

**第七步 导入库**

```
from sklearn.cluster import KMeans                              #①
from sklearn.metrics import silhouette_score                    #②
import numpy as np                                               #③
```

代码①导入 KMeans 库用来做聚类。代码②导入 silhouette_score 代表轮廓系数方法,这是对聚类后的结果做有效性检验的标准方法。代码③导入 numpy 库,用于数据基本运算。

**第八步 训练 KMeans 模型并检验聚类效果**

```
kmeans = KMeans(n_clusters=4,random_state=0).fit(media_features)   #①
print(silhouette_score(media_features,kmeans.labels_))             #②
```

代码①通过 KMeans 方法建立聚类对象,通过 n_clusters=4 设置聚类群组为 4,即把所有样本聚类到 4 个类别中;random_state=0 表示统一随机值,这样可确保同一台电脑上多次执行时的结果相同;最后使用 fit 方法对之前已经做过标准化处理的渠道效果数据做聚类。代码②调用 silhouette_score 方法对聚类样本以及聚类后的标签做轮廓系数检验,得到结果为 0.6934383888332991。轮廓系数用于计算所有样本的平均轮廓系数,使用平均群内距离和每个样本的平均最近簇(聚类群组)距离来计算,其最高值为 1,最差值为-1。通常,轮廓系数大于 0.5 时表示具有较高的类别划分质量,因此本案例的聚类质量从数据上来看是不错的。

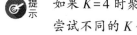

如果 K=4 时聚类质量不佳,即 silhouette_score 得到的结果小于 0.5,那么可以尝试不同的 K 值并多次检验。如果尝试了多个 K 值仍然无法得到有效的轮廓系数,那么要考虑增加样本量或优化样本特征,例如做特征选择、特征二次处理等。

**第九步 获得所有渠道分组**

```
media_df['cluster'] = kmeans.labels_                            #①
media_df.head(3)                                                 #②
```

代码①为原始数据框 media_df 增加新的聚类标签列,标签结果直接从 kmeans 的

labels_属性获取。代码②打印结果前 3 条结果,如图 7-19 所示。

| | 渠道代号 | 日均访问量 | 注册转化率 | 平均搜索量 | 访问深度 | 平均访问时间 | 订单转化率 | cluster |
|---|---|---|---|---|---|---|---|---|
| 0 | A1 | 924 | 0.00000 | 0.013 | 1.95 | 340.0 | 0.00 | 0 |
| 1 | A10 | 1317960 | 0.00075 | 0.006 | 1.95 | 448.0 | 0.00 | 0 |
| 2 | A100 | 368952 | 0.01533 | 0.141 | 7.21 | 523.0 | 0.03 | 2 |

图 7-19　增加聚类标签值

### 第十步　过滤与新渠道同处于相同分组的其他渠道

```
new_media['cluster'] = kmeans.predict(mm_media)[0]                          #①
keams_media_df = media_df[media_df['cluster']==new_media['cluster'].values
    [0]]                                                                    #②
kmean_final_df = pd.concat((new_media,keams_media_df),axis=0)               #③
kmean_final_df.head(3)                                                      #④
```

代码①调用聚类对象的 predict 方法,预测新的渠道的聚类分组,然后取出其中索引为 0(第一个)的聚类标签并添加到原始新的渠道中。代码②从原始渠道 media_df 中,通过 cluster 字段过滤出值等于新渠道的聚类标签的数据,通过 new_media['cluster'].values[0]方法从新渠道的 cluster 中获取标签值。代码③将上述 2 个数据框按行合并起来。代码④打印前 3 条结果,如图 7-20 所示。

| | 渠道代号 | 日均访问量 | 注册转化率 | 平均搜索量 | 访问深度 | 平均访问时间 | 订单转化率 | cluster |
|---|---|---|---|---|---|---|---|---|
| 0 | X_01 | 80154 | 0.00930 | 0.025 | 1.95 | 394.0 | 0.01 | 2 |
| 2 | A100 | 368952 | 0.01533 | 0.141 | 7.21 | 523.0 | 0.03 | 2 |
| 5 | A103 | 210024 | 0.00983 | 0.108 | 5.50 | 495.0 | 0.01 | 2 |

图 7-20　新渠道与相似渠道聚类结果汇总

### 第十一步　打印输出分组的整体情况

```
print(np.round(kmean_final_df.describe(),3))
```

在第十步得到的结果中,可以找到所有与新渠道处于相同分组的渠道以及详细信息;通过该步骤还可以基于这些渠道的分组总结共性规律。代码中通过 np.round 方法保留特定位数的小数点(3 位小数),使用 kmean_final_df.describe 对该距离分组做描述性分析。

|  | 日均访问量 | 注册转化率 | 平均搜索量 | 访问深度 | 平均访问时间 | 订单转化率 | cluster |
|---|---|---|---|---|---|---|---|
| count | 64.000 | 64.000 | 64.000 | 64.000 | 64.000 | 64.000 | 64.0 |
| mean | 173096.156 | 0.009 | 0.040 | 6.050 | 513.297 | 0.020 | 2.0 |
| std | 492222.464 | 0.006 | 0.052 | 13.415 | 558.060 | 0.036 | 0.0 |
| min | 84.000 | 0.000 | 0.000 | 1.660 | 183.000 | 0.000 | 2.0 |
| 25% | 1989.000 | 0.006 | 0.012 | 2.622 | 338.500 | 0.000 | 2.0 |
| 50% | 23292.000 | 0.008 | 0.020 | 3.305 | 396.500 | 0.010 | 2.0 |
| 75% | 107583.000 | 0.010 | 0.047 | 4.282 | 474.500 | 0.010 | 2.0 |
| max | 3239304.000 | 0.039 | 0.270 | 98.980 | 4450.000 | 0.220 | 2.0 |

在上面结果中，需要重点关注的是 mean 和 50%（即中位数），这两个指标可以作为该群组的共同特征与其他组的特征做比较，并发现组与组之间的特征取向和差异性。

### 7.4.4　知识拓展：基于访问协同过滤的相似度分析

在渠道相似度研究中，除了可以基于渠道本身的属性（业务属性）和效果做相似度分析外，还可以考虑使用协同过滤来挖掘用户群体的渠道访问模式。

协同过滤（Collaborative Filtering，CF）是利用集体智慧的一个典型方法，常被用于分辨特定对象（通常是人）可能感兴趣的项目（项目可能是商品、资讯、书籍、音乐、帖子等），这些感兴趣的项目来源于其他类似人群的兴趣和爱好，然后被推荐给特定对象。

在用户的访问路径中，可以把每个渠道看作 Item，把用户看作 User，User 与 Item 之间的关系可以表示为用户对渠道的访问量，因此可以构成 User（用户）-Item（渠道）-Score（访问量）的关系矩阵。本案例以本书数据文件"第 3 章 .xlsx"的 3-7 中的数据为例介绍该过程。

第一步　导入库

```
import implicit                                              #①
import pandas as pd                                          #②
import scipy.sparse as sparse                                #③
from sklearn.preprocessing import MinMaxScaler               #④
```

代码①导入的 implicit 库是一个协同过滤库，也可以使用 conda install -c conda-forge implicit 安装该库。代码②导入 pandas 库，用于读取和处理数据。代码③从 scipy.sparse 中导入 sparse 来构建协同过滤所需的数据对象。代码④导入 MinMaxScaler，用于做数据标准化。

第二步　读取数据

```
df_bq = pd.read_excel('第 3 章 .xlsx',sheet_name='3-7')       #①
```

```
df_bq.head(3)                                                              #②
```

代码①从"第3章.xlsx"的3-7中读取数据。代码②打印前3条结果，如图7-21所示。

|   | CookieID        | 时间戳                | 渠道类型 | 渠道   |
|---|-----------------|---------------------|--------|--------|
| 0 | 2234102182402625 | 2013-05-22 05:14:12 | sem    | baidu  |
| 1 | 2227486864700747 | 2013-05-25 16:30:02 | dh     | hao123 |
| 2 | 2360671593636464 | 2013-05-27 03:00:00 | snm    | weibo  |

图7-21 打印前3条渠道访问结果

### 第三步 建立用户-渠道-访问量汇总

```
groupby_bq=df_bq.groupby(['CookieID','渠道'],as_index=False)['时间戳'].count()
                                                                           #①
mm_data = MinMaxScaler()                                                   #②
groupby_bq['访问量得分'] = mm_data.fit_transform(groupby_bq[['时间戳']])      #③
groupby_bq.head(3)                                                         #④
```

代码①对原始数据做分类汇总，调用数据框的 groupby 方法，对 CookieID 和渠道两个字段做汇总，通过 as_index=False 设置汇总字段不为索引，汇总计算字段为时间戳，汇总计算方法为计数。代码②和代码③建立数据标准化对象，然后调用 fit_transform 方法对时间戳的计数结果做标准化，并将结果单独保存为新的列"访问量得分"。代码④打印前3条记录，结果如图7-22所示。

|   | CookieID        | 渠道     | 时间戳 | 访问量得分  |
|---|-----------------|---------|------|-----------|
| 0 | 13878050023     | youjian | 1    | 0.000000  |
| 1 | 13878105793     | yiqifa  | 1    | 0.000000  |
| 2 | 1841745023299541 | baidu   | 5    | 0.210526  |

图7-22 分类汇总前3条记录

> **注意** 这里将基于时间戳的访问量统计做标准化处理后，会使得单个渠道访问量的影响权重下降。在协同过滤中，由于单个用户访问的渠道是少数的，因此存在与大量渠道之间没有访问的情况，这种情况被称为数据稀疏。在相似度计算过程中，单个渠道的访问权重会受到大量未被访问的渠道的权重影响（其值为0），导致相似度都倾向于与"访问"的相关性更强。

### 第四步　将 CookieID 和渠道转换格式

```
groupby_bq['CookieID'] = groupby_bq['CookieID'].astype("category")        #①
groupby_bq['渠道'] = groupby_bq['渠道'].astype("category")                #②
groupby_bq['cookid_id'] = groupby_bq['CookieID'].cat.codes                #③
groupby_bq['channel_id'] = groupby_bq['渠道'].cat.codes                   #④
groupby_bq.head(3)                                                         #⑤
```

由于后续协同过滤中，模型要求 User 和 Item 必须通过索引来表示，因此这里需要进行转换。代码①和代码②分别使用 astype 方法将 CookieID 和渠道的类型转换为 category 类型。代码③和代码④分别通过 pd.Series（数据框的一列）的 cat.codes 方法，获取用户和渠道的索引，并新建一个字段保存，后续该字段将参与到建模中。代码⑤打印前 3 条结果，如图 7-23 所示。

|   | CookieID | 渠道 | 时间戳 | 访问量得分 | cookid_id | channel_id |
|---|----------|--------|--------|------------|-----------|------------|
| 0 | 13878050023 | youjian | 1 | 0.000000 | 0 | 24 |
| 1 | 13878105793 | yiqifa | 1 | 0.000000 | 1 | 22 |
| 2 | 1841745023299541 | baidu | 5 | 0.210526 | 2 | 5 |

图 7-23　建立索引对照数据

### 第五步　转换为建模格式

```
sparse_item_user = sparse.csr_matrix((groupby_bq['访问量得分'].astype
    (float),(groupby_bq['channel_id'],groupby_bq['cookid_id'])))          #①
print(sparse_item_user.shape)                                              #②
print(sparse_item_user[0])                                                 #③
```

代码①通过 sparse.csr_matrix 建立一个稀疏矩阵，csr_matrix 中的三个值分别为访问量得分、基于 channel_id 的渠道索引、基于 cookid_id 的用户索引。代码②打印稀疏矩阵的形状，结果为(25,20)。代码③通过索引 0 输出稀疏矩阵的第一条结果：

(0, 8) 0.05263157894736842

### 第六步　训练模型

```
model = implicit.als.AlternatingLeastSquares(factors=25,random_state=0)
                                                                           #①
model.fit(sparse_item_user)                                                #②
```

代码①调用 implicit 的 ALS（交替最小二乘法）方法进行协同过滤训练，通过

factors=25 指定因子数量为 25，通过 random_state=0 设置相同的随机种子值。代码②调用 fit 方法对稀疏矩阵进行建模训练。

**第七步　查找与特定 item（渠道）相似的其他 item（渠道）**

```
similar_data = model.similar_items(itemid=24)                              #①
print(similar_data)                                                        #②
```

代码①通过模型的 similar_items，找到与 itemid=24 相似的渠道。代码②打印结果：

[(24, 0.99999994), (7, 0.99203575), (18, 0.9122002), (19, 0.60121953), (22, 0.34013826), (1, 0.22331934), (4, 0.17287), (0, 0.17272872), (15, 0.12457603), (23, 0.1109062)]

上述返回结果是一个由元组组成的列表，每个元组包含 2 个元素，第一个元素为 itemID，第二个元素为相似度得分。例如（24，0.99999994）表示 ID 为 24 的渠道，相似度得分约等于 1，即最相似的是 item 本身。这里使用的是协同过滤中基于 item 的协同过滤（ICF），基于 item 的相似度找到与某个用户已知的 item 最相似的 item。这里用来找到与 itemID=24 的渠道最相似的其他渠道。

**第八步　过滤出相似渠道并匹配名称**

```
similar_df = pd.DataFrame(similar_data,columns=['channel_id','similar_score'])
                                                                           #①
unique_channel = groupby_bq[['channel_id','渠道']].drop_duplicates()       #②
similar_df = similar_df.merge(unique_channel,on=['channel_id'])            #③
similar_df.head()                                                          #④
```

代码①创建一个基于相似度结果的数据框，列名为 channel_id 和 similar_score。代码②从 groupby_bq 中取出 channel_id 和渠道并使用 drop_duplicates 去重。代码③通过数据框的 merge 方法，将相似度返回结果与原始渠道和 ID 的映射结果关联起来，关联主键是 channel_id。代码④打印输出前 5 条结果，如图 7-24 所示。

从图 7-24 中可以看到，与 itemID=24（即 youjian 渠道）最相似的其他渠道依次是 dianxin、sogou、verycd 等，基于这些数据以及相似度可以找到与该渠道最相似的渠道以及运营特征。

在原始访问记录中，通过 df_bq[df_bq['渠道']=='youjian'].count() 得到 youjian 的用户访问记录共有 15 条，通过 df_bq[df_bq['渠道']=='dianxin'].count() 得到 dianxin 的用户访问记录共有 10 条，通过 df_bq.info() 得到全部记录共有 260 条，说明这两个渠道存在大量未被用户访问的情况，因此其特征值为 0。因此，这份结果严重倾向于以"未

| | channel_id | similar_score | 渠道 |
|---|---|---|---|
| 0 | 24 | 1.000000 | youjian |
| 1 | 7 | 0.992036 | dianxin |
| 2 | 18 | 0.912200 | sogou |
| 3 | 19 | 0.601220 | verycd |
| 4 | 22 | 0.340138 | yiqifa |

图 7-24 关联渠道 ID 和名称

被访问"为特征找到相似渠道。如果读者想要降低数据稀疏的影响，可以在前面第三步中不使用标准化，并在后续建模使用中，使用汇总计算后的时间戳（即原始访问量）来代替访问量得分。这样每个渠道中访问量的影响权重会增加，从而得到不同的模型结果。附件代码中有注释，有兴趣的读者可以测试下。

提示　由于这种协同过滤的模式单纯基于用户与 item 之间互动评分的相似度，未曾考虑 item 和 user 之间的属性和效果的相似，再加上 user 和 item 之间的互动会存在大量的稀疏情况（即不会互动）的存在，因此在输出结果上可能与业务情况有出入，在业务可解释性和理解性上略差。

## 7.5 虚假流量辨别与研究

虚假流量几乎是广告行业公开的秘密。识别并合理控制虚假流量的影响范围，是企业流量运营的重点工作之一。本节重点研究虚假流量的特征，以及通过哪些方式辨别虚假流量。

### 7.5.1 虚假流量概述

虚假流量是指不符合企业实际投放需求或目标的流量，包括机器虚假流量（机器作弊）和人为虚假流量（人为作弊）。这里的流量主要指到达企业数字载体的流量，而不包含站外广告渠道上的流量。

虚假流量识别是每个企业的重要营销课题，也是保障企业利益的重要方式。通常情况下，一个合格的营销负责人需要知晓自身所投放的渠道内大概的虚假流量占比以及对总体的影响，然后通过营销结构优化实现总体成本的降低，但投入产出比可控。

虚假流量广泛存在于所有的数字广告渠道中，凡是带有 KPI 指标的营销投放，都或多或少存在虚假流量问题，尤其是 CPC、CPA、CPS 等结算模式的广告渠道的虚假流量情况比较集中。

## 7.5.2 通过流量属性分布辨别虚假流量

通过流量属性分布辨别虚假流量是最基本的方法，主要属性维度包括地域、设备和终端、时间、IP 服务商、新访问、手机号所属运营商、设备与用户的匹配关系等。这是虚假流量辨别的第一步，也是最简单的方式。

### 1. 地域

每个企业都有目标受众群体的地域分布，如果某个渠道的地域分布与企业目标群体差异较大，那么存在较大的虚假嫌疑。例如企业的目标群体主要分布在北京、上海、深圳等一线城市，如果从某个渠道来的流量主要集中在四川、河南等非正常流量的集中地域，则大概率有问题。

### 2. 设备和终端

用户的设备和终端的分布相对稳定，例如大部分企业的目标用户主要使用 iOS 系统、浏览器以 Chrome 为主，主要设备类型是苹果系列。如果渠道流量的设备和终端属性与此差异较大，则大概率有问题。在设备和终端中，除了系统、浏览器和设备外，还可以细分版本、分辨率等更多维度。

### 3. 时间

用户的访问时间分布需要与企业实际目标用户相符。例如正常企业目标用户主要在白天访问，如果渠道引入的流量在晚间访问较为集中，尤其在下半夜时段较多，那么大概率有问题。

### 4. IP 服务商

网站分析工具一般都能监测到流量来源的 IP 地址，通过与特定的 IP 服务商合作（可以购买服务），可以查询 IP 来源的运营商。由于很多作弊程序都部署在公有云中，因此如果流量中有大量的 IP 服务商是阿里云、微软云、亚马逊云、谷歌云等，那么基本能断定是程序流量。

### 5. 新访问

某些新渠道可能带来的新访问占比较高，但如果该指标达到 100%，说明全部是新访问，此时需要额外注意。

### 6. 手机号所属运营商

如果企业能够通过数据采集或特定系统监测到用户注册的手机号，那么可以通过手机号所属的运营商判断其虚假情况。正常用户的手机号都是电信、移动和联通，而作弊流量使用的手机号则大量集中在虚拟运营商、工业互联网使用的号段等。

#### 7. 设备与用户的匹配关系

正常情况下，一个用户对应的设备数量最多在 3~5 个左右（例如手机、Pad、公司和家庭电脑），而一个设备对应的用户则通常在 3 个以内（例如自己的账户、家庭成员的其他账户）。如果出现一个设备对应更多用户或者每个设备登录的用户较多时，则可能存在异常情况。

### 7.5.3 通过流量在线行为指标辨别虚假流量

通过用户在线的行为指标，可以较好地判断虚假流量情况。常用的评估指标包括人均访问次数，跳出率、访问深度、平均访问时长，页面刷新率，目标转化率、交易转化率等。

#### 1. 人均访问次数

人均访问次数=访问次数/UV，用于评估每个用户来了多少次。如果人均访问次数为 1，说明用户再也没有回访。没有回访的流量质量非常差，异常程度较高。通过新/老访客占比也能达到类似的评估效果。

#### 2. 跳出率、访问深度、平均访问时长

这三个指标是具有高度相关性的通用行为指标。跳出率高意味着用户只到达着陆页而没有产生更多的页面访问，访问深度低和平均访问时间短则意味着用户质量非常低。这三个指标如果都很差则综合说明虚假流量嫌疑度很高。

#### 3. 页面刷新率

页面刷新率=页面浏览量(产生了多少个页面浏览)/页面访问量(有多少个"人"访问)。这在特定页面下非常有用，例如着陆页、主页、主会场页等。通常较高的页面刷新率会提高访问深度和平均访问时长，也会在某些网站分析工具中降低跳出率（不以单个页面浏览为跳出逻辑）。但是如果个别页面的刷新率异常高，说明该页面在重复加载，如果不是页面本身的设计问题，那么流量大概率有问题，普通用户不会频繁刷新。

#### 4. 目标转化率、交易转化率

营销渠道必须设定不同阶段的转化目标，如果目标转化率以及交易转化率低，则意味着虚假流量的嫌疑较大。很多作弊流量会在交易前的所有行为上都表现良好，但在最后的目标和交易上转化效果较差，这会让人误以为是最后转化流程的问题（例如购物车内转化流程存在障碍）。此时更应该注意这些渠道。

### 7.5.4 通过用户离线行为指标辨别虚假流量

通过用户离线行为指标辨别虚假流量是指通过离线数据来补充甚至判断流量质量。

例如在线流量完成的留资行为通常需要在线下完成转化，在线的交易也需要在线下完成发货、收货甚至货到付款的转化。因此，针对这些行为可以分析线下的 lead 转化率、外呼成功率、退货率和退款率等。线下的评估指标往往反映了最终转化效果，其结果更加可信。

### 1. lead 转化率

线上留资在线下转化的场景主要集中在 ToB 类行业、ToC 类行业中的大宗商品的转化以及 O2O 类行业上，例如大宗工业商品（例如机床）、汽车、保险、证券、拍卖、本地生活等。很多虚假流量（包括人工虚假流量）在线下的真实转化效果都表现得非常差。

### 2. 外呼成功率

针对线上的留资线索，通过呼叫中心的外呼进行转化是企业常用的营销方式。如果外呼时发现接通率（而非转化率）非常低，则说明虚假流量的嫌疑很大。

### 3. 退货率和退款率

在商品交易场景中，用户在线上下单后，如果出现较高的拒收、退款、退货等情况，则说明线上的"转化"水分较大。

## 7.5.5 通过用户行为流序列关系辨别虚假流量

除了汇总分析渠道的总体行为数据外，还可以基于用户行为流序列关系分析虚假流量情况。常见的行为流包括事件流、目标流、页面流三类。在分析时，可以将其细分为两类场景。

### 1. 针对转化类流量

如 7.5.4 节中提到的，线上的转化可能存在虚假情况。针对转化类流量，可以通过转化路径长度、转化耗时以及转化路径三个维度分析虚假流量情况。例如大多数转化需要经过 10 个页面，耗时大概在 28 分钟；如果某个渠道的转化只需要 5 个页面，在 3 分钟之内完成，那么有问题的概率较大。

也可以使用漏斗方法对不同转化环节的转化率做分析。正常情况下，不同环节的上一步转化是相对稳定的，如果某个渠道的某个环节的上一步转化率异常波动，则有问题的概率较大。

### 2. 针对非转化类流量

针对非转化类的流量，主要分析渠道流量在到达着陆页之后的"访问"行为是否具有特定的集中性，例如：大量行为流集中在某几个路径上访问，但这些路径明显与网站整体用户行为流不一致。

同时，可以基于集中路径的页面间的关系，分析行为流是否与网站设计和引导一致。例如路径 M→A→B→C，其中 M 是一个着陆页且带有对 A 的链接导流，但是 B 和

C 页面却没有这样的链接关系，因此无法形成 A→B、B→C 的导流方式。如果出现较多的此类模式（即无法复原的 A→B、B→C），则说明异常情况较为明显。

### 7.5.6　通过业务投放与实际数据差异辨别虚假流量

营销投放都会通过 URL 标记的方式将投放渠道的详细信息标记出来，假如得到的实际投放数据与业务投放不一致，则说明虚假流量的可能性较高。

- 在小米商品投放的流量，来源设备大概率是小米，而不会集中在华为。
- 在一个弹窗类媒介上投放的广告，其引荐来源的 URL 应该为空，而不会带有域名信息。
- 在营销媒介上投放的是 20~30 岁的人群，在网站分析工具的人群属性报告（例如 Google Analytics 中的受众群体-受众特征-年龄）中的年龄分布也应该与之一致，而不能偏差到 50 岁以上的中年人。同样的，性别、喜好兴趣等人群属性也是如此。
- 在渠道中如果定向是中国东南区域的相关省份，那么网站分析工具的渠道地域分布就不应该集中在东北、华北、华东等。
- 如果投放的设备类型是移动端，那么网站分析工具的来源设备就不能集中在电脑端。

### 7.5.7　通过数据的质量辨别虚假流量

在正常的数据采集中，不同行为间往往存在依赖关系，如果后续产生了某些行为，但是并没有产生对应的依赖数据，则说明流量不是通过正常的访问产生。同时，特定的数据在采集时会遵循一定规则，如果规则与采集到的数据不一致，也说明流量可能有问题。例如：

- 用户到达结算页之前必须经过加入购物车或我的购物车，无法通过其他页面直接进入；
- 用户在手机 App 上到达活动页之前，没有发生启动页加载，即没有启动页信息；
- 网站分析工具的 CookieID 是一个 32 位数字组成的字符串，如果发现某渠道的 CookieID 由大量的字母组成，则说明该 ID 不是网站分析工具生成，其来源可能有问题。

基于数据质量的辨别方法，需要读者对于数据的产生规则具有比较完整的认知，包括对技术规则和业务规则的双向了解。这些信息只有企业内部人员才完整知晓，外部渠道的作弊流量无法完全模仿出来。

## 7.5.8 通过页面热力图辨别虚假流量

页面热力图能够显示用户在页面上的互动。对于正常用户来说，只需要"看到"并通过交互点击对应的按钮即可完成目标动作；但是对于程序来说，由于无法"看到"元素，可能存在规则性点击的情况，因此会出现比较异常的点击热力图分析结果，如图 7-25 所示。

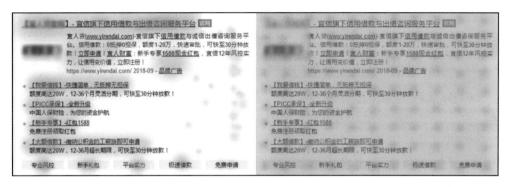

图 7-25　两种热力图结果

如图 7-25 所示，左侧为正常用户的点击分布，整体点击与页面内容分布较为一致，尤其是具有明显标记的文字和链接处的点击集中趋势；右侧的点击分布则相对均匀，没有明显的集中趋势。这说明右侧的图形大概率不是正常人为点击产生，而是通过特定的程序刷出来的。

## 7.5.9 通过长期价值指标辨别虚假流量

在 6.5.6 节提到过如何通过留存发现作弊问题，这里不再赘述，有兴趣的读者可查看相应内容。

除了留存外，还可以使用渠道带来的用户的生命周期价值来评估渠道质量。通常情况下，每个渠道带来的用户如果是长期可持续产生价值的，那么可以通过预测其生命周期价值、生命周期转化率以及剩余生命周期价值的方式来估计渠道质量。如果渠道带来的用户生命周期非常短，或者转化率非常差（无转化或者转化差），那么需要特别注意这类渠道。

## 7.5.10　知识拓展：通过机器学习方法辨别虚假流量

在之前的虚假流量辨别中，主要使用的是统计分析或可视化方法，再结合渠道细分进行分析。除此以外，还可以通过机器学习方法辨别虚假流量。根据是否带有虚假流量标记可以将方法分为异常检测和分类识别两类。

#### 1. 异常检测

异常检测是针对整体样本中的异常数据进行分析和挖掘以找到其中的异常个案的方法。根据检测方法的不同，分为基于统计的异常检测方法（如基于泊松分布、正态分布等分布规律找到异常分布点）、基于距离的异常检测方法（如基于 K 均值找到离所有分类最远的点）、基于密度的异常检测方法（LOF 就是用于识别基于密度的局部异常值的算法）、基于偏移的异常检测方法等。

基于距离的异常检测方法不需要用户拥有任何领域的先验知识，具有比较直观的识别意义，且算法比较容易理解，因此在实际中应用得比较多。例如，基于 K-Means 的聚类可以将离中心点最远的类的数据点提取出来，然后将其定义为异常值，原因是这些异常点与其他的任何群体都比较远，即比较不相似。

#### 2. 分类识别

如果企业中存在已经标记了的异常流量，即将部分流量标记为正常和异常，可使用分类模型对带有标记的流量做训练，然后预测新的渠道流量为虚假流量的概率，并根据概率的高低来评估异常程度的大小。常见的分类模型包括树模型（包括单一树模型和集成树模型）、神经网络、逻辑回归等。

通过机器学习方法，可以将所有业务经验分析的特征都放到模型中，模型可以基于所有的特征"综合评估"每个渠道流量的异常情况，因此是一个自动化、智能化的应用方式。

## 7.6 数据使用注意

专题性研究与分析更侧重于对完整数据规律的把握，其中会涉及数据模型、更多的数据结论和问题探索、多次数据应用闭环以及数据质量校验的问题。本节介绍有关这些内容的注意事项。

### 7.6.1 模型准确度并非高于一切，不能忽略业务落地性

专题性分析大多都会用到数据算法和模型。很多数据工作者会执迷于如何提升模型的准确度，这种优化方向自然没有错，但问题在于不能认为模型准确度高于一切，而忽略了业务落地性问题。

模型的准确度仅仅是保障数据有效落地的一个前置条件，但并不意味着模型准确度高就一定能有效落地。在面向业务落地的专题研究中，分析过程和结论必须让业务方可理解、可接受且容易实施，还要考虑到实施的成本、时间等限制因素。

## 7.6.2 不能通过一次专题分析解决所有问题

随着专题分析的深入可能会发现越来越多的问题点，理想情况下应该把所有问题都在一次专题报告中解释清楚。这种初衷是好的，并且我们也鼓励数据工作者具有深入挖掘和不断探索的精神。

但是，企业中对每次专题分析的时间、资源投入、预期产出等方面都有相对明确的边界要求，如果每次把其他"额外"的分析话题点都纳入一次专题分析中，会带来如下问题。

- 没有解决核心问题。由于可分析的问题点太多，可能对于核心目标问题的挖掘深度和广度不够，导致核心问题没有得到解决。
- 耗时长。可能原来预计需要1周的专题分析要拖到2周甚至1个月，消耗大量的时间。
- 其他项目的冲突。每个数据运营工作者的工作内容都有"排期"，即什么时间做什么事情并交付什么。如果在一次专题分析上耗费了大量的时间，会导致后续其他项目的资源投入受影响，除了可能导致无法按期完成外，还可能降低其交付质量。
- 过长的报告可读性较差。如果一份报告较长（例如几十甚至上百页），那么很少有人愿意花费大量的时间从头到尾完整读完，因此很多内容无法真正触达目标受众，也就无法产生影响。即使通过讲解的方式沟通，也会由于过长的汇报时间导致内容接受程度较低。

企业中的数据运营人员不是"自由职业者"，不能随意将自己的资源安排游离于总体项目计划之外。当有新的问题点产生时，可以在专题报告中单独列出，并与目标人员沟通；如果大家（业务、数据和部门领导）认为有价值，则可以作为后续主题分析的切入点。

## 7.6.3 专题分析并非是一次性的

数据运营的过程是"闭环"的，包括从采集、分析、挖掘、应用的完整执行链路。但该闭环往往不是只重复一次，而是可能需要经过多轮闭环的总结、归纳和优化，才有可能得到正确的应用建议。

通常，每类专题分析都至少要经过3次迭代才有可能沉淀出正确的结论。第一次专题分析为探索性分析，第二次分析为优化或改进性分析，第三次分析为验证性分析。如果三次分析都按照既定目标顺利达成预期才有可能结束该专题，否则将继续进行迭代优化。

### 7.6.4 重视数据过程，也要重视数据校验

当数据运营工作者拿到数据后，很可能会迫不及待地开始数据工作。在后续工作过程中，他会花费大量的时间在中间数据处理、分析和建模过程，然后期望得到符合预期的数据结论。

实际上，在拿到数据后的第一件事情应该是做数据质量校验，分析数据能否满足后续使用需求，否则将可能导致"垃圾进、垃圾出"的问题。主要校验环节如下所示。

- 样本规模。样本量太少一定得不到令人信服的结论，因为会受到偶然性因素的影响。
- 数据新鲜度。确定数据是什么时候产生的，一般而言，越近的数据越具有分析意义。
- 数据质量。包括数据缺失值、重复值和异常值分布，每个样本、特征中值域分布规律如何，各个特征的规律是否一致等。
- 数据完整度。判断数据能否完整反映事实规则。例如数据的范围、来源系统、数据成分和结构等都要尽量完整。以渠道分析为例，如果只有 Google Analytics 数据，则只能分析其带来的效果数据；如果增加 CRM 的数据，可以把注册或登录用户的属性、特征集成起来；如果增加订单或销售数据，则可以把订单状态、收发货、支付等特征集成起来。通过更多的维度能够从更完整的视角分析渠道。

### 7.6.5 模型并非万能

毫无疑问，算法或模型能够发掘很多通过简单分析难以发现的深层规律，但这并不意味着模型就是万能的。在面向业务分析的场景中，无论模型还是简单方法，只要能达到分析预期就是好的方法，因此不能单纯迷信算法，更不能认为算法一定比普通方法好。

通常，简单分析方法与模型互为补充，每种方法和模型都有其适用的场景。能够根据不同的方法或模型，在适当的场景选择最合适的算法是"最好"的。不存在能解决所有问题的算法，但存在能解决所有问题的"人"。因此提升数据工作者自身的业务能力、知识水平和工程能力，才是解决问题的关键。

## 7.7 本章小结

**内容小结**：本章介绍的专题性分析内容，是在基本统计分析基础上实现的。由于专题分析使用更广泛范围内的数据以及丰富的算法或方法，因此可以发现单次营销活动中

无法获得的规律。

**重点知识**：本章重点内容是7.1节、7.2节、7.3节和7.5节。

**外部参考**：7.2节中渠道效果影响因素研究的核心是机器学习模型的可解释性，除了本章介绍的特征重要性、Shapley Value外，还包括很多解释方法，例如部分依赖图（Partial Dependence Plot，PDP）、个体条件期望图（Individual Conditional Expectation，ICE）、特征交互、替代模型、局部可理解的与模型无关的解释（Local Interpretable Model-agnostic Explanation，LIME）、作用域规则（Scoped Rule（Anchors））、深度提升（DeepLIFT）、逐层相关性传播（LRP）、排列特征重要性（Permutation Feature Importance）等，感兴趣的读者可以进一步了解。

本书使用了很多数据算法和模型，大量引用了Scikit-Learn库，关于该库的更多介绍可参见 https://scikit-learn.org/。

**应用实践**：有效的专题性分析结论的产出，除了需要具有数据、方法外，还需要数据工作者自身视野和能力的培养。这些能力不是一份报告、一个培训就能掌握的，而是需要沉住气，在日常工作中磨炼出来。"一万小时定律"是职业能力提升的必要过程。

# 第 8 章

# 流量运营的监控与效果复盘

数据监控与效果复盘是保证流量运营活动有效性的必要方式。监控能够快速发现问题，复盘能够梳理问题并总结经验，为后续运营活动提供更好的参考。本章将介绍流量日常监控、流量运营复盘和撰写分析报告三部分内容。

## 8.1 流量日常监控

流量日常监控是通过对数据的持续跟踪来了解数据是否异常、发现问题的一种方式。监控的意义在于发现问题，而分析和解决问题主要需要通过第 6 章和第 7 章的内容实现。本节将介绍自动化监控的实现以及自动告警的相关知识。

### 8.1.1 流量日常监控概述

根据数据时效性可以将监控分为实时监控和非实时监控两类。实时监控主要是对大型活动的监控，例如双 11、618 等电商大促一般都需要实时监控流量情况。非实时监控一般是周期性的监控，例如每小时、每日、每周、每月监控等，适用于常规性的营销活动场景。

监控指标的选择与营销活动的目标相关，不同场景下的监控指标应该是不一样的。例如以带流量为主的营销活动的监控指标应该选择 UV、会话数等；以拉新为主的营销活动的监控指标应该选择新访问占比、新注册占比等；以交易转化为主的营销活动的监控指标应该选择交易转化率、漏斗转化率、目标转化率等。

大多数情况下，普通"人"无法做到（也不应该）7×24 的持续监控，因此需要特定的工具或系统配合实现。数据分析师或业务运营人员只需要设置监控规则，系统便能自动发现异常，并在出现异常时及时告知目标人员。

### 8.1.2 如何实现自动化监控

自动化监控需要一定的工程化，但该过程并不复杂，具备一定的程序基础即可完成。自动化监控的主要实施流程如下所示。

**第一步　定义数据标准**

数据标准是数据异常与否的参考标准。关于如何定义数据标准，请参考 6.1.2 节。通常情况下，数据标准参考值都会存在数据库中（例如 MySQL），在不间断的监控中，系统只需要从数据库中读取标准参考值即可。

**第二步　获取监控数据**

监控数据的获取依赖于流量数据源，主要包括数据 API、数据库、流式日志三种。

- 数据 API：这是标准数据接口方式，很多网站分析工具以及企业内部的数据服务都提供这项基础功能。例如从 Google Analytics 的 Reporting API 中可以获取汇总级别的流量数据。这种方式适用于非实时的监控数据，例如日、小时级别的监控。
- 数据库：很多网站分析工具以及企业自建工具都可以提供数据库权限，直接从数据库中读取数据（包括原始数据和汇总数据）。这种方式适用于非实时或准实时的监控数据，例如小时、分钟级别的监控。
- 流式日志：这是一种直接从原始日志中实时读取流量数据的方法，但是往往需要一定的解析和预处理才能得到监控数据。这种方式适用于实时预警，例如秒、分钟级别的监控。

**第三步　监控计算**

监控计算的核心是将第二步得到的原始数据与第一步的数据标准做比较，具体方法可参考 6.1.3 节。在判断逻辑中，也可以考虑选择多种数据对比方法，通过多个方面之间的"或""且"的逻辑关系来综合判断异常情况。例如同时使用 A、B、C 三种对比规则，当触发任意两种规则时，触发异常告警。

### 8.1.3 监控结果的信息告警

当监控到异常情况后，主动并及时告知业务或数据人员是监控的落地点。常用的告警方式包括 E-mail、短信、微信、钉钉等，其中微信和钉钉几乎已经成为实时消息沟通的必要媒介，在信息告警的及时性上更胜一筹。

为了更好地帮助数据和业务人员排查问题，当发现异常问题后，还可以增加针对异常情况的解释、分析或者探索过程，并将该过程自动展示出来。下面以笔者所在公司给客户提供的一个自动化告警的结果展示部分为例介绍信息告警的相关内容。

图 8-1 是监控中的预警摘要部分，该内容显示了预警结果以及影响全局的主要因素。收件人只需要阅读该内容就能掌握核心信息：发生了什么问题、有多严重、主要影响因素及其影响权重。

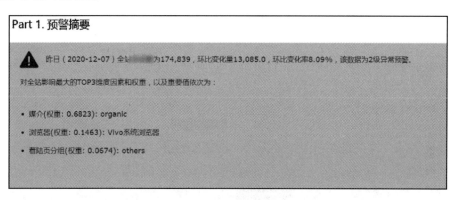

图 8-1　预警摘要

图 8-2 是根据预警结果，通过自动分析规则得到的影响异常变化的主要因子及其变化情况。按照影响因素的重要性层层分解，通过纵向变化贡献和横向环比变化两个角度综合给出参考数据依据。

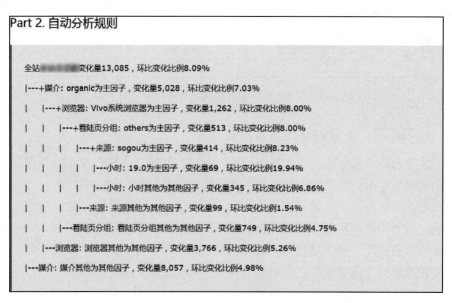

图 8-2　自动分析规则

图 8-3 是根据自动分析规则，得到的自动分析树形图。该图展示了自动分析规则的推导逻辑，并且以二叉树的方式展示了如何通过细分将异常变化的主要因素推导出来。

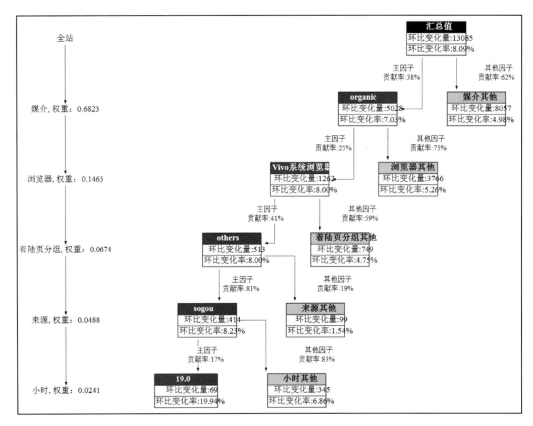

图 8-3 自动分析树形图

## 8.1.4 知识拓展：流量的外部竞争监控

针对企业内部的数据监控是常规性做法，此外，还可以实施针对企业外部的竞争监控。由于企业通常无法拿到竞争对手的详细数据，因此只能监控有限情报。

- 市场声量监控。例如通过百度指数、搜狗搜索、微信指数、淘宝指数、头条指数、微博指数等实现对市场声量、媒体声量、用户声量的监控。
- 流量覆盖监控。例如通过 Alexa、艾瑞、SimilarWeb、Compete 等第三方监测工具监控竞争对手流量变化、趋势和总体市场流量覆盖。
- 投放渠道监控。通过购买市场第三方调研公司的结果，监控竞争对手在特定时间周期内投放的媒体、频次、预算规模（预估）、排期、素材等。

企业通过竞争监控可以实现"知己知彼"，再结合后续深入分析可以实现"百战百胜"。
- 投放策略分析。费用策略、媒体组合策略、市场目标和人群策略等。
- 营销执行分析。媒体选择、投放排期、预算分配、投放节奏、素材设计、内容选择等。
- 最新渠道投放可行性分析。挖掘企业没有尝试过但竞争对手正在投放的渠道,扩大企业渠道策略的覆盖范围。
- 宏观投放渠道价值分析。分析整个营销市场渠道的发展变化规律,把握不同类型渠道的兴衰趋势,及时捕获并利用新技术、新渠道来获得早期市场红利。

## 8.2 流量复盘

流量复盘是对流量运营活动的回顾和总结,是积累经验、改进问题的必要方式。本节将介绍流量复盘的参与部门、基本流程和主要内容。

### 8.2.1 流量复盘概述

流量复盘场景可按照不同的逻辑细分。按照时间粒度可细分为每日、每周、月度复盘等;按照营销活动可细分为618大促复盘、双11复盘等;按照大型项目的实施周期可细分为不同阶段或里程碑的复盘等。

流量复盘的核心是以数据结果为出发点,通过总结策略阶段、实施阶段的所有过程来找到问题点,并为后续的优化和改进提供参考。

### 8.2.2 流量复盘的参与部门

在流量复盘过程中,根据运营活动的不同,可能涉及的相关部门包括营销部门、数据部门、网站运营部门、IT部门四类。
- 营销部门:这是流量复盘的核心部门,所有的流量都由其产生。
- 数据部门:这是复盘的主要依据部门,涉及的相关职能包括埋码采集、数据分析、数据挖掘、数据运营等。
- 网站运营部门:这是重要的参与部门,流量到达网站之后的转化情况主要受网站运营活动的影响。涉及的相关职能包括围绕网站(包括Web站、App、H5、移动站、微信小程序等)的网站运营、活动运营、商品运营、资源位运营等。
- IT部门:当涉及与IT相关的事项时,可邀请对应的职能部门参加,例如IT基础运维、前端产品设计、用户体验等。

在流量复盘的过程中,各参与部门的角色是不同的。同时,为了提高复盘效率和效果，各部门都需要提前准备相关物料，具体如表 8-1 所示。

复盘可以由营销部门或数据部门发起：数据部门发起的好处是可以基于数据分析报告的反馈结果来引导复盘过程并逐步剖析问题，业务部门发起的好处是可以从业务的视角按照业务流程进行流量复盘，分别对应了从数据到业务、从业务到数据的复盘思路。

表 8-1 复盘各部门角色及物料准备

| 部门 | 角色 | 准备物料 |
| --- | --- | --- |
| 营销部门 | 发起方/核心参与方 | 营销计划和排期、投放实施和执行细节总结 |
| 数据部门 | 发起方/核心参与方 | 营销活动总体、不同流程、不同环节的数据反馈，需要单独统计不同部门的 KPI 完成情况；同时需要有整体的流量效果评估报告 |
| 网站运营部门 | 核心参与方 | 着陆页设计和实际执行方案，网站运营各项活动策划和实施方案以及总结 |
| IT 部门 | 参与方 [按需] | 无特别要求 |

### 8.2.3 流量复盘的基本流程

复盘的基本流程：复盘目标、评估结果、分析原因、总结经验。

#### 1. 复盘目标

营销目标在营销策划阶段就已经确认，并直接与 KPI 和绩效挂钩，包括营销整体目标、各渠道细分目标、阶段性或周期性目标三类。是否达成目标是衡量营销活动成功与否的最主要标准。

#### 2. 评估结果

通过结果数据与目标数据的对比评估目标达成情况，可能包括三种结果：基本达成目标（几乎完全一致，允许一定的浮动范围）、未达成目标（离目标还有较大差距）和超过目标（远远超过目标）。未达成目标和超过目标是后续分析的重点方向。对于未达成目标的，需要重点总结教训；对于超过目标的，需要重点总结经验。

#### 3. 分析原因

分析原因是整个复盘过程的核心，包括分析策略和分析执行过程两个环节。策略决定执行的方向，如果方向有问题，无论执行如何优秀都很难达到预期。在分析执行过程时，按照执行阶段分别总结实施结果，并基于实施结果来反推业务执行中的优劣得失，二者（数据和业务）配合找到问题。

当面对有问题的环节时，成因可能包括主导性因素和辅助性因素两类。主导性因素是指能产生全局性且占有绝对"贡献"的影响因素，例如网站服务器宕机导致转化目标没有达成。辅助性因素指很多因素需要共同对"问题"负责，但不同因素需要负责的权重是不同的，例如转化率低可能是由站外流量、着陆页设计、网站内部流程等问题导致。

作为数据部门，需要在复盘之前"量化"不同业务部门应该对最终目标达成（或者不达成）的"贡献"权重，否则，当面对较大问题时，几乎所有业务部门都会"推诿"。量化各自的问题影响权重更利于所有部门明确自身问题的影响力，进而聚焦问题、剖析问题。

**4. 总结经验**

总结经验是整个复盘流程中最有价值的部分。总结经验需要将复盘中大家公认的有价值的内容以书面文档的方式总结下来，同时，需要不同部门根据自身业务情况来规划落地情况。书面材料中需要包括三类内容。

- 继续保持的经验：对于目标达成有积极贡献的经验。
- 改进或优化的经验：对于目标达成不利的经验，或者失败的业务尝试。
- 新的尝试或动作：基于经验的推演和头脑风暴，引发新的业务尝试或联想计划。

### 8.2.4 流量复盘的主要内容

流量复盘的主要内容包括计划、执行和结果三个方面。

**1. 复盘计划**

复盘计划包括如下内容。

- 不同层次的目标定义是否达成（包括是否达成以及目标完成度）、在哪些阶段或环节未完成目标导致了总体目标没有达成（需要明确哪些渠道、哪些流程出现问题）。
- 目标定义是否合理（例如细分渠道的KPI定义是否超过渠道自身能力、是否受到外部不可控因素影响）、如何更好地定义目标（包括整体目标、细分目标、分阶段目标）。

**2. 复盘执行**

复盘执行包括如下内容。

- 计划方案和实施方案往往不能完全一致，需要总结已实施和未实施的内容是什么，保证相关人员的信息一致性。
- 哪些因素导致策略不能有效实施，例如错误的业务认知、数据方给出了错误的建议、企业内部情况改变、外部不可控因素等。
- 策略实施的效果如何，例如渠道组合策略在数据中是否达成组合效果等。

### 3. 复盘结果

复盘结果包括如下内容。

- 执行流畅度：执行过程是否流畅，哪些环节出现了问题而影响计划后续推进。
- 媒体可控性：包括时间控制、放量能力控制、转化能力控制、配合企业营销活动的能力等。
- 媒体沟通周期：在与大型媒体合作时经常遇到，包括媒体谈判、确立合作、上架素材、媒体测试、正式投放各个阶段的周期、内外部衔接、制度和流程、时间安排等。
- 成本与产出：对 KPI 影响较大的因素的剖析，例如出价、广告质量、着陆页质量等。
- 人群覆盖与定向匹配：媒体的人群覆盖和定向匹配能力，主要分析人群的质和量两个方面。
- 表现和传播模式：媒体投放的周期和时间段、广告形式、素材类型、动态和静态图、文案设计、重定向模式、广告诉求、主推内容、覆盖频次等。
- 作弊流量：哪些地域、时间段、设备、来源渠道等带来的流量作弊情况比较明显。
- 工具支持：有哪些营销工具或数据工具在投放支持上有问题，例如数据反馈不及时、投放操作有问题、核心数据指标不一致等。
- 物料制作、测试与上线：与物料制作、测试和上线相关的内、外部资源在营销活动中的项目资源、时间排期、交付质量上的分析。
- 网站功能和体验：用户到达网站后，是否存在一些严重影响用户转化的因素（例如页面加载时间、关键功能可用性、设备兼容性和适配性等）、影响程度、数据依据等。
- 其他跨部门资源协调：涉及多个部门（例如虚拟小组）的协同工作问题，当营销活动越大时，涉及的相关外部部门越多，跨部门的协调和沟通就越重要。

## 8.2.5　知识拓展：有效复盘的重要支撑——执行过程的数字化

复盘的依据是数据。除了执行结果可以直接通过数据工具获取外，前期的业务策划和执行过程也要尽量数据化。这种数据化有两种记录方式。

### 1. 文档类型的数字化

几乎所有的策划案或执行过程都应该保存到特定模板的文档中，而不应该在纸上，甚至在业务人员的脑子里。常见载体包括 Office 文档（Word、Excel、PPT 等）、思维导图（MindManager、Xmind 等）。在后续分析时，通过人工整理和匹配数据结果与文档的内容进行数据分析和复盘。

#### 2. 系统类型的数字化

这种记录方式需要特定系统工具的支持。例如，在营销系统中记录不同阶段上、下架的素材信息数据，可以与投放 URL 标记的结果关联起来，用来分析不同素材的替换对广告结果的影响。如果有其他可扩展的素材信息，例如尺寸、格式、卖点、主推内容、颜色主体等，还能有更多分析场景，例如不同尺寸、颜色、内容对点击率的影响分析，用户喜好的卖点分析等。

综合来看，所有企业在制度和规范的约束下都能实现第一种数字化记录方式，而第二种方式则需要特定系统工具的支持，对于企业的数据化运营有更高要求。

## 8.3 撰写分析报告

分析报告是数据价值的主要载体之一，一份优秀的报告对于数据结论的推广、分析过程的展示、数据规律的解释有重要意义。本节介绍有关分析报告撰写时，在报告对象、报告类型上的内容侧重点，以及影响分析报告满意度的主要因素。

### 8.3.1 分析报告概述

对于数据分析师来说，写分析报告是一项必备技能。主要包括以下几种类型。
- ❑ 按时间频率：小时报、日报、周报、月报、季报、半年报、年报。
- ❑ 按业务体系：营销总体报告、细分渠道报告。
- ❑ 按活动性质：常规投放总结报告、大型活动分析报告。
- ❑ 按内容深度：日常性报告、专题性报告。

### 8.3.2 不同报告对象的内容侧重点

分析报告按照对象的层级，可以分为执行层报告、管理层报告和决策层报告。
- ❑ 执行层报告面向专员级别，主要负责具体执行。
- ❑ 管理层报告面向带有管理性质的角色，例如经理、副经理等。
- ❑ 决策层报告面向具有决策能力的角色，包括部门总监、副总监、CMO、副总裁等。

面对同一个分析主题，不同层级的对象对报告内容的需求差异很大。
- ❑ 执行层报告，侧重于对具体事务性工作的分析，内容侧重于实施管理。例如投放周期、投放时间、广告形式、素材类型、文案、人群选择、广告卖点、推广内容、曝光频次等。

- 管理层报告，侧重于对所负责范围内的渠道做汇总性的分析，以及对整个实施流程、关键节点、里程碑、资源统筹与局部效果的跟踪和管理，属于战术管理。例如渠道效果汇总、新渠道效果分析、媒体对接效果、内部渠道组合应用、广告成本和效果跟进等。
- 决策层报告，侧重于企业整体层面的评估，以及企业资源协调、竞争分析、行业应用等，属于战略管理。例如市场费用投入和产出、跨部门资源协同和搭配、对公司短期和长期影响、对用户销售等不同部门的拉升、行业内效果横向对比、市场覆盖与竞争优劣势等。

通过一份报告无法满足不同角色的差异性需求，理想情况下需要针对不同层级的人分别撰写分析报告。

### 8.3.3 不同类型报告的内容侧重点

不同类型报告的内容侧重点不同。按业务体系划分、按活动性质划分和按内容深度划分的报告的内容侧重点比较容易把握。比较难以区分内容侧重点的是按时间范围划分的报告。按照时间范围可划分为短期报告、中期报告和长期报告三类。

- 短期报告：包括小时报和日报。这类报告的特点是时间周期短，无法得出深度结论，适用于单次效果评估与短期影响总结。另外，由于时间周期短，能掌握更细粒度的数据分布，也适合发现短期异常现象。
- 中期报告：包括周报和月报。这类报告已经具备一定的数据积累，可以得到较明显的数据规律。大多数营销渠道在中期报告中就能得到有效的评估结论。适用于渠道效果评估和定性、效果差异性分析与异常总结。
- 长期报告：包括季报、半年报和年报。这类报告能从较长周期分析数据，可以发现企业运营的长期规律，适合配合企业的整体经营管理的步伐进行总结。例如企业可以基于长期报告的数据进行年度计划和资源统筹规划。

因此，针对不同时间频率的报告不是做简单的数据累加，而是需要综合报告的时间周期特性来分析问题。同时，不同角色的人对于报告时间周期的依赖程度的差异也很大，具体需求关系如表8-2所示。

表8-2 不同报告对象的层级与报告时间粒度的依赖

| | 短期报告 | 中期报告 | 长期报告 |
| --- | --- | --- | --- |
| 执行层 | ●●● | ●● | ● |
| 管理层 | ●●● | ●●● | ●● |
| 决策层 | ● | ●●● | ●●● |

注：●越多代表依赖程度越高。

### 8.3.4 影响分析报告满意度的因素

很多时候，数据分析师耗费了大量时间来写分析报告，但满意度却很低，主要原因如下。

#### 1. 没有弄清楚报告对象的需求是什么

没有满足报告对象的需求是报告满意度低的最主要因素。弄清楚报告需求是写报告的起点，也是难点，方向错了后续无论怎么写都无法让人满意。了解需求的简单方法是沟通，但当报告对象是管理层和决策层时可能没有沟通机会；即使有沟通机会，他们所表达的也不一定100%是他们的真实想法。

#### 2. 错误的结论或推导过程

结论是分析报告的点睛之笔。如果结论错误，那么分析过程毫无意义。错误的结论可能是与实际业务规则不一致的结论，也可能是通过分析过程推导出来的结论（即因果关系不成立）。例如，渠道的着陆页跳出率高就认为是着陆页设计有问题（没有考虑流量质量的问题）；晚上12点之后用户的活跃度较高（与正常用户的活跃度时间不一致）。

#### 3. 专业能力不过关

数据分析师对于数据的采集、加工、处理以及分析过程都要非常熟悉，他们对分析方法的原理、逻辑的解释和理解直接关系到结论的产出。很多人由于自己对分析过程一知半解，导致在被报告对象追问了几个问题后，出现手忙脚乱甚至无法解释的情况。基于对专业能力的怀疑，满意度低是必然的（自己搞不明白的东西，也很难给别人讲明白）。

#### 4. 没有建议

如果整份分析报告内容完整、推导严谨、结论正确，并且目标对象也都听懂了，一般都会被追问一句"然后呢"——这句话的潜台词是你（分析师）建议我（目标对象）应该怎么办？如果分析报告没有行动建议，其实并没有什么实际价值。这也是分析报告最常见的问题之一。

#### 5. 信息表达不恰当

不同知识背景的人对同一事物的理解不一样，有效信息传达的一个前提是内容传达者和接受者处于相同的表达层次上。说得更直白点就是，要讲报告对象能听懂的话，不要为了彰显专业性而到处使用专业术语，更不要随便使用自己创造的词汇。

#### 6. 有分析无结论

分析报告需要包括结论和论证过程，论证过程是占篇幅最大的模块。很多分析报告过于追求完整、细致的论证过程，但缺少数据结论，导致报告看起来信息量很大，却不知道想要表达的中心思想是什么。

### 8.3.5 知识拓展：分析报告的立场问题

通常，数据分析报告应该是中立的，即不会偏向于特定的业务主体。但在企业中，分析报告的撰写主体是人，人都是有立场的；分析报告对谁有利，主要看写分析报告的人隶属于哪个业务主体。

数据都会在一定程度上有意无意地偏向于其所在的业务主体，所以不必过于关注分析报告的立场问题。但是，分析报告不能毫无底线，更不能用来做业务体利益纷争的工具。

数据分析师经常会遇到部门利益与数据公正性冲突的情况。以营销部门的分析师为例，例如通过数据发现渠道内存在较为明显的虚假流量，在报告中是否需要说明？如果说明，业务负责人可能会被问责；如果不说明，分析师的公正性就会动摇。长此以往，会有越来越少的人愿意相信数据的客观性，甚至数据部门有被裁撤的可能。

如何处理这个"矛盾"？在笔者看来，无论数据分析师处于何种部门和利益范围内，都不能做颠倒黑白、指鹿为马的事情。以上面的虚假流量情况为例，笔者建议按照如下步骤执行。

1）虚假流量问题的确认需要慎之又慎。大批量虚假流量的背后很可能会有相应的灰产交易，这不仅是企业内部管理的问题，更可能是触犯法律的问题。因此分析师必须做尽量多角度的交叉验证和综合判断后才能下结论，千万不可武断。

2）优先汇报给直属领导。在具备了充足"证据"的情况下，可以先与自己的直属领导沟通并听取他的建议。毕竟如果分析师出现问题，直属领导也要被问责，所以他有权利、也有义务优先知晓和处理此事。

3）与业务负责人沟通。假如虚假流量的情况比较严重，有必要告知对应的业务负责人，并详细地展示分析和论证过程；同时，听取业务负责人对该问题的看法。其中可能存在业务计划性操作或失误导致的问题，也可能存在由于信息不对称而产生的误解。

4）假如排查了所有可能性，并且业务负责人也对数据结果没有异议，后面就是如何在数据报告中体现的问题。

- ❏ 首先，如果这是一个影响全局的问题，在分析报告中必须指出，否则分析报告无法进行下去（如果出现异常，领导一般都会追问为什么）。
- ❏ 其次，根据报告的类型、对象、职位等级等，考虑表达方式和分析尺寸，达到让报告对象发现问题、理解问题即可，千万不能过度渲染该问题的严重性（把握好尺度是核心）。
- ❏ 最后，把注意力引导到如何改进和提升上，而不是专注于虚假流量本身，这也是每次分析报告的亮点。

>  注意
> 上述几个步骤适用于业务影响在一定范围内的场景,但是,如果营销活动涉及面广、恶劣影响范围大,甚至企业中的监察和管理部门都参与进来时,数据部门需要公正、客观地展示数据过程。

## 8.4 数据使用注意

本节介绍关于数据监控和复盘中的数据使用注意事项,包括数据分析师并非只是写报告、不能使用"我觉得"代替数据论证、数据分析不能过分依赖于数据工具、数据分析不能速成。

### 8.4.1 数据分析师并非只是写报告

报告是数据分析师价值产出的主要方式,也是企业做 KPI 评估时的常用指标。

从企业人力资源的角度看,数据分析师的价值是通过数据洞察为企业决策提供支持,甚至驱动业务优化和执行。写报告仅仅是价值产出的一种承载载体,但不是唯一载体,更不是价值的全部。报告本身没有价值,洞察和建议才有价值。

因此,数据分析师真正需要磨练的是数据分析、洞察和建议的能力,而不是写报告的能力。

### 8.4.2 不能使用"我觉得"代替数据论证

数据运营岗的特点是用数据说话,因此在大多数场景中,都应该使用"通过数据分析发现"来开启话题。但很多人却习惯性地使用"我觉得"(从个人主观经验出发),这是一种错误的思维方式。

在实际的数据分析中,也会存在部分基于数据的主观结论,例如基于页面热力图的点击分布,就可以从主观的视角来总结规律,这种主观是基于客观数据反映出来的。另外一种场景是用户体验类分析报告,除了使用数据来探索过程外,也会参考分析师个人的主观感受,以及竞争对手的体验情况,来综合给出建议。除此以外的其他场景,基本不会从纯主观的角度来分析问题。

### 8.4.3 数据分析不能过分依赖数据工具

现在的很多数据分析工具(包括网站分析工具、商业智能工具、报表工具、OLAP 工具等)都具有较强的分析和决策支持能力,一般都能提供较强的数据报表以及图形展示能力。这让很多人以为只要从工具拉报告就能做分析师。

数据分析的主体是人，数据工具只是帮助人来提高效率的一种方式。即使没有现成的数据分析工具，只要具有一定的数据分析思维和能力之后，也能很容易地获取分析结论。因此，工具本身不重要，也不是有了工具就能做数据分析。

### 8.4.4 数据分析不能速成

在互联网时代，由于学习资源公开、透明以及可触达性，使得所有人都有机会快速学习到行业成熟经验，因此，会给人一种可以速成的感觉。这种"快速"学习的方式其实是一种"捷径"，而不是一种"速成"。例如，你大概率不会相信一个只学习了1个月的专业课程的分析师会有多么专业。

现在市场上的培训、课程等的最大价值是能够帮助初学者快速跨过从0到1的认知，由于场景化程度不够，看似广泛的知识点，在真正学习和理解起来与企业实际情况相差很远。即使能够学到完整、丰富且先进的知识和经验，学习者也会因为自己没有适当的环境而无法理解，或者即使理解也不会去实践，直到自己遇到（通常是受挫）后才会有深刻体会。

所以数据化运营类的岗位，需要从业者踏踏实实沉下心来，专业钻研业务知识和专业能力，努力提升软、硬方面的能力。如果天赋优于其他人，那么在成长路上会走得更快一些；否则就更需要时间的积累来实现从量变到质量的突破。

## 8.5 本章小结

**内容小结**：本章内容侧重于日常数据工作的监控、总结与回顾，这些都是基础性工作。这些内容对于技术、能力的要求不高，主要是在思想意识方面需要树立正确的观念。

**重点知识**：本章的重点内容是流量运营复盘和分析报告，这是数据价值产出以及提升的关键方式。

**外部参考**：关于复盘的更多内容，读者可以通过《复盘：对过去的事情做思维演练》这本书了解更多内容。

**应用实践**：数据监控、复盘和分析报告都没有适用于所有场景的标准化模板，但是都有一定的规则可循，只要日常多加思考和练习，很快就能具备一定的从业能力。

附录 A

# 电商流量运营数据参考

电商行业由于行业性质、企业发展阶段、促销活动等不同因素的影响,会呈现巨大的结果差异,这里提供面向国内业务、流量在百万级 UV 电商的基本指标供大家参考和使用。

1. 汇总数据

表 A-1 展示了电商站点在日均 UV 接近 100 万到 300 万之间浮动时全站的整体效果指标。

表 A-1 全站整体指标

| 日均 UV | UV 成本 | 转化率 | 每订单成本 | ROI |
|---|---|---|---|---|
| 百万量级 | 0.4~0.9 | 0.6%~1.4% | 80~150 | 20~30 |

2. 主要流量渠道数据

表 A-2 展示了电商站点主要流量渠道的效果指标,由于 MCN、会员渠道、社群渠道流量贡献有限,因此这里不展示。

表 A-2 细分渠道指标

| 渠道 | 日均 UV | UV 成本 | 转化率 | 每订单成本 | ROI |
|---|---|---|---|---|---|
| 信息流 | 30 万~50 万 | 0.5~1.3 | 0.8%~0.9% | 30~50 | 20~30 |
| SEM | 10 万~30 万 | 0.6~1.2 | 1.2%~1.5% | 20~40 | 30~50 |
| 硬广告 | 30 万~200 万 | 0.3~0.6 | 0.05%~0.09% | 300~500 | 2~5 |
| CPS 渠道 | 5 万~20 万 | 0.8~1.3 | 4.5%~5.8% | 10~20 | 70~90 |

附录 B

# Python安装和部署

笔者建议使用 Anaconda 实现 Python 环境的安装和部署，原因是 Anaconda 默认配置了 Python 基础环境以及常用的第三方包，读者只需根据自己需求安装少量第三方包即可。

## B.1 准备 Anaconda 环境

### 第一步 下载 Anaconda

到 https://www.anaconda.com/products/individual 下载对应系统的版本，笔者选择的是"64-Bit Graphical Installer（466 MB）"，即 64 位 Windows 版本，基于 Python3.8，如图 B-1 所示。

图 B-1 下载 Anaconda

 提示　请读者尽量在 Anaconda 官方源下载，在其他源或镜像中心下载可能会在安装时出现"Installer integrity check has failed"错误，导致无法安装。

## 第二步　安装 Anaconda

安装在电脑上下载好的"Anaconda3-2020.07-Windows-x86_64.exe",整个过程基本上就是一路点击 Agree 和 Next。

## 第三步　下载本书相关资源并解压

下载本书相关资源,并将压缩包解压到 C:\Users\Administrator,如图 B-2 所示。

图 B-2　下载并解压附录

## 第四步　打开 Python 环境并开始应用

点击图 B-3 中的①Jupyter Notebook(Anaconda3),系统会打开默认浏览器,并显示图②中的附录目录,点击该目录即可进入附件看到数据源文件和 Jupyter 文件。

图 B-3　打开 Jupyter Notebook

## B.2　安装 Python 第三方库

### 1. 安装自定义第三方库

点击图 B-3 中的③，在系统弹出的命令窗口中，使用 pip 或 conda 命令安装第三方库，基本命令方式是 pip install［库名］或 conda install［库名］，如图 B-4 所示，在明亮行中输入 pip install selenium 来安装 selenium 库。安装成功后，会出现 Successfully installed 字样提示。

图 B-4　安装第三方库

### 2. 安装本书第三方库

为了保证读者运营环境与笔者环境的一致性，笔者已经将本书涉及的自定义安装或升级的第三方库导出到文件 requirements.txt 中，读者可在上述命名行中输入如下命令批量安装第三方库，表示批量安装流量数据化运营_附件目录下的 requirements.txt 库：

```
pip install -r ./流量数据化运营_附件/requirements.txt
```

对于个别安装不成功的库，可使用 pip install 或 conda install 安装。另外，本书涉及 implicit 由于需要其他依赖，请使用 conda install -c conda-forge implicit==0.4.4 安装。

> 提示　理想情况下，建议读者下载新的 Anaconda 并全新安装；如果读者已经安装了 Python 环境，推荐新建虚拟项目来安装本书第三方库。

### 3. 重启 Jupyter 内核

通过命令行窗口安装新的第三方库后，需要在 Jupyter 中重启环境内核。具体方式为，进入任意一个 Jupyter Notebook 文件，在顶部的菜单栏点击 Restart，等待内核重启完成，如图 B-5 所示。

图 B-5　重启 Jupyter Notebook 内核

## B.3　Jupyter 交互环境简介

Jupyter Notebook（以下简称 Jupyter）是一个在线交互式 Web 应用服务，通过调用不同的内核程序，可支持运行 40 多种编程语言。在该环境中，可以实现编写、运行代码，查看输出、可视化数据并查看结果。对应到数据工作上，可实现一站式数据读取、预处理、统计分析、算法建模、结果可视化等。

### 1. Jupyter 功能区

如图 B-6 所示，Jupyter 包括 3 个功能区：①是主功能区，②是文件和目录功能区，③是文件和目录列表。

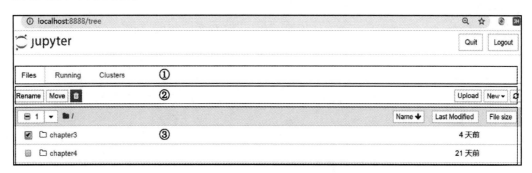

图 B-6　Jupyter 功能区

❑ 主功能区：Files（默认视图）展示了所有该空间下文件和目录详细信息，可在该区域对文件和目录做管理；Running（正在执行）区展示了当前在运行的 Jupyter

程序，可在该功能区关闭特定程序；Clusters（集群）展示了由 IPython 提供的并行功能项信息。
- 文件和目录功能区：对文件和目录做新增、删除、移动、上传等操作。
- 文件和目录列表：查看特定目录和文件，直接单击可查看文件详情。

2. Jupyter 常用操作

**(1) 新建 Python 文件**

单击右上角 New（新建），选择当前 Python 版本对应的文件 Python 3 进入文件编辑窗口；这里也可以创建其他文件，单击 Text File 即可。默认文件名称为 Untitled，在进入文件之后，单击 File-Rename，即可修改文件名称。

**(2) 编辑 Python 文件**

在文件编辑窗口中，功能区包括三个部分，如图 B-7 所示。

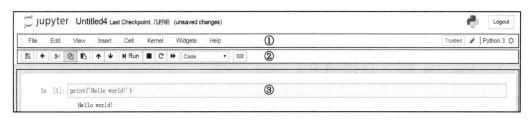

图 B-7　新交互窗口功能区

图中①区域为菜单功能区，包括文件、编辑、视图、元件、内核、小部件以及帮助菜单。由于里面的功能菜单对于数据分析师来说非常熟悉，这里主要介绍编辑中的常用操作。

图中②区域为代码相关操作，包括保存、新增、运行、停止等功能，是与代码本身相关的常用操作。

图中③区域为代码区，在该区域内输入代码并使用②区域中的功能之后，可直接显示代码运行结果。

**(3) 保存与恢复**

保存直接使用 Ctrl+S 组合键即可，此时将生成一个检查点版本。与保存不同的是，恢复有不同的场景应用。

- 撤销或回退。如果文件中进行了多次修改，但是想返回之前的操作，可直接使用 Ctrl+Z 组合健，该操作与是否保存无关。
- 恢复到上个检查版本。在很多场景下，第一个版本已经完成，第二个版本修改了很多功能，此时可能无法确认到底第二个版本修改了具体哪些地方。这时可以用 Jupyter 中的 Revert to Checkpoint 来恢复上一个检查点的版本。

> **注意** 目前的恢复检查点功能,只支持一个检查点的恢复。例如,当读者在 10 点 10 分、15 分、20 分三个时间点分别使用 Ctrl+S 组合键保存检查点后,在 10 点 20 分之后使用 Revert to Checkpoint 只能恢复到最近的 10 点 20 分的版本。

(4) 导出文件

在 Jupyter 中编辑完成后,可以导出为多种文件,例如,常用的 Python 文件、Jupyter 专用文件、PDF 文件等。如果是后期可能二次修改或使用,那么可以保存为 Jupyter 或 Python 文件;如果想将结果分享出去,可保存为 Jupyter、PDF 或 HTML 文件;如果希望分享出去的结果不被编辑,那么选择 PDF 或 HTML 文件。

(5) 单元格输入和输出

单元格(Cell)类似于 Excel 中的单元格,用来输入和输出内容。单元格的输入格式包括四类。

- Code(代码):当前文件内核的代码,本书为 Python 代码。
- Markdown:一种可以使用普通文本编辑器编写的标记语言,通过简单的标记语法,可以使普通文本内容具有一定的格式。
- Raw NBConvert(原生 NBConvert):类似于纯文本的格式,输入内容即输出内容,因此是"原样输出"的格式。
- Heading(标题):标题格式,类似于 Word 中的标题一、标题二等,不过 Jupyter 已经不建议在这里设置了,而是使用 Markdown 语言中的#来设置标题。

在输入格式上,写代码时选择 Code,而做单独模块的注释时使用 Markdown 格式。单元格的内容输出,具体取决于 Code 内容。

(6) 单元格常用编辑功能

单元格的常用编辑功能非常简单,可直接参照图 B-8 所示内容。

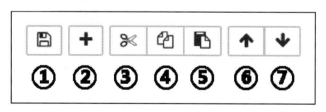

图 B-8 常用单元格编辑功能

① 为保存和检查点,按组合键 Ctrl+S 即可。
② 为在当前单元格下新建单元格。
③ 为剪切当前单元格。
④ 为粘贴所选择的单元格。

⑤为在当前单元格下粘贴单元格。
⑥和⑦分别为将当前单元格上移和下移。

 **提示** 在Jupyter中编辑代码时,按Tab键可以自动补足。

**(7) 执行Python程序**

执行Python文件是以单元格为单位的,操作命令如下。

- 执行当前单元格代码:按该单元格前的▶或组合键Ctrl + Enter。
- 执行当前单元格代码并且移动到下一个单元格:单击菜单功能栏中的 ▶Run 或使用组合键Shift+Enter。
- 执行当前单元格代码,新建并移动到下一个单元格:使用组合键Alt+Enter。
- 重启内核并重新执行所有单元格程序:单击▶▶按钮。

# 推荐阅读

# 推荐阅读

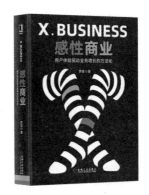